2023

Berufliches Gymnasium

Original-Prüfungsaufgaben mit Lösungen

Baden-Württemberg

Pädagogik · Psychologie

STARK

6. ergänzte Auflage
www.stark-verlag.de

Inhalt

Aus urheberrechtlichen Gründen kann Aufgabe 3 leider nicht abgedruckt werden.

Abitur 2022

Aufgaben .... **www.stark-verlag.de/mystark**

Sobald die Original-Prüfungsaufgaben 2022 freigegeben sind, können Sie sie als PDF auf der Plattform MyStark herunterladen (Zugangscode vgl. Umschlaginnenseite)

Vorwort

Liebe Schülerinnen und Schüler,

das vorliegende Buch hilft Ihnen bei der Vorbereitung auf Ihre Abiturprüfung im Profilfach Pädagogik und Psychologie am sozial- und gesundheitswissenschaftlichen Gymnasium (Profil: Soziales) in Baden-Württemberg.

In diesem Band finden Sie alle **Original-Abituraufgaben** des Profilfachs der letzten Jahre. Die ausformulierten **Lösungsvorschläge** geben Ihnen die Möglichkeit, die Vollständigkeit Ihrer eigenen Lösungsversuche zu beurteilen und Ihren Lernprozess zu überprüfen.

Durch die Lösungsvorschläge sowie die weiteren Hinweise und Tipps sollen Sie Sicherheit im Umgang mit den Prüfungsaufgaben erlangen.

Sollten nach Erscheinen dieses Bandes noch wichtige Änderungen in der Abitur-Prüfung 2023 vom Kultusministerium bekannt gegeben werden, finden Sie aktuelle Informationen dazu auf der Plattform MyStark.

Ich wünsche Ihnen viel Erfolg für Ihre Abiturprüfung.

Thorsten Eiselstein
Autor

Stichwortverzeichnis 2013–2021

Hinweise und Tipps

Ablauf der Prüfung

- Die Abiturprüfungen der beruflichen Gymnasien in Baden-Württemberg finden im letzten Kurshalbjahr der Jahrgangsstufe 2 statt.
- Die schriftliche Prüfung im Profilfach Pädagogik und Psychologie dauert **270 Minuten**, also viereinhalb Stunden.
- Sie bekommen vier Aufgabensätze gestellt, von denen Sie drei bearbeiten müssen.

Mögliche Inhalte der Prüfung

In der Abiturprüfung können alle Inhalte abgefragt werden, die Sie in den Jahrgangsstufen 1 und 2 behandelt haben. Zusätzlich sind auch einige Inhalte aus der Eingangsklasse relevant. Folgende Themenbereiche können geprüft werden:

Lehrplaneinheit: Pädagogik und Psychologie als Wissenschaft

- Zentrale Fragestellungen der Psychologie
  - Gegenstand der Psychologie
  - Alltagspsychologie versus wissenschaftliche Psychologie
  - Ziele der Psychologie
- Methoden zur Gewinnung wissenschaftlicher Erkenntnisse
  - Geisteswissenschaftliche Methoden in Abgrenzung zu empirischen Methoden
  - Standards empirischer Forschungsmethodik anhand eines geeigneten Experiments
  - Gütekriterien
  - Deskriptive Statistik zur Datenanalyse (geeignete Merkmale und ihre Verteilung, Korrelation, Normalverteilung)

Lehrplaneinheit: Richtungen der Psychologie I

- Das psychoanalytische Persönlichkeitsmodell
  - Schichtenmodell
  - Instanzen und Dynamik der Persönlichkeit
  - Formen der Ich-Schwäche
  - Angst, Angstabwehr und Verdrängung

- Abwehrmechanismen
- Erklärung psychischer Störungen auf der Grundlage des psychoanalytischen Persönlichkeitsmodells
- Bedeutung für die Erziehung

– Die psychoanalytische Trieblehre nach Freud
  - psychosexuelle Entwicklung
  - Entstehung psychischer Störungen (Fixierung, Regression)
  - Bedeutung für die Erziehung
– Therapie
  - freies Assoziieren
  - Übertragung, Gegenübertragung
– Bedeutung der psychoanalytischen Theorie
  - Bild vom Menschen

Lehrplaneinheit: Richtungen der Psychologie II

– Lernen aus behavioristischer Sicht
  - Bild vom Menschen
– Die behavioristische Theorie des klassischen Konditionierens/Signallernens
  - Schema des klassischen Konditionierens erster und höherer Ordnung
  - Kontiguität
  - Reizgeneralisierung
  - Reizdifferenzierung
  - Extinktion
– Bedeutung des klassischen Konditionierens/Signallernens für das Erlernen von menschlichen Verhaltensweisen und Erziehung
– Die behavioristische Theorie des operanten Konditionierens
  - Verstärkungslernen nach B. Skinner (Verstärkungs- und Bestrafungsformen, Primäre und sekundäre Verstärkung, Extinktion)
– Die Bedeutung des operanten Konditionierens für das Erlernen von menschlichen Verhaltensweisen und für die Erziehung
  - Verstärkerpläne (kontinuierliche, intermittierende Verstärkung, differenzielle Verstärkung, Shaping)
– Verhaltenstherapeutische Möglichkeiten der Konditionierungstheorien
  - Anwendungsgebiete
  - Gegenkonditionierung
  - systematische Desensibilisierung
  - Flooding (Reizüberflutung)
  - Verstärkerpläne

- Sozial-kognitive Theorie nach A. Bandura
  - Bild vom Menschen
  - Phasen und Prozesse
  - Bedingungen
  - Bekräftigung und Motivation
  - Effekte
- Die Bedeutung der sozial-kognitiven Theorie

Lehrplaneinheit: Entwicklung über die Lebensspanne

- Grundlagen der Entwicklungspsychologie
  - Merkmale der Entwicklung
  - Quer- und Längsschnittstudie
  - Faktoren der Entwicklung und ihre Wechselwirkung
  - sensible und kritische Phasen
  - Entwicklung als ganzheitlicher Prozess
- Kognitive Entwicklungstheorie am Beispiel von J. Piaget
  - Grundannahmen und Grundbegriffe (mentale Repräsentation und kognitive Strukturen, Assimilation, Akkommodation, Adaptation, Äquilibration, Organisation)
  - Stufen der Denkentwicklung
  - pädagogische Konsequenzen
  - Kritik an J. Piagets Annahmen und neue Erkenntnisse zu Objektpermanenz, Perspektivenwechsel und Alterszuordnung
- Identitätsbildung im Jugendalter nach J. Marcia
  - diffuse Identität
  - Moratorium
  - übernommene Identität
  - erarbeitete Identität

  Höheres Erwachsenenalter
  - Defizitmodell
  - Kompetenzmodell nach P. Baltes
  - kognitive Theorie des Alterns nach H. Thomae

Lehrplaneinheit: Erziehungs- und Bildungsprozesse

- Erziehung, Bildung und Betreuung
  - Bildung durch Ko-Konstruktion
  - Bildung als Selbstbildung
- Erziehungsziele
  - Funktionen
  - Zusammenhang von Werten, Normen und Erziehungszielen
  - Begründung
  - Mündigkeit nach H. Roth
  - Erziehungsziele im historischen und gesellschaftlichen Wandel

- Probleme pädagogischer Zielsetzung
- Erzieherisches Verhalten
  - unterstützende, gegenwirkende, direkte, indirekte Maßnahmen
  - das typologische Konzept nach Lewin und seine Auswirkungen
  - das dimensionsorientierte Konzept nach A. Tausch und R. Tausch (emotionale Dimension, Lenkungsdimension)
  - autoritative Erziehung

Lehrplaneinheit: Medienpädagogik

- Medienverhalten von Kindern und Jugendlichen
- Medienwirkungsforschung und Wirkungstheorien
  - Zweistufenfluss der Kommunikation
  - Nutzenansatz
  - Thematisierungsansatz
- Auswirkungen von Gewalt-, Horror- und pornografischen Darstellungen
  - Stimulationsthese
  - Katharsisthese
  - Habitualisierungsthese
  - Inhibitionsthese
- Sozial-kognitive Theorie zur Erklärung der Wirkung medialer Modelle
  - Rocky-Experiment von A. Bandura
- Gefahren durch übermäßigen Medienkonsum
- Ziele der Medienerziehung
  - mündiger Rezipient
- Möglichkeiten der Medienerziehung

Lehrplaneinheit: Der Mensch in der Gruppe

- Die Gruppe als soziales Gebilde
  - Merkmale
  - Phasen der Gruppenbildung nach S. Bernstein & L. Lowy
- Soziale Rollen und Rollenkonflikte
  - Inter-, Intra- und Person-Rolle-Konflikt
  - Umgang mit Rollenkonflikten (Rollendistanz, Ambiguitätstoleranz, Role-taking
- Beeinflussung durch die Gruppe
  - Eigen- und Fremdgruppe
  - Konformität

- Klassische Experimente
  - Stanford-Prison-Experiment von Ph. Zimbardo
  - Ash-Experiment zur Konformität (Linienschätzung)
  - Ferienlager-Experiment von M. Sherif

Lehrplaneinheit: Kommunikation und Interaktion

- Grundlagen
  - soziale Interaktion und Kommunikation
  - verbale und nonverbale Kommunikation
- Kommunikationsmodell nach P. Watzlawick
  - Axiome
  - Paradoxien, Double-Bind-Situation
  - Probleme zwischenmenschlicher Kommunikation
- Kommunikationsmodell nach F. Schulz von Thun
  - Vier-Seiten-Modell
  - Wahrnehmungs-, Interpretations- und Gefühlsebene
  - Probleme zwischenmenschlicher Kommunikation
- Förderliche Kommunikation
  - aktives Zuhören
  - Ich-Botschaften
  - Feedback-Regeln

Lehrplaneinheit: Einstellungen und Einstellungsänderungen

- Einstellungen
  - Merkmale, Komponenten und ihre Wechselwirkung
  - Einstellungssysteme
  - Bedeutsamkeit von Einstellungen
  - Einstellung und Verhalten
  - Funktionen von Einstellungen
  - Vorurteile
- Entstehung und Änderung von Einstellungen
  - Lerntheorien
  - Funktionstheorie nach D. Katz
  - kognitive Dissonanz nach L. Festinger (Forced compliance Experimente)
- Bedeutung von Einstellungen für Sozialisationsprozesse

Lehrplaneinheit: Richtungen der Psychologie III

- Humanistische Psychologie
  - Bild vom Menschen
- Rogers personenzentrierter Ansatz
  - Selbstverwirklichung, Selbstaktualisierung
  - organismischer Bewertungsprozess

  - Selbstkonzept (Realselbst und Idealselbst, flexibles und starres Selbstkonzept)
- Entstehung psychischer Störungen
  - Inkongruenz zwischen Selbstkonzept und aktueller Erfahrung
  - Diskrepanz zwischen Ideal- und Realselbst
- Klientenzentrierte Gesprächspsychotherapie
  - Empathie, Kongruenz und unbedingte Wertschätzung als therapeutische Kerneigenschaften
  - Paraphrasieren und Verbalisieren emotionaler Erlebnisinhalte
- Aspekte systemisch-konstruktivistischen Denkens
  - Systemcharakter, Rekursivität, zirkuläres Verständnis von Beziehungssystemen
  - dynamisches Gleichgewicht und Systemübergänge
  - Selbstorganisation und Autopoiese
  - Strukturdeterminiertheit, operationale Geschlossenheit
  - Verständnis von Wirklichkeit als Konstruktion
- Grundprinzipien und Vorgehensweisen systemischer Arbeit in der Praxis
  - Ressourcen- und Lösungsorientierung
  - Prinzip der Zirkularität
  - Symptome sind Zuschreibungen
  - Hypothetisieren
  - Neutralität
  - zirkuläres Fragen
  - Verstörung

Die im Lehrplan genannten Wahlthemen werden in der Abiturprüfung nicht abgefragt.

Aufgabenstellung

Die Aufgabenstellungen beinhalten die Aspekte des Verstehens, des Argumentierens, der Methodengestaltung und des Darstellens auf verschiedenen Niveaustufen. Gelerntes Wissen wiederzugeben ist beispielsweise leichter, als es problemlösend anzuwenden. Die unterschiedlichen Leistungsebenen einer Abituraufgabe werden durch **drei Anforderungsbereiche** (AB) beschrieben:

I. **Reproduktion**, z. B. *Beschreiben Sie die Probleme, die mit der Setzung von Erziehungszielen verbunden sein können* (Abitur 2015, Aufgabe 1.2)

II. **Reorganisation und Transfer**, z. B. *Erläutern Sie, was man unter einem Erziehungsziel versteht und welche Funktionen Erziehungsziele erfüllen* (Abitur 2015 Aufgabe 1.1)

III. **Problemlösendes Denken**, z. B. *Begründen Sie das Erziehungsziel Mündigkeit aus drei unterschiedlichen Perspektiven* (Abitur 2015, Aufgabe 1.5)

Die Aufgabenstellung im Abitur erstreckt sich über alle drei Anforderungsbereiche. Der **Schwerpunkt** liegt im **Anforderungsbereich II**. Daneben werden die Anforderungsbereiche I und III angemessen berücksichtigt, und zwar Anforderungsbereich I in höherem Maße als Anforderungsbereich III.

Welcher Anforderungsbereich gefragt ist, wird durch Operatoren in der Aufgabenstellung ersichtlich. Nachfolgend wird die Bedeutung der gängigsten Operatoren (Handlungsaufforderungen) für Prüfungsaufgaben des Profilfachs Pädagogik und Psychologie kurz erklärt und den Anforderungsbereichen zugeordnet.

Operatoren – Erziehungswissenschaften – Prüfungsaufgaben – (nach EPA)		
Operator	**AB**	**Definition**
Nennen	I	Elemente, Sachverhalte, Begriffe, Daten ohne Erläuterung aufzählen
Zeichnen	I + II	Eine möglichst exakte grafische Darstellung beobachtbarer oder gegebener Strukturen anfertigen
Beschreiben	I + II	Strukturen, Sachverhalte oder Zusammenhänge strukturiert und fachsprachlich richtig mit eigenen Worten wiedergeben
Protokollieren	I + II	Beobachtungen oder die Durchführung von Experimenten detailgenau zeichnerisch einwandfrei bzw. fachsprachlich richtig wiedergeben
Skizzieren	I + II	Sachverhalte, Strukturen oder Ergebnisse auf das Wesentliche reduziert übersichtlich (grafisch) darstellen
Zusammenfassen	I + II	Das Wesentliche in konzentrierter Form herausstellen
Ableiten	II	Auf der Grundlage wesentlicher Merkmale sachgerechte Schlüsse ziehen
Anwenden/ Übertragen	II	Einen bekannten Sachverhalt oder eine bekannte Methode auf etwas Neues beziehen
Darstellen	II	Sachverhalte, Zusammenhänge, Methoden und Bezüge in angemessenen Kommunikationsformen strukturiert wiedergeben
Erklären/ Zuordnen	II	Einen Sachverhalt mithilfe eigener Kenntnisse in einen Zusammenhang einordnen sowie ihn nachvollziehbar und verständlich machen
Erläutern	II	Einen Sachverhalt durch zusätzliche Informationen veranschaulichen und verständlich machen
Ermitteln	II	Einen Zusammenhang oder eine Lösung finden und das Ergebnis formulieren
Vergleichen	II	Gemeinsamkeiten, Ähnlichkeiten und Unterschiede ermitteln

Planen	II + III	Zu einem vorgegebenen Problem eine Experimentieranordnung erfinden
Überprüfen, Prüfen	II + III	Sachverhalte oder Aussagen an Fakten oder innerer Logik messen und eventuelle Widersprüche aufdecken
Analysieren/ Untersuchen	II + III	Wichtige Bestandteile oder Eigenschaften auf eine bestimmte Fragestellung hin herausarbeiten
Auswerten	II + III	Daten, Einzelergebnisse oder andere Elemente in einen Zusammenhang stellen und ggf. zu einer Gesamtaussage zusammenführen
Interpretieren	II + III	Fachspezifische Zusammenhänge in Hinblick auf eine gegebene Fragestellung begründet darstellen
Diskutieren	II + III	Argumente und Beispiele zu einer Aussage oder These einander gegenüberstellen und abwägen
Entwickeln	III	Hypothesen als begründete Vermutung auf der Grundlage von Beobachtungen, Untersuchungen, Experimenten oder Aussagen formulieren; fallbezogene Handlungsanweisungen konstruieren
Dokumentieren	III	Entscheidende Erklärungen und Herleitungen darstellen
Begründen/ Zeigen	III	Sachverhalte auf Regeln und Gesetzmäßigkeiten bzw. kausale Beziehungen von Ursachen und Wirkung zurückführen
Beurteilen/ Entscheiden	III	Zu einem Sachverhalt ein selbstständiges Urteil unter Verwendung von Fachwissen und Fachmethoden formulieren und begründen
Bewerten	III	Einen Gegenstand an erkennbaren Wertkategorien oder an bekannten Beurteilungskriterien messen, Stellung nehmen
Stellung nehmen	III	Zu einem Gegenstand, der an sich nicht eindeutig ist, nach kritischer Prüfung und sorgfältiger Abwägung ein begründetes Urteil abgeben

Bewertung

Bei der Gesamtbewertung der Leistung sind neben inhaltlichen Aspekten die Angemessenheit des Ausdrucks, die korrekte Anwendung der Fachterminologie und die sprachliche Richtigkeit (einschließlich Interpunktion und Orthografie) von Bedeutung. Schwerwiegende Verstöße gegen Ausdrucksweise, Grammatik und Rechtschreibung führen zu einem Abzug von Notenpunkten.

Grundlage für die Notenfindung sind folgende Beurteilungskriterien:

Note 1 „sehr gut" (15/14/13 KMK-Notenpunkte)

- Präzise Erfassung und Beurteilung der Aufgabe, besonders ergiebige Entwicklung des Themas
- Texte besonders überzeugend erschlossen
- Inhaltsbezogene Formbetrachtung überzeugend gelungen
- Hoher Grad der Selbstständigkeit im Urteilen und Werten
- Methodisch besonders überlegte Darstellung
- Zielstrebige, flexible Gedankenführung
- Folgerungen und Ergebnisse einsichtig dargestellt
- Ausgeprägte sprachliche Sicherheit
- Flexibler und klarer Satzbau
- Besonders differenzierter Ausdruck
- Sicheres Beherrschen fachspezifischer Grundbegriffe und Methoden

Note 2 „gut" (12/11/10 KMK-Notenpunkte)

- Die Probleme des Themas erfasst
- Mehr als die naheliegenden Gesichtspunkte erörtert
- Sachverhalte sinnvoll und selbstständig zueinander in Beziehung gesetzt, gegebenenfalls durch treffende Beispiele erhellt
- Texte erschlossen
- Inhaltsbezogene Formbetrachtung voll gelungen
- Selbstständiges Urteilen und Werten
- Sichere Darstellung, schlüssige Gedankenführung
- Folgerungen und Ergebnisse aufgezeigt und eindeutig begründet
- Eine dem Gegenstand voll angemessene, differenzierte Sprache, nur vereinzelt Verstöße gegen die Sprachrichtigkeit
- Beherrschen fachspezifischer Grundbegriffe und Methoden

Note 3 „befriedigend" (9/8/7 KMK-Notenpunkte)

- Probleme des Themas im Wesentlichen erfasst, die naheliegenden Gesichtspunkte erkannt und in Ansätzen beurteilt

- Texte annähernd erschlossen
- Inhaltsbezogene Formbetrachtung in wesentlichen Ansätzen gelungen
- Einsichtig geordnete Darstellung, Gedankenablauf kaum gestört
- Eine dem Gegenstand im Wesentlichen angemessene Sprache, einige Verstöße gegen die Sprachrichtigkeit
- Fachspezifische Grundbegriffe und Methoden verwendet

Note 4 „ausreichend" (6/5/4 KMK-Notenpunkte)

- Die Probleme des Themas teilweise erfasst, aber nur ansatzweise behandelt, einige brauchbare Gesichtspunkte
- Texte verstanden
- Inhaltsbezogene Formbetrachtung in Ansätzen gelungen
- Erkennbar geordnete Darstellung, Zusammenhang aber zum Teil gestört
- Schwerfälliger oder einförmiger Satzbau
- Wenig differenzierter Wortschatz
- Mehrere Verstöße gegen die Sprachrichtigkeit
- Wichtige fachspezifische Grundbegriffe und Methoden verwendet

Note 5 „mangelhaft" (3/2/1 KMK-Notenpunkte)

- Thema zwar erkannt, aber Probleme nicht erfasst
- Mangelhaftes Verständnis der Texte
- Inhaltsbezogene Formbetrachtung nicht gelungen
- Ungeordnete Darstellung, Zusammenhang mehrfach sinnstörend unterbrochen
- Auffallende sprachliche Unsicherheit
- Zu geringer Wortschatz
- Häufige Verstöße gegen die Sprachrichtigkeit
- Fachspezifische Grundbegriffe und Methoden nicht oder falsch verwendet

Note 6 „ungenügend" (0 KMK-Notenpunkte)

- Thema nicht verstanden
- Texte nicht verstanden
- Strukturelemente der Texte nicht erkannt
- Ungeordnete Darstellung, auch innerhalb eines Abschnittes
- Gedankengang nicht durchgehalten
- Schwerwiegende sprachliche Mängel in jeder Hinsicht

Quelle: Korrektur- und Bewertungshinweise für die Fächer der Abiturprüfung an den beruflichen Gymnasien gültig ab der Abiturprüfung 2013: Ministerium für Kultus, Jugend und Sport Baden-Württemberg, S. 6.

Die Notenbildung in der Abiturprüfung erfolgt nach folgender Bewertungstabelle:

Verrechnungspunkte	Notenpunkte	Note
90–86 85–81 80–77	15 14 13	sehr gut
76–72 71–68 67–63	12 11 10	gut
62–59 58–54 53–50	9 8 7	befriedigend
49–45 44–41 40–36	6 5 4	ausreichend
35–30 29–24 23–18	3 2 1	mangelhaft
17–0	0	ungenügend

Vorbereitung auf die Prüfung

- Bereiten Sie sich langfristig auf die Prüfung vor. Die Stoffmenge ist sehr umfangreich. Daher ist es sinnvoll, frühzeitig mit der Prüfungsvorbereitung zu beginnen. Versuchen Sie, alle Themen auch nach den Klassenarbeiten kontinuierlich zu wiederholen. So bleiben sie im Gedächtnis und müssen nicht kurz vor der Prüfung neu gelernt werden.
- Achten Sie auf eine lückenlose Heftführung. Bewahren Sie Ihre Lernskripte nach Klassenarbeiten auf. Sie werden sie wieder brauchen.
- Üben Sie, mit den Zeitvorgaben für die Prüfung zurechtzukommen. Pro Aufgabensatz haben Sie ca. 80 Minuten Zeit. Die restliche Zeit werden Sie für Pausen und die Aufgabenauswahl am Anfang benötigen.
- Lösen Sie Aufgaben in diesem Buch schriftlich. 270 Minuten handschriftliches Schreiben will trainiert sein.

In der Prüfung

- Lesen Sie alle Aufgaben zu Beginn der Prüfung sorgfältig durch und überlegen Sie, welche drei Aufgaben Ihnen am besten liegen. Hierzu sollten Sie sich Zeit nehmen. Überlegen Sie, ob Ihnen zu jedem Aufgabenteil etwas einfällt. Vielleicht haben Sie das Gefühl, dafür keine Zeit zu haben. Wenn Sie aber erst während der Bearbeitung evtl. Fallstricke erkennen, ist es für einen Aufgabenwechsel wahrscheinlich zu spät.
- Oft sind in einer Aufgabe mehrere Teilaufgaben enthalten. Verdeutlichen Sie sich, was zu tun ist, bevor Sie mit der Bearbeitung beginnen. Die Operatoren und Punktzahlen geben Ihnen Hinweise über den geforderten Umfang der Bearbeitung.
- Markieren Sie sich im Fallbeispiel relevante Aussagen, damit Sie sie beim Zitieren schneller wiederfinden.
- Schreiben Sie ganze Sätze. Achten Sie auf Rechtschreibung, Leserlichkeit, Fachsprache und geben Sie Ihren Gedanken eine nachvollziehbare Struktur.
- Setzen Sie Ihre Beispiele immer in einen unmittelbaren Zusammenhang mit der jeweiligen Theorie.

Abiturprüfung an den beruflichen Gymnasien (SGGS)
Profilfach Pädagogik/Psychologie 2013 – Aufgabe 1

Inhaltliche Schwerpunkte: Operantes Konditionieren, Erziehungsmaßnahmen

Bestechung im Dienste der Gesundheit

Was tun, wenn der Nachwuchs das gesunde Gemüse nicht essen will? Jane Wardle, Psychologin an der University of London, ist überzeugt, dass simple Bestechung die beste Strategie ist. Sie bat 400 Jungs und Mädchen zwischen vier und sechs Jahren, ein Gemüse auszuwählen, das sie am ekligsten fanden. Dann bildete Wardle vier Gruppen: Kinder der ersten Gruppe bekamen über mehrere Wochen hinweg jeweils einen Aufkleber, wenn sie das gefürchtete Gemüse gegessen hatten. Die zweite Gruppe musste sich mit einem schlichten Lob zufrieden geben, während die dritte fürs Gemüseessen überhaupt keine Anerkennung erhielt. Dann gab es natürlich auch noch eine Kontrollgruppe, die ganz vom Gemüse verschont blieb. Als Wardle die Gemüsevorlieben der Kinder drei Monate später noch einmal testete, hatte die Abneigung gegen das Gemüse bei allen Kindern der drei Gemüsegruppen stark abgenommen. Also selbst bei jener Gruppe, die fürs Essen weder mit einem Aufkleber noch mit Lob belohnt worden war. Allerdings erhöhte sich der Gemüsekonsum nur bei jenen Kindern, die belohnt worden waren. Offensichtlich kann man mit einer Belohnung Kinder dazu bringen, auch langfristig mehr Gemüse zu essen.

Quelle: Simone Einzmann in: Psychologie heute. 38. Jahrgang. Heft 5. Mai 2011. S. 14
Foto: © BillionPhotos.com - Fotolia.com

Aufgabenstellung

		Punkte
1.1	Erklären Sie die oben geschilderte Zunahme des Gemüsekonsums bei den Kindern mit Hilfe des operanten Konditionierens. Stellen Sie dabei die relevanten Aussagen dieser Theorie dar.	10
1.2	Erläutern Sie weitere erzieherische Vorgehensweisen auf der Grundlage des operanten Konditionierens, um Kinder dazu zu bewegen, mehr Gemüse zu essen.	8
1.3	Setzen Sie sich kritisch mit dem Einsatz von Lob und Belohnung als Erziehungsmaßnahmen auseinander.	6
1.4	Bewerten Sie, inwiefern der Erklärungswert der behavioristischen Lerntheorien bei menschlichen Verhaltensweisen begrenzt bleibt.	6
		30

Lösungsvorschläge

1.1 *Zur Bearbeitung sind zwei Vorgehensweisen denkbar: Sie können die Theorie des operanten Konditionierens zunächst allgemein darstellen und im Anschluss die Zunahme des Gemüsekonsums damit erklären, oder Sie lassen die Erklärung bereits bei der Darstellung der Theorie mit einfließen, wie es in diesem Lösungsvorschlag gemacht wurde.*

Das **operante Konditionieren** wird auch als **instrumentelle Konditionierung** bezeichnet. Operant bedeutet „eine bestimmte Wirkungsweise in sich habend“. Das Grundprinzip dieser Konditionierung ist das **Bekräftigungslernen**. Durch die **Konsequenz**, die auf ein Verhalten folgt, wird dessen Auftretenswahrscheinlichkeit verändert. Je nachdem, ob es sich um eine positive oder negative Konsequenz handelt, ist die Auftretenswahrscheinlichkeit des entsprechenden Verhaltens in der Folge erhöht oder erniedrigt.
Ausgangspunkt für die Theorie des operanten Konditionierens ist das Lernen am Erfolg nach Thorndike, was auch als Lernen durch Versuch und Irrtum bezeichnet wird. Dieser geht davon aus, dass nur gelernt wird, wenn das Individuum dazu bereit ist. Diese Bereitschaft ist dann vorhanden, wenn sich die betreffende Person einen Vorteil verspricht, weil sie durch ihr Verhalten einen angenehmen Zustand erzeugen oder erhalten kann oder einem unangenehmen Zustand ausweichen oder ihn beenden kann. Thorndike nennt dies das **Gesetz der Bereitschaft**. Im vorliegenden Fall könnte eine Bereitschaft, Gemüse zu essen, dadurch entstehen, dass die Kinder einen Aufkleber oder ein Lob erhalten. Nach dem Prinzip „Versuch und Irrtum“ probiert der Mensch verschiedene Verhaltensweisen aus, um ein Ziel zu erreichen. Die Kinder könnten z. B. testen, ab wie viel Gemüse sie die Belohnung bekommen. Die Verhaltensweisen, die einen positiven Effekt hatten, werden beibehalten; diejenigen, die keine befriedigenden Konsequenzen mit sich brachten, werden wieder verworfen. Thorndike spricht in diesem Zusammenhang vom **Effektgesetz**. Das Effektgesetz ist eng mit dem **Frequenzgesetz** verbunden. Dieses besagt, dass es eine gewisse Häufigkeit an Effekten braucht, bis ein neues Verhalten erlernt wird. Bleiben diese Effekte eine Zeit lang aus, ist auch ein Verlernen möglich. Im dargestellten Versuch entsteht insbesondere bei den Kindern ein **positiver Effekt**, die für ihr Essverhalten eine **Belohnung** erhielten. Bleibt diese Belohnung künftig jedoch aus, ist durchaus damit zu rechnen, dass sich der Gemüsekonsum wieder reduziert, wenn sich für das Kind durch den Gemüsekonsum keine anderen positiven Effekte wie z. B. Geschmack oder Wohlbefinden ergeben.
Die zweite Theorie, mit deren Hilfe sich der erhöhte Gemüsekonsum der Kinder erklären lässt, ist das **Verstärkungslernen** nach Skinner. Verstärkung meint einen Vorgang, aufgrund dessen ein Verhalten häufiger gezeigt wird. Es wird zwischen positiver und negativer Verstärkung unterschieden. Bei einer **positiven Verstärkung** tritt ein Verhalten häufiger auf, weil darauf positive Konsequenzen folgen oder bestehen bleiben. Dabei spielt die Beziehung zwischen dem Verhalten und der nachfolgenden Konsequenz, die als **Kontingenz** bezeichnet wird,

eine wichtige Rolle. Bei einem positiven Verstärker ist die Konsequenz die Darbietung eines angenehmen Reizes. Man spricht in diesem Zusammenhang auch von **Belohnung erster Art**. Im Fallbeispiel erfolgt diese Belohnung durch Aufkleber bzw. Lob.
Bei **negativen Verstärkern** wird ein Verhalten häufiger gezeigt, weil dadurch negative Konsequenzen vermindert, verhindert oder beendet werden können. Die entsprechende Kontingenz wäre die Entfernung eines unangenehmen Reizes. Man spricht hier von Belohnung zweiter Art. Negative Verstärker werden im beschriebenen Experiment nicht angewendet.
Weitere Kontingenzen wären die Darbietung eines unangenehmen Reizes, auch Bestrafung 1. Art genannt, und die Entfernung eines positiven Reizes, Bestrafung 2. Art genannt. Beide Kontingenzen werden im vorliegenden Beispiel nicht angewendet. Letztlich gibt es noch die Möglichkeit, dass auf ein Verhalten keine Konsequenzen folgen, wie dies im Beispiel bei Gruppe 3 der Fall war.

1.2 *Der Operator „**erläutern**" stammt aus dem Anforderungsbereich 2. Sie sollen dabei weitere erzieherische Vorgehensweisen auf der Grundlage des operanten Konditionierens veranschaulichen und verständlich machen.*

Es gibt eine Vielzahl von erzieherischen Möglichkeiten, Kinder auf der Basis des operanten Konditionierens zu mehr Gemüsekonsum zu bewegen. Hier wäre insbesondere die Methode des **Shaping** zu nennen. Dabei werden Verhaltensweisen schrittweise aufgebaut. Am Beispiel des Gemüsekonsums könnte dies wie folgt aussehen: Zunächst wird jedes Verhalten, das dem gewünschten Endverhalten ähnlich ist, umgehend bestärkt, z. B. wenn das Kind Interesse am Gemüse zeigt. Im Anschluss werden allmählich nur noch die Verhaltensweisen verstärkt, die einen weiteren Schritt zum gewünschten Endverhalten ausdrücken, z. B. das Kind nimmt sich freiwillig etwas Gemüse auf den Teller oder es probiert eine neue Gemüsesorte aus. Schließlich wird nur noch das Endverhalten, also der ausreichende Gemüsekonsum verstärkt. Dies muss eine Zeit lang kontinuierlich erfolgen, bis zu intermittierenden, gelegentlichen Verstärkungen übergegangen werden kann. Letztendlich werden auch diese überflüssig, da das Verhalten aufgrund einer Gewöhnung ausgeführt wird.
Das Prinzip der intermittierenden Verstärkung wird auch bei **Tokensystemen** genutzt. Tokensysteme sind Verstärkerpläne. Zu Beginn bekommt das Kind für jeden Gemüsekonsum sogenannte Tokens – also Chips, Münzen oder Spielmarken usw. –, die es zu sammeln gilt. Sobald die gemeinsam festgelegte Menge an Tokens erreicht ist, erfolgt eine Belohnung wie z. B. ein Schwimmbadbesuch. Mit der Zeit werden die Verstärkungshäufigkeiten reduziert. Das Kind erhält dann nur noch bei „besonderen Leistungen" eine Verstärkung – z. B. wenn es neues Gemüse ausprobiert oder deutlich mehr Gemüse isst als sonst. Schließlich kann ganz auf die Verstärkungen verzichtet werden.
Eine andere Form eines Verstärkungsplans wäre das **Kontingenzmanagement**. Hier wird genau definiert, auf welches Verhalten eine Verstärkung folgt. So

könnte z. B. festgelegt sein, dass es nur Nachtisch gibt, wenn zu der Hauptmahlzeit Gemüse gegessen wurde.
Ebenfalls denkbar ist das **Premack-Prinzip**. Dieses Prinzip besagt, dass Verhaltensweisen mit hoher Auftretenshäufigkeit als Verstärker für Verhaltensweisen mit geringer Auftretenswahrscheinlichkeit genutzt werden können. So kann z. B das Verhalten „Spielen gehen" als Verstärker für das Verhalten „Gemüse essen" genutzt werden.

1.3 *Kritisch auseinandersetzen entspricht dem Operator „**diskutieren**" aus den Anforderungsbereichen 2 bis 3. Sie sollen Argumente für und gegen Lob und Belohnung gegenüberstellen und abwägen.*

Lob und Belohnung werden in der Erziehung häufig als positive Konsequenzen auf ein erwünschtes Verhalten eingesetzt. Dadurch können angenehme Gefühle hervorgerufen werden und die gewünschte Verhaltensweise wird öfter gezeigt. Man spricht hier von Belohnung erster Art. Es kann aber auch ein unangenehmer Zustand beendet werden. Dies wäre eine Belohnung zweiter Art.
Angemessenes, authentisches Lob kann das **Selbstwertgefühl steigern** und dazu führen, dass die **Lern- und Leistungsmotivation** steigt. Lob und Belohnung lösen angenehme Gefühle aus, man fühlt sich positiv bewertet und erfährt **Bestätigung, Sicherheit und Selbstvertrauen**. Insbesondere personenbezogenes Lob kann aber auch negative Auswirkungen haben, vor allem dann, wenn es plötzlich ausbleibt oder willkürlich gesetzt wird. Zu häufiges Loben oder Belohnen kann zudem zu einer **Sättigung bzw. Abnutzung** führen. Wird es zur **Routine**, können besondere Leistungen/besonderes Verhalten durch Lob und Belohnung nicht mehr hervorgehoben werden. Zudem kann es dazu kommen, dass ein Verhalten nur noch um des Lobes bzw. der Belohnung Willen gezeigt wird und die **eigentliche Sache in den Hintergrund** gerät. Auch die Gefahr der **Manipulation** durch die Erziehungsperson ist gegeben, wenn das Kind sein Verhalten nur noch aufgrund der extrinsischen Motivation, Lob und Belohnung zu empfangen, zeigt.

1.4 *Der Operator „**bewerten**" gehört zum Anforderungsbereich 3. Sie sollen den Erklärungswert behavioristischer Lerntheorien an konkreten Beurteilungskriterien messen und dabei Stellung nehmen.*

Durch die behavioristischen Lerntheorien lassen sich eine Reihe von erlernten Erlebens- und Verhaltensweisen erklären, wie beispielsweise Angstreaktionen, Emotionen oder Einstellungen. Allerdings ist der **Erklärungswert** dieser Theorie **begrenzt**. Menschliches Verhalten ist so komplex, dass es sich nicht ausschließlich durch Reiz-Reaktions- oder Verhalten-Konsequenz-Schemata beschreiben lässt. Zudem ist der Erklärungswert behavioristischer Lerntheorien **auf das beobachtbare Verhalten beschränkt**. Kognitive Vorgänge lassen sich dadurch nicht erklären. Außerdem liegt eine **einseitige Betonung von Umweltfak-**

toren vor. Das Wechselspiel zwischen Anlage, Umwelt und Selbststeuerung wird beim klassischen Behaviorismus nicht berücksichtigt. Menschen handeln aber nicht nur aufgrund erfahrener Reize und Verhaltenskonsequenzen, sondern auch aus selbst gesetzten Zielen und Motiven heraus. Methodisch lässt sich anmerken, dass der Behaviorismus seine Erkenntnisse nur durch einen Transfer von Tierexperimenten auf den Menschen erlangt hat. Der Slogan „Der Mensch als vergrößerte Ratte" drückt diese Kritik aus.

Abiturprüfung an den beruflichen Gymnasien (SGGS)
Profilfach Pädagogik/Psychologie 2013 – Aufgabe 2

Inhaltliche Schwerpunkte: Medienpädagogik, Erziehungsziele

Italienische Zeitung berichtet nur Gutes

ROM, 27. Mai (dpa). Ein Flüchtling vor Lampedusa, der ein Kind vor dem Ertrinken rettet. Wissenschaftler, die bei Verliebten eine geringere Schmerzempfindlichkeit feststellen. Ein Mann, der eine Frau unter den Erdbebentrümmern in Japan birgt. Es sind ausschließlich Geschichten mit glücklichem Ausgang, die die italienische Zeitung „L'Ottimista" erzählt: gute Nachrichten inmitten einer Medienlandschaft, die täglich von den Eskapaden des Regierungschefs Silvio Berlusconi, den Machenschaften der Mafia und der schlechten Wirtschaftslage in Italien berichtet. „Unsere Nachrichten sind nicht laut, sie schreien nicht nach Aufmerksamkeit", sagt Luca Marcolivio der Nachrichtenagentur dpa. Er ist verantwortlicher Redakteur beim „L'Ottimista", auf Deutsch „Der Optimist", und hat die Zeitung im Februar 2010 mitgegründet. „Auch wenn unsere Nachrichten nicht von Sex und Gewalt handeln, haben sie ihre Berechtigung."

Der Journalismus, wie er in Italien betrieben werde, zeige immer nur eine Seite der Medaille, meint der Vierunddreißigjährige. „Deshalb wollen wir die andere Seite zeigen." Aber ist es nicht genauso einseitig, ausschließlich positive Meldungen zu bringen? „Nein. Denn über die schlechten Dinge, die auf der Welt passieren, wissen die Menschen sowieso Bescheid." So verzichten die Redakteure des „L'Ottimista" weitgehend auf politische Berichterstattung, schreiben etwa nicht über Mafiaverbrechen, sondern erwähnen nur Initiativen und Gedenktage. Zusätzlich haben sie Ressorts wie „Leben und Familie" und „Das Heilige" eingeführt. „Wir sind, wie alle Italiener, katholisch geprägt, aber verstehen uns dennoch als von der Kirche unabhängig", sagt Marcolivio. Der Sitz der Redaktion von „L'Ottimista" ist in Rom. Die Zeitung erscheint online und einmal in der Woche als Printausgabe und wird von sechs Journalisten geleitet. Mittlerweile hat sie eine Auflage von 8 000 bis 10 000 Exemplaren erreicht.

Quelle: FAZ. Nr. 124 vom 28. 05. 2011. S. 32

Aufgabenstellung

Punkte

2.1 Fassen Sie das Konzept der Zeitungsmacher und dessen Begründung zusammen. Stellen Sie drei Ansätze dar, die die Wirkung von Medien allgemein erklären. Erläutern Sie auf der Basis eines dieser Ansätze mögliche Auswirkungen einer Zeitung, die nach dem oben beschriebenen Konzept erstellt wurde. 8

2.2 Angeregt durch diesen Artikel schreibt ein Leser einen Leserbrief mit der Überschrift „Lasst uns das Böse aus der Welt verdrängen!" Darin fordert er, in den Medien grundsätzlich nur noch gute Nachrichten zu veröffentlichen und auch aus Unterhaltungsfilmen, Dokumentationsfilmen und sogar aus Videospielen konfliktbehaftete und negative Inhalte zu verbannen.

Erläutern Sie vier Funktionen von Medien und beurteilen Sie den Vorschlag des Leserbrief-Schreibers vor dem Hintergrund Ihrer Ausführungen kritisch. 8

2.3 Formulieren Sie drei medienpädagogische Erziehungsziele, die Jugendliche auf dem Weg zum mündigen Rezipienten erreichen sollen und begründen Sie diese, indem Sie sich auf die gesellschaftlichen Normen, das Wesen des Menschen und seine Handlungsfähigkeit bei der Bewältigung von Lebensaufgaben beziehen. 7

2.4 Erläutern Sie Möglichkeiten der Medienerziehung und zeigen Sie anhand konkreter Beispiele Wege zur Umsetzung der von Ihnen zu Aufgabe 2.3 formulierten Ziele bei Jugendlichen auf. 7

30

Lösungsvorschläge

2.1 *Der Operator „**zusammenfassen**" stammt aus den Anforderungsbereichen 1 bis 2. Sie sollen das Konzept der Zeitung sowie dessen Begründung in konzentrierter Form herausstellen. Die Operatoren „**darstellen**" und „**erläutern**" stammen aus dem Anforderungsbereich 2. Hier wird eine strukturierte Wiedergabe von drei Medienwirkungstheorien erwartet. Mithilfe einer dieser Theorien sollen Sie die möglichen Auswirkungen des Konzepts der Zeitung veranschaulichen und verständlich machen.*

Das Konzept der Redakteure der italienischen Zeitung „L'Ottimista" zielt darauf ab, die positiven Dinge darzustellen, die in der Welt geschehen. Die Verantwortlichen wollen im Unterschied zu anderen italienischen Zeitungen, die primär über negative Vorfälle berichten, den **Optimismus** des Zeitgeschehens vertreten. Darum haben sie die Ressorts „Leben und Familie" und „Das Heilige" eingeführt, auch wenn die Zeitung von der Kirche unabhängig ist (vgl. Z. 19–22). Politische Berichterstattung hingegen findet kaum statt (vgl. Z. 17 f.). Die Redakteure begründen dies damit, dass es bereits viele Nachrichtenagenturen gäbe, die das Negative besonders herausstellen würden (vgl. Z. 13–17). Der Öffentlichkeit würde somit die zweite Seite zur Wahrheit fehlen. Dies war der Anlass zur Zeitungsgründung im Februar 2010.

Im Folgenden sollen drei allgemeine Medienwirkungstheorien vorgestellt werden.

Der sogenannte **Nutzenansatz** sieht die Mediennutzung als aktives, sinnorientiertes Handeln, mit dem kognitive, affektive, interaktive und integrative Bedürfnisse befriedigt werden können. Ein kognitives Bedürfnis könnte z. B. das Verlangen nach Information sein. Ein affektives Bedürfnis könnte z. B. darin bestehen, gut unterhalten zu werden. Interaktive Bedürfnisse lassen sich z. B. in Chatforen befriedigen und integrative Bedürfnisse entstehen aus dem Verlangen nach Stabilität, Verlässlichkeit und Glaubwürdigkeit.

Die Theorie des **Zweistufenflusses** der Kommunikation formuliert die Annahme, dass die **Vermittlung von Informationen in zwei Stufen** erfolgt. Massenmedien informieren und beeinflussen zunächst die Meinungsführer einer Gesellschaft, die dann durch persönliche direkte Kommunikation die von den Medien aufgenommenen Inhalte und Meinungen weitergeben.

Als dritte Wirkungstheorie ist der **Thematisierungsansatz** zu nennen. Bevor Medien mit der Berichterstattung beginnen, müssen die Verantwortlichen zunächst auswählen, über **welche Themen** und in **welcher Form** berichtet werden soll. Diese Auswahl ist aufgrund der Vielzahl der täglichen Geschehnisse notwendig. Durch die Auswahl und Gewichtung der Themen **bestimmen die Medien** aber auch, **was vom Rezipienten als wichtig empfunden** werden soll. Medien kreieren somit eine **eigene Realität**. Dies ist auch bei der Zeitung L'Ottimista der Fall. Die Verantwortlichen der Zeitung haben entschieden, nur über Nachrichten mit positivem Ausgang zu berichten. Damit bestimmen sie durch ihre Auswahl, welches Bild der Welt vom Rezipienten wahrgenommen werden soll und erschaffen die Realität einer positiven Welt.

2.2 *Aufgrund einer Lehrplanänderung, die erstmals im Abitur 2016 gilt, kann diese Aufgabe in künftigen Abiturprüfungen so nicht mehr gestellt werden. Daher wird für diese Teilaufgabe auf einen Lösungsvorschlag verzichtet.*

2.3 *Die Aufgabe 2.4 bezieht sich auf die Aufgabe 2.3. Daher sollten Sie bereits bei der Bearbeitung der Aufgabe 2.3 die nächste Aufgabenstellung mit bedenken.*

Ein mündiger Rezipient besitzt die Fähigkeit, den Umgang mit Medien zu bewältigen sowie autonom, verantwortlich und kritisch zu gestalten. Außerdem kommt er mit deren Anwendung und Funktionen zurecht und kann dabei angemessen urteilen und handeln. Medienpädagogische Erziehung zielt auf die Förderung dieser Fähigkeiten.
Eine medienpädagogische Zielsetzung könnte die **aktive Nutzung und Gestaltung** von Medien sein. Dieses Ziel lässt sich auf die Handlungsfähigkeit bei der Bewältigung von Lebensaufgaben beziehen, also **pragmatisch** begründen. Heute wird bereits in der Schule verlangt, dass Schüler in der Lage sind, Präsentationen zu erstellen oder Informationen zu recherchieren. Für Schule und Beruf ist es unverzichtbar, Medien gestalten und nutzen zu können.
Normativ begründet werden könnte das Erziehungsziel, einen **kritischen Umgang mit Medien** zu erlernen. Der mündige Rezipient muss dazu in der Lage sein, Medien und deren Inhalte kritisch zu reflektieren. Dazu gehört auch, die Inhalte auf ethische Aspekte hin zu untersuchen oder anhand gesellschaftlicher Normen zu messen. Wäre der größte Teil unserer Gesellschaft dazu nicht in der Lage, wäre es ein Leichtes, über Medienkampagnen die Werte und Normen unserer Gesellschaft willkürlich zu ändern.
Das Ziel, bei Rezipienten einen **sinnvollen und angemessenen Einsatz von Medien** zu erreichen, lässt sich **anthropologisch** begründen. Übermäßiger Medienkonsum kann zur Sucht führen und somit dem Wesen des Menschen widersprechen. Medien sollen das Leben einfacher machen und es nicht beherrschen.

2.4 *Hier sollen Möglichkeiten der Medienerziehung zunächst allgemein beschrieben und im Anschluss konkrete Umsetzungsmöglichkeiten der in Aufgabe 2.3. formulierten Ziele aufgezeigt werden.*

Es gibt eine Vielzahl an Möglichkeiten der Medienerziehung. Kinder und Jugendliche können zur kritischen Bewertung von Medieninhalten und Formaten z. B. durch **Impulsfragen** angeleitet werden. In der Schule oder auf entsprechenden Internetportalen wird **Sachwissen über Medien** vermittelt. Aber auch **Hilfestellungen zur Verarbeitung von Medieneindrücken** beispielsweise durch Spiel, kreatives Gestalten, sportliche Aktivitäten oder Gesprächsangebote gehören dazu.

Insbesondere bei den Zielen „Kritischer Umgang mit Medien“ und „Sinnvoller, angemessener Einsatz von Medien“ spielt das **Vorbildverhalten** eine wesentliche Rolle. Spielen beispielsweise die Eltern bei jeder Gelegenheit mit ihrem Smartphone, läuft der Fernseher rund um die Uhr und werden die Schlagzeilen der Boulevardzeitungen von ihnen selbst für bare Münze genommen, können die Ziele nur schwer erreicht werden. Es ist wichtig, dass der Erziehende diese Fragen in einer zugewandten Atmosphäre mit dem zu Erziehenden kritisch betrachtet. Dabei soll aktiv erklärt, aber nicht belehrt werden.
Für das Ziel „aktive Nutzung und Gestaltung von Medien“ muss ein Übungsfeld geschaffen werden. Dazu eignen sich besonders Alltagsaufgaben, an deren Erfüllen ein Interesse entsteht, beispielsweise: „Wie backe ich einen bestimmten Kuchen?“, „Wie wechsle ich meine Reifen am Fahrrad?“. Hier kann der Jugendliche gezielt nach Informationen suchen, beispielsweise nach Erklärvideos. Zudem könnte man für geplante Urlaubsreisen nach Sehenswürdigkeiten recherchieren und diese der Familie präsentieren.

Abiturprüfung an den beruflichen Gymnasien (SGGS)
Profilfach Pädagogik/Psychologie 2013 – Aufgabe 3

Inhaltliche Schwerpunkte: Entwicklung über die Lebensspanne und Identitätsbildung, soziale Rollen und Rollenkonflikte

Hallo Krise, ich komme! Die wichtigsten Phasen des Erwachsenenlebens – wie wir sie meistern, was sie uns lehren.

Text 1

Tschüs, ich geh dann mal!

Keine von uns könnte genau sagen, wann genau sie in die Pubertät kam. Was wir erinnern: Nachdem es jahrelang nichts Schöneres gab, als mit den Eltern essen zu gehen, trotteten wir eines Tages nur noch widerwillig hinter ihnen her und erwiderten, wenn überhaupt, Kommentare und Fragen mit einsilbigen Grunzlauten. Jeder elterliche Anspruch auf Nähe war eine Belästigung, denn Pubertierende suchen Abstand, um sich selbst zu finden. […]

Wer sinnlos provoziert, tierisch angibt oder ohne ein ehrliches Interesse am Gegenüber wie blöde flirtet, den finden wir „pubertär". Er benimmt sich, als hätte sein Verhalten keine Konsequenzen. Wir fragen uns, was mit ihm los ist, wer er eigentlich zu sein glaubt. […] Erwachsene, die noch in der Pubertät stecken, sind nicht unabhängig geworden. Sie verharren in einer Verweigerungshaltung, die nur eine abhängige Reaktion auf gestellte Ansprüche ist. Selbst eigene Ansprüche werden als Bedrohung erlebt: Sie können sich keine Ziele setzen und werden so zum Spielball des Lebens und seiner Zufälle. […]

Text 2

Keine Zeit, muss noch was erledigen!

Wer es auf die Zielgerade zu beruflichem Erfolg und privatem Glück schafft, ist gut dran – und trotzdem oft schlecht drauf: weil die Puste auszugehen droht. […]

Wer was erreichen will, muss gut sein. Aber nicht perfekt. Das kann bedeuten, dass ich auf die Top-Karriere verzichte. Aber es kann auch heißen: Ich will Erfolg und drei Kinder und finde mich damit ab, dass Reibung entsteht, wenn ich mir all diese Wünsche erfülle. Zum Beispiel zwischen meinem Job und den Interessen der Kinder oder meiner Vorstellung von einem gut geführten Haushalt.

Perfektionisten wollen diese Widersprüche nicht sehen. Sie denken: Wenn ich mich nur mehr anstrenge, gelingt das schon. Gesünder wäre es, solche Unvereinbarkeiten zu akzeptieren und sich zu fragen: Wie gehe ich damit um? Die Konsequenz ist vielleicht, dass die Küche sonntags kalt bleibt. Oder dass man eine Haushaltshilfe engagiert. So etwas ist im Alltag eine große Hilfe.

Quelle: Oskar Holzberg/Carola Kleinschmidt in Brigitte Nr. 23 vom 22. 10. 2008

Aufgabenstellung | Punkte

3.1	Stellen Sie Eriksons Grundannahmen zur lebenslangen Entwicklung dar und beschreiben Sie die letzten 4 Phasen dieses Ansatzes. Ordnen Sie die in der Zeitschrift vorgestellten Lebensphasen begründet den entsprechenden Phasen bei Erikson zu.	12
3.2	Erläutern Sie Merkmale für gelungene und nicht gelungene Identitätsbildung im Jugendalter und nehmen Sie Bezug zu Text 1.	6
3.3	Aus soziologischer Perspektive lassen sich die in Text 2 angeführten typischen Konflikte auch als Rollenkonflikte interpretieren. Analysieren Sie die angesprochenen Rollenkonflikte und stellen Sie dabei die verwendeten Begrifflichkeiten vor.	6
3.4	Arbeiten Sie die im Text angesprochenen Möglichkeiten zur Lösung der Konflikte heraus. Führen Sie aus, über welche Fähigkeiten oder Stärken ein Mensch verfügen sollte, um derartige Konflikte bewältigen zu können.	6
		30

Lösungsvorschläge

3.1 *Aufgrund einer Lehrplanänderung, die erstmals im Abitur 2016 gilt, kann diese Aufgabe in künftigen Abiturprüfungen so nicht mehr gestellt werden. Daher wird für diese Teilaufgabe auf einen Lösungsvorschlag verzichtet.*

3.2 *Der Operator „**erläutern**" stammt aus dem Anforderungsbereich 2. Sie sollen die Merkmale gelungener bzw. nicht gelungener Identitätsbildung veranschaulichen und mithilfe des Textes verständlich machen.*

Aus entwicklungspsychologischer Sicht stellt die Identitätsbildung eine wichtige Entwicklungsaufgabe im Jugendalter dar. Identität ist die Kombination aus persönlichen Merkmalen, derer man sich bewusst ist und mit denen man sich anderen darstellen kann. **Selbsterkenntnis** („Wer bin ich?", „Für wen werde ich gehalten?") und **Selbstgestaltung** („Was will ich?") formen die Identität. In diesen charakterisierenden Merkmalen spiegeln sich die Werte und Normen einer Gesellschaft, mit denen es sich auseinanderzusetzen gilt, um eine eigene Position zu den Fragen entwickeln zu können. Bei einer **gelungenen Identitätsbildung** können diese Fragen souverän beantwortet werden. Der Jugendliche hat Ideale und Vorbilder gefunden, die ihm eine Perspektive bieten, an der er sich orientiert und nach der er strebt. Gleichzeitig besitzt er aber auch Vertrauen in sich selbst, kann sich von anderen Personen abgrenzen und bleibt sich treu. Diese beginnende Abgrenzung wird in Text 1 beschrieben (vgl. Z. 7–15), wenn davon die Rede ist, dass Pubertierende den Eltern nur noch widerwillig hinterher trotten, um Abstand zu gewinnen.
Bei einer **nicht gelungenen Identitätsbildung** spricht man auch von einer **Identitätsdiffusion**. Hier fehlt bei der Beantwortung der gerade dargestellten Fragen eine klare Richtung bzw. es findet keine aktive Auseinandersetzung mit den Fragen statt. Eigene Wertvorstellungen und Ziele können durch eine fehlende Ich-Identität nicht benannt werden. Der Text beschreibt dieses Phänomen wie folgt: „Erwachsene, die noch in der Pubertät stecken, sind nicht unabhängig geworden. Sie verharren in einer Verweigerungshaltung, die nur eine abhängige Reaktion auf gestellte Ansprüche ist. […] Sie können sich keine Ziele setzen und werden so zum Spielball des Lebens und seiner Zufälle." (Z. 21–25)

3.3 *Der Operator „**analysieren**" stammt aus den Anforderungsbereichen 2 bis 3. Sie sollen die wichtigen Bestandteile der in Text 2 angesprochenen Rollenkonflikte herausarbeiten.*

Die **Rollentheorie** versucht, Verhaltensweisen eines Individuums durch seine Zugehörigkeit zu bestimmten Gruppen oder anderen sozialen Gebilden zu erklären. Eine soziale Rolle meint diesbezüglich die Summe aller Erwartungen, die die Mitglieder des entsprechenden sozialen Gebildes an das Verhalten des Rolleninhabers richten. Rollenkonflikte entstehen, wenn die unterschiedlichen Rollenerwartungen vom Rollenträger nicht bzw. nicht gleichzeitig erfüllt werden können oder wollen. Im Beispiel werden die Rollen der Hausfrau, der Arbeitskraft und des Elternteils beschrieben (vgl. Z. 31–34). Die Erwartung, den Ansprüchen der Kindererziehung, der Haushaltsführung und der Karriere gleichzeitig gerecht zu werden, lassen sich meist schwer miteinander vereinbaren. Dies kann zu einem **Interrollenkonflikt** führen, bei dem die Ansprüche, die sich aus den drei Rollen ergeben, nicht miteinander vereinbar sind. Definiert man die „moderne Frau" als eigenständige Rolle, wäre auch ein **Intrarollenkonflikt** denkbar, bei dem sich aus den unterschiedlichen Teilen der Rolle Rollenerwartungen ergeben, die nicht in Einklang zu bringen sind. Ebenso könnten Personen-Rollen-Konflikte auftreten, wenn sich die Einstellungen und Bedürfnisse des Rollenträgers und die Rollenerwartungen widersprechen. Dies wäre z. B. dann der Fall, wenn die betroffene Person die Rolle der Hausfrau, der Arbeitskraft und des Elternteils nicht so ausleben will oder kann, wie es von ihr erwartet wird.

3.4 *Die Aufgabenstellung bezieht sich auf den Text 2. Sie sollen hierbei beschreiben, welche Möglichkeiten zur Konfliktlösung im Text genannt werden, und die Voraussetzungen für diese Lösung erläutern.*

Der Text bietet drei Möglichkeiten zur Konfliktlösung an: Es wird in Erwägung gezogen, eventuell Abstriche bei der Karriere zu machen (vgl. Z. 30 f.) oder bei der Haushaltsführung weniger auf Perfektion zu achten (vgl. Z. 37 ff.). Ebenso wäre zur Entlastung auch das Einstellen einer Haushaltshilfe hilfreich (vgl. Z. 38 f.). Zudem wäre es denkbar, sich damit abzufinden, dass Reibung entsteht und die damit verbundenen Widersprüche zu akzeptieren (vgl. Z. 31–34).
Um Rollenkonflikte zu bewältigen, ist nach Rogers ein **flexibles Selbstkonzept** notwendig, das Abweichungen vom Idealselbst zulässt und laufende Selbstaktualisierung ermöglicht. Zudem ist die Fähigkeit zu **Kompromissen**, zur **Rollendistanz** und eine **Ambiguitätstoleranz**, also die Fähigkeit, unterschiedliche Rollen nebeneinander stehenzulassen, für die Konfliktbewältigung förderlich.

Inhaltliche Schwerpunkte: Einstellungen

Als vor einem Jahr eine rechtsextremistische Gruppe aus Hoyerswerda[1] und Rostock im Rahmen eines Antirassismusprogramms mit deutsch-türkischen Jugendlichen die Türkei bereisten, fieberten die mitgekommenen Journalisten der Katharsis (= Reinigung) entgegen und fragten die Teilnehmer stündlich: „Und wie stehen Sie heute zu anderen Kulturen?" Es wäre zu schön gewesen, den Daheimgebliebenen die Wandlung vom rassistischen Saulus zum weltgewandten Paulus zu präsentieren. Aber Pustekuchen. Zu Hause angekommen, hatten die ihren „Kameraden" erst einmal zu beweisen, dass sie nach wie vor bedingungslos zur „nationalen" Sache stehen. In Dresden gab es ein ähnliches Vorhaben:

Die Dresdener Ausländerbeauftragte reiste mit 21 rechtsradikalen Jugendlichen nach Israel. Allerdings hat sich die Hoffnung, dass Rechtsradikale mit einer Reise nach Israel oder mit dem Besuch eines Vernichtungslagers oder künstlich erzeugten Kontakten zu „gegnerischen" Jugendlichen dauerhaft ihre Einstellung ändern würden, als pädagogisch wirkungslos erwiesen."

Quelle: nach Farin, K. und Seidel-Pielen, E.: Skinheads. München 1993. Nach Farin, K. und Seidel-Pielen, E.: Ohne Gewalt läuft nichts. Köln 1993

1 In Hoyerswerda ereigneten sich im Jahr 1991 rassistisch motivierte Brandanschläge auf Asylantenheime.

Aufgabenstellung Punkte

4.1 Erklären Sie die Merkmale einer Einstellung und erläutern Sie den Unterschied zwischen Einstellung und Vorurteil anhand eines selbstgewählten Beispiels. 8

4.2 Erklären Sie mit Hilfe der Dissonanztheorie von Festinger, wie die im Text vorgestellten Begegnungsprogramme Einstellungsänderungen herbeiführen sollten. Stellen Sie dabei die zentralen Aussagen dieser Theorie dar. 10

4.3 Stellen Sie die vier Funktionen von Einstellungen nach D. Katz dar und erklären Sie damit das Scheitern der oben genannten Anti-Rassismus-Programme. 12

30

Lösungsvorschläge

4.1 *Die Operatoren „**erklären**" und „**erläutern**" stammen aus dem Anforderungsbereich 2. Es sollen die Merkmale einer Einstellung nachvollziehbar und verständlich gemacht werden. Den Unterschied zwischen Einstellung und Vorurteil sollen Sie durch zusätzliche Informationen veranschaulichen und verständlich machen.*

Einstellungen haben immer einen **Objektbezug**, d. h. sie stehen immer in Zusammenhang mit bestimmten Einstellungsobjekten wie z. B. gesellschaftlichen Themen, Personen oder Gegenständen. Sie zeichnen sich durch **Dauerhaftigkeit** aus und besitzen eine **Einstellungsstruktur**. Das bedeutet, dass Einstellungen anders als kurzfristige Meinungen über einen längeren Zeitraum konstant bestehen bleiben und sich strukturell aus den Komponenten **Kognition, Gefühl und Verhalten** zusammensetzen. Diese drei Komponenten wirken zusammen. Man spricht auch von einem **Systemcharakter**. Zudem sind Einstellungen **hypothetische Konstrukte**, also gedanklich konstruierte Modelle, die mit der Zeit erlernt wurden. Dieses Merkmal bezeichnet man als **Erworbenheit**.
Vorurteile sind nach der Definition von Horn **Ansichten, Meinungen und Urteile** über Menschengruppen oder -kategorien und die entsprechenden Personen. Sie bewerten auf **moralische Weise** und betonen dabei fast immer ausschließlich positive oder ausschließlich negative Aspekte. Des Weiteren sind sie **klischeehaft** und **stereotyp**. Menschen eignen sich Vorurteile im Verlauf der Sozialisation an. Sie hängen von **sozialen, politischen und wirtschaftlichen Faktoren** sowie von **Persönlichkeitsmerkmalen** ihrer Träger ab und sind **kulturbedingt**. Rationale Argumente und Beweisführung können sie nur schwer oder gar nicht beeinflussen. Das Vorurteil ist ein Urteil, das **voreilig getroffen** wird. Es ist sehr **verallgemeinernd** und basiert nicht oder nur unzureichend auf Reflexion oder Erfahrung.
Bei der Einstellung „Deutschland sollte im Rahmen der Flüchtlingskrise das Asylverfahren verschärfen" ist ein klarer Objektbezug, das Asylverfahren, erkennbar. Es handelt sich um eine politische Auffassung, also ein hypothetisches Konstrukt über den Umgang mit Flüchtlingen, dem eine Dauerhaftigkeit zu unterstellen ist. Es ist anzunehmen, dass dieser Einstellung eine konservative eventuell sogar rechte Gesinnung zugrunde liegt, die im Laufe des Lebens erworben wurde. Diese Geisteshaltung hat Auswirkungen auf die Kognition (Wie ist mit Flüchtlingen umzugehen?), das Gefühl (z. B. einer gefühlten Bedrohungslage) und das Verhalten (eventuell dem politischen Engagement oder Wahlverhalten).
Bei der Aussage „Flüchtlinge kommen nur, um unser Sozialsystem auszunutzen" handelt es sich um ein Vorurteil. Es ist eine wertende Aussage, die pauschal und generalisierend auf eine ganze Menschengruppe bezogen wird.

4.2 *Zur Bearbeitung sind zwei Vorgehensweisen denkbar: Sie können die Theorie nach Festinger zunächst allgemein darstellen und im Anschluss auf das Begegnungsprogramm beziehen, wie es in diesem Lösungsvorschlag gemacht wurde, oder Sie lassen den Bezug bereits bei der Darstellung der Theorie mit einfließen.*

Festinger geht in seiner Theorie davon aus, dass **Einstellungen ein System** bilden. Die Grundlage jeder Einstellung sind dabei **kognitive Elemente**. Die Beziehung zwischen diesen Elementen kann relevant oder irrelevant sein – je nachdem, ob zwischen ihnen ein Zusammenhang besteht oder nicht.
Stehen zwei Elemente in relevanter Beziehung zueinander, kann ihr Verhältnis **konsonant** oder **dissonant** sein. Passen diese Elemente zueinander, nennt man dies Konsonanz, stehen sie im **Widerspruch** zueinander, spricht man von **Dissonanz**. Verändert sich nun ein Einstellungselement, hat dies eine Veränderung der gesamten Einstellung zur Folge, da Einstellungssysteme nach Gleichgewicht streben und versuchen, es zu halten. Dies nennt man das Prinzip der **Homöostase**.
Konsonante Systeme sind **stabil** und relativ resistent gegenüber Veränderungen, da sie als angenehm erlebt werden. Daher bedeutet dies, dass ein Einstellungssystem erst ins Ungleichgewicht, also eine Dissonanz gebracht werden muss, damit sich **Einstellungen ändern** können. Je stärker die **Dissonanz**, desto größer ist die **Motivation**, diesen **Spannungszustand zu beseitigen**, da er als unangenehm, disharmonisch und konfliktreich erlebt wird. Dies kann durch Veränderung kognitiver Elemente, die Suche nach neuen Informationen oder durch Einstellungsänderungen geschehen. Zunächst wird das System aber versuchen, sein Gleichgewicht wiederzuerlangen, indem es das dissonante Einstellungselement z. B. nicht beachtet, vergisst oder verdrängt. Dies ist insbesondere dann der Fall, wenn das betroffene Einstellungselement mit zu vielen relevanten Einstellungselementen in einer Dissonanz steht, man also viele Einstellungen ändern müsste. Wird der psychische Aufwand hierfür jedoch zu groß, kommt es aber meist zur Einstellungsänderung.
Durch die Begegnungsprogramme sollten die kognitiven Elemente der rechtsextremen Jugendlichen verändert werden. Man ging davon aus, dass der Besuch eines Vernichtungslagers oder die positiven Erfahrungen mit türkischen oder israelischen Jugendlichen in einer relevanten Beziehung zu den anderen kognitiven Elementen der rechtsextremen Jugendlichen stehen würden. Durch die Maßnahmen hoffte man, einen Widerspruch zwischen den Elementen, also eine Dissonanz zu erzeugen. Das Einstellungssystem wäre dann in einen Spannungszustand geraten. Durch das Streben nach Homöostase wäre die Motivation entstanden, diesen Spannungszustand wieder zu beenden und einen Gleichgewichtszustand herzustellen. Man ging davon aus, dass sich die Vielzahl der angebotenen positiven Eindrücke nicht ignorieren ließe und es somit zu einer Einstellungsänderung der rechtsextremen Jugendlichen kommen würde.

4.3 *Zur Bearbeitung sind zwei Vorgehensweisen denkbar: Sie können die Theorie nach Katz zunächst allgemein darstellen und im Anschluss damit das Scheitern der Anti-Rassismus-Programme erklären, oder Sie lassen die Erklärung bereits bei der Darstellung der Theorie mit einfließen, wie es in diesem Lösungsvorschlag gemacht wurde.*

Daniel Katz beschreibt in seiner Theorie **vier Funktionen der Einstellung**. Der Misserfolg der Programme lässt sich mithilfe dieser Funktionen erklären. Zu Einstellungsänderungen kommt es dann, wenn die bisherigen Einstellungen diese Funktionen nicht mehr erfüllen können oder wenn durch neu erworbene Einstellungen eine bessere Erfüllung der Funktionen erwartet wird.
Die erste Funktion ist die **Anpassungsfunktion**. Einstellungen bewirken hierbei **positive Konsequenzen** im sozialen Umfeld. Eine Änderung der Einstellung könnte zum Entzug dieser Anerkennung führen. Durch das Vertreten einer Einstellung kann man außerdem zeigen, dass man Teil einer bestimmten Gruppe ist. Die Einstellung sorgt für ein Wir-Gefühl und demonstriert den sozialen Status innerhalb der Gruppe. Durch eine Aufgabe ihrer rechtsextremen Einstellung hätten die Teilnehmer der Anti-Rassismus-Programme diese Anerkennung aufs Spiel gesetzt. Sie hätten befürchten müssen, von der Gruppe ausgeschlossen und vielleicht sogar als Gegner gesehen zu werden. Diese Gefahr von sozialer Heimatlosigkeit wirkte offenbar stärker als die positiven Erfahrungen mit Jugendlichen anderer Nationalitäten.
Die zweite Funktion ist die **Selbstverwirklichungsfunktion**. Diese Funktion spielt eine bedeutende Rolle bei der Identitätsbildung. Einstellungen sind Ausdruck eines eigenen Standpunktes und einer eigenen Überzeugung. Sie dienen dazu, sich von anderen abzuheben, die Individualität zu betonen sowie das eigene Selbstwertgefühl steigern. Hätten die Jugendlichen ihre Einstellung aufgegeben, wäre dies mit dem Eingeständnis verbunden gewesen, bislang die falschen Überzeugungen und Standpunkte vertreten zu haben. Dieser Eingriff in die persönliche Identität war für die Jugendlichen offenbar zu groß.
Die dritte Funktion ist die **Wissensfunktion**, auch Orientierungsfunktion genannt. Das Leben ist hochkomplex. Diese Komplexität wird durch Einstellungen vereinfacht, indem sie Kategorien wie z. B. „richtig und falsch“ oder „gut und böse“ ermöglichen. Damit entsteht schnell ein Gefühl des Orientiertseins, der Sicherheit und der Handlungsfähigkeit. Hätten die Jugendlichen ihre rechtsextremen Einstellungen aufgegeben, hätten sie einen Großteil ihrer bisher erworbenen Kategorien über das „Funktionieren der Welt“ verloren.
Die vierte Funktion ist die **Abwehrfunktion**. Einstellungen können unerwünschte Gefühle, Wünsche und Bedürfnisse rechtfertigen und verteidigen. Gleiches gilt für unangenehme Erfahrungen. Dadurch können externe Faktoren für die eigenen Probleme verantwortlich gemacht werden. Würden die Jugendlichen aufhören, Ausländer und Juden als Problemursachen zu beschreiben, müssten sie nach neuen Problemursachen suchen, die auch bei ihnen selbst liegen könnten. Dies kann als zu bedrohlich erlebt worden sein.

Abiturprüfung an den beruflichen Gymnasien (SGGS)
Profilfach Pädagogik / Psychologie 2014 – Aufgabe 1

Inhaltliche Schwerpunkte: Gruppe, Erziehungsstile

Franziska hat ehrenamtlich die Leitung der neuen Jugendgruppe ihres Handballclubs übernommen. Nach einigen Wochen wendet sie sich an einen erfahrenen Sportkollegen und bittet ihn um Rat:

„In meiner Gruppe kommen Jugendliche aus allen Stadtteilen zusammen. Am Anfang, als sie sich noch nicht kannten, waren alle sehr zurückhaltend und nett im Umgang mit mir und den anderen Kindern. Ich brauchte keine Kennenlernspiele oder sonst irgendwelche Extramätzchen machen. Die Gruppe hat gleich prima funktioniert und alle haben gemacht, was ich wollte. Aber jetzt, nach ein paar Wochen, hat sich die Situation total verändert: Bei jedem Treffen gibt es Streit. Es geht zu wie auf einem Hühnerhof. Jeder scheint jeden zu begutachten und sich mit ihm messen zu wollen. Auch gibt es drei Streithähne, die jeder ein kleines Grüppchen um sich geschart haben und diese Grüppchen gehen ständig aufeinander los. Jeder will besser sein als der andere und während sie am Anfang noch auf mich gehört haben, wird jetzt alles, was ich sage, in Frage gestellt. Ich bereite mich intensiv auf unsere Treffen vor, aber sie lassen sich von mir kaum noch was sagen. Alles wird endlos diskutiert, in Frage gestellt und vieles wird einfach abgelehnt. Manche wollen schon nicht mehr mitmachen. Ab jetzt teile ich die Gruppen ein, ist mir doch egal, was die wollen. Allein kriegen die das nicht auf die Reihe, ab jetzt gebe ich alles vor, was gemacht wird. Diese unsinnigen Diskussionen werde ich zukünftig noch stärker verbieten und die Streithähne bestrafen."

Aus einem unveröffentlichten Manuskript

Aufgabenstellung

		Punkte
1.1	Stellen Sie das Modell von Bernstein und Lowy zu den Phasen der Gruppenentwicklung dar und ordnen Sie die im Text beschriebene Gruppe begründet einer Phase zu.	10
1.2	Leiten Sie aus den Phasen, die Franziskas Gruppe bereits durchlaufen hat, jeweils pädagogisch geeignete Verhaltensweisen der Gruppenleitung ab und bewerten Sie das Leiterverhalten von Franziska daraufhin, ob es der jeweiligen Phase der Gruppenentwicklung angemessen ist.	8
1.3	Ordnen Sie das im Text beschriebene Verhalten Franziskas begründet einem Führungsstil des typologischen Konzeptes nach Lewin zu.	6

1.4 Beurteilen Sie auf der Basis von Lewins Forschung zu den Auswirkungen verschiedener Stile, ob ein anderer Führungsstil förderlicher für die Gruppe wäre. 6

30

Lösungsvorschläge

1.1 *Bei dieser Aufgabe sollen Sie die Phasen der Gruppenentwicklung darstellen, also strukturiert wiedergeben. Zur Bearbeitung sind zwei Vorgehensweisen denkbar: Sie können entweder gleich bei der Darstellung der Phasen die im Text beschriebene Gruppe einer Phase begründet zuordnen oder sich dieser Teilaufgabe im Anschluss separat widmen.*

Saul Bernstein und Louis Lowy haben ein fünfphasiges Modell der Gruppenentwicklung beschrieben, das nachfolgend dargestellt wird. Dabei ist es wichtig zu erwähnen, dass eine Phase nicht zwingend auf die nächste folgen muss. Eine Rückkehr in frühere Phasen sieht das Modell genauso vor wie Phasensprünge.

Phase 1: Voranschluss / Orientierung
Die Gruppenmitglieder sind sich noch fremd; sie verhalten sich gegenüber den anderen Gruppenmitgliedern einerseits neugierig und zeigen freudige Erwartung, andererseits sind sie aber auch unsicher, ängstlich und vorsichtig. Dies führt in der Regel zu einem vorsichtigen Abtasten der Gruppenmitglieder untereinander und stereotypem Verhalten. In dieser frühen Phase ist der Einzelne meist noch nicht bereit, sich in der Gruppe darzustellen und zu öffnen. Die Gruppenmitglieder beobachten sich gegenseitig und suchen nach Orientierung.

Phase 2: Machtkampf und Kontrolle
Kennen die Gruppenmitglieder einander besser, kommt es zu einem Ringen, um eigene Standpunkte durchzusetzen. Machtkämpfe, die den zukünftigen Status der Gruppenmitglieder und deren jeweiligen Einfluss auf die Gruppe bestimmen, sind dabei keine Seltenheit. Einzelne Mitglieder, manchmal sogar die ganze Gruppe, werden infrage gestellt, was auch die Gefahr des Abspringens in sich birgt. Durch Konkurrenzverhalten werden die Grenzen im sozialen Miteinander erprobt. Dies gilt auch gegenüber der Gruppenleitung. Durch diesen Prozess entwickeln sich Regeln und Normen, zudem kommt es zu ersten Rollenfestschreibungen.

Phase 3: Vertrautheit / Intimität
Die persönlichen Beziehungen zwischen den Gruppenmitgliedern werden stärker. Man hat gelernt, miteinander umzugehen, und es kommt zu immer mehr Interaktionen. Die Gruppenmitglieder identifizieren sich mit der Gruppe und ein Wir-Gefühl entsteht. Die Ziele der Gruppe sind geklärt und sie ist in der Lage, Aktivitäten zu planen und durchzuführen. Die entstandene Offenheit in der Kommunikation fördert die Vertrautheit und erhöht das Bedürfnis nach Nähe.

Phase 4: Differenzierung
Die Gruppe ist stabil geworden, sodass die Unterschiedlichkeit der einzelnen Gruppenmitglieder akzeptiert und als bereichernd empfunden werden kann. In dieser Phase können die Gruppenmitglieder sich frei ausdrücken, kommunizieren sehr viel und helfen sich gegenseitig. Es gibt nur noch selten Konkurrenzverhalten innerhalb der Gruppe. Die Gruppenmitglieder können sich auch in neuen

Erfahrungsbereichen erproben. Gruppenaktivitäten werden konsequent umgesetzt und Ziele gesetzt. Die Gruppe interessiert sich auch für andere Gruppen und grenzt sich zugleich von ihnen ab.

Phase 5: Trennung/Ablösung
Am Ende des Gruppenprozesses kommt es zur Auflösung der Gruppe, da z. B. das Gruppenziel erreicht wurde oder die Mitglieder ausscheiden, z. B. wegen Wohnortwechseln, Interessensänderungen. Dieser Auflösungsprozess stellt für einige eine schmerzliche Erfahrung dar, was zu Leugnen des Abschieds, Resignation, aber auch Innehalten, Rückschau und Auswertung führen kann. Nicht selten wird die Gruppe in dieser Phase in frühere Entwicklungsphasen zurückgeworfen und Machtkämpfe treten beispielsweise wieder auf.

Franziskas Gruppe befindet sich in der Phase, in der es um Machtkampf und Kontrolle geht. Das Bemühen der Mitglieder um den eigenen Status wird deutlich: „Jeder will besser sein als der andere" (Z. 12 f.) Auch Konkurrenzverhalten zeigt sich: „Jeder scheint jeden zu begutachten und sich mit ihm messen zu wollen" (Z. 10 f.). Außerdem wird die Gefahr des Abspringens beschrieben „Manche wollen schon nicht mehr mitmachen" (Z. 16 f.) und das Testen des Gruppenleiters wird durch Franziskas Aussage „[…] was ich sage, wird in Frage gestellt" (Z. 14) belegt.

1.2 *Die Aufgabenstellung bezieht sich nur auf die von der Gruppe durchlaufenen Phasen 1 und 2. Eine Darstellung geeigneten Führungsverhaltens für alle Phasen des Modells nach Bernstein und Lowy wird hier nicht erwartet.*

In der **Orientierungs- bzw. Voranschlussphase** ist es wichtig, dass die Gruppenleitung einen klaren organisatorischen Rahmen vorgibt, Erkundung erleichtert, indem sie z. B. ein gemeinsames Spiel initiiert und für eine lockere Vorstellungsrunde sorgt, bei der keine Person zu etwas genötigt wird, das sie nicht will. Dies bedeutet auch, dass Distanz zugelassen werden muss und Kontaktangebote behutsam erfolgen müssen. In dieser Phase ist die Gruppenleitung stark gefordert. Sie muss die Situation genau beobachten, um ggf. schnell und angemessen reagieren zu können. Sie wird in der Regel viele Fragen beantworten müssen und hat zunächst die Verantwortung für die inhaltlichen Schwerpunkte.
In der Anfangsphase hat Franziska diese Verhaltensweisen nicht oder nur unzureichend berücksichtigt. Sie hat auf Kennenlernspiele verzichtet und auch nichts unternommen, um die Gruppe zusammenzuführen. Sie bezeichnet dies sogar als „Extramätzchen" (Z. 7).
In der **Machtkampf- und Kontrollphase** muss die Gruppenleitung allen Teilnehmern die Möglichkeit geben, mit den anderen Mitgliedern in Konkurrenz zu treten und die eigene Rolle in der Gruppe zu finden. Sie muss Kämpfe zulassen und dennoch einen sicheren Rahmen bieten, in dem die Rivalitäten geklärt werden können. Dazu müssen Regeln aufgestellt werden. Oft ist nicht der Streit an sich das Problem, sondern die Art und Weise, wie gestritten wird. Auch in dieser

Phase muss die Gruppenleitung sehr präsent sein. Sie muss erkennen, wer welche Rolle spielt und ob die Rolle der Person schadet. Ruhige Teilnehmer müssen eingebunden und dominante gebremst werden. Es ist durchaus sinnvoll, dass die Gruppenleitung das Testen von Grenzen zulässt. Dabei darf jedoch die Kontrolle nicht verloren gehen. Gerade in dieser emotionalen, manchmal hitzigen Phase muss es die Gruppenleitung aushalten, dass sich Konflikte auch an ihr entladen.
Auch in dieser Phase missachtet Franziska die gerade dargestellten Grundsätze. Statt die Gruppe bei der Selbstfindung zu unterstützen, will sie künftig alles vorgeben, was gemacht wird. Sie geht sogar noch einen Schritt weiter, indem sie sagt: „Diese unsinnigen Diskussionen werde ich zukünftig noch stärker verbieten und die Streithähne bestrafen" (Z. 19 f.).

1.3 *Der Operator „**zuordnen**" stammt aus dem Anforderungsbereich 2. Es wird verlangt, die relevanten Textpassagen mithilfe der Theorie Kurt Lewins nachvollziehbar zu machen und verständlich in dieselbe einzuordnen.*

Franziska bedient sich des **autoritären Führungsstils**. Bei diesem Stil gehen so gut wie alle Aktivitäten vom Leiter aus: Er gibt Befehle, übernimmt die Verantwortung für das Geschehen und bestimmt die Gruppenzugehörigkeit. Dieses Leitungsverhalten wird auch im vorliegenden Beispiel deutlich. Franziska beschreibt, dass alle gemacht haben, was sie gesagt hat (vgl. Z. 8), also die Aktivitäten von ihr ausgingen und ihre Befehle befolgt wurden. Sie kündigt zudem an, künftig Diskussionen noch stärker zu verbieten (vgl. Z. 19 f.). Sie übernimmt Verantwortung: „Ich bereite mich intensiv [...] vor" (Z. 14 f.) und bestimmt die Gruppenzugehörigkeit, indem sie die Gruppen selbst einteilt (vgl. Z. 17).
Beim autoritären Stil ist die Haltung des Leiters gegenüber der Gruppe unpersönlich und wenig wertschätzend. Franziska bezeichnet die Diskussionsbedürfnisse in ihrer Gruppe abwertend als unsinnig (vgl. Z. 19). Sie arbeitet mit **negativen Erziehungsmaßnahmen:** Sie kündigt an, die Streithähne künftig zu bestrafen (vgl. Z. 19 f.). Solche Strafen, Drohungen und Einschüchterungen sind typisch für den autoritären Führungsstil. Lob und Tadel erfolgen nur personenbezogen. Aufgrund der **Dominanz** der Leitungsperson herrschen bei den Gruppenmitgliedern in der Regel Unklarheit und Unsicherheit über künftiges Tun.

1.4 *Der Operator „**beurteilen**" stammt aus dem Anforderungsbereich 3. Hier sollen Sie selbstständig ein Urteil fällen und dieses auf der Basis Ihres Fachwissens begründen.*

Der **autoritäre Führungsstil** führt zu einer **extrinsischen Leistungsmotivation**, mit sehr eingeschränkter Spontaneität und Kreativität. Es herrscht das Prinzip Quantität vor Qualität. Die Gruppe ist sehr auf die Leitung fixiert und reduziert ihre Leistungen bei Abwesenheit des Leiters. Teilweise lassen sich auch aggressive Tendenzen bei den Gruppenmitgliedern feststellen. Genau dies ist in der Gruppe eingetreten. Franziska berichtet, dass es bei jedem Treffen Streit gibt und die Grüppchen ständig aufeinander losgehen (vgl. Z. 9–12). Die Gruppe arbeitet sehr ineffizient, da alles diskutiert wird und einige nicht mehr bereit sind, sich zu beteiligen (vgl. Z. 15 ff.).

Der **Laisser-faire-Führungsstil** führt häufig zu **planlosem und unproduktivem Verhalten** in der Gruppe. Dies ruft auch bei den Teilnehmern Unzufriedenheit hervor. Die Stimmung ist gereizt. Ideen und Vorschläge werden selten realisiert. Insgesamt ist sowohl die Qualität als auch die Quantität der Gruppenleistungen auf einem sehr niedrigen Niveau. Demzufolge kann dieser Stil als Alternative für Franziskas Gruppe kaum als hilfreich erachtet werden.

Beim **demokratischen Führungsstil** hingegen herrschen in der Regel eine ausgeglichene Atmosphäre und ein **Wir-Gefühl** in der Gruppe. Das Verhältnis zur Gruppenleitung ist freundschaftlich geprägt. Entsprechend groß ist die Arbeitszufriedenheit, was sich durch steigende Qualität und Quantität der Gruppenleistungen auszeichnet.

Demzufolge wäre für Franziska nach der Führungsstilforschung Lewins die Anwendung des **demokratischen Führungsstils** günstiger für ihre Gruppe gewesen. Hätte sie eine positive Atmosphäre und Mitbestimmungsmöglichkeiten für die Mitglieder ihrer Gruppe geschaffen, wären die beschriebenen Verweigerungshaltungen wahrscheinlich nicht aufgetreten.

Abiturprüfung an den beruflichen Gymnasien (SGGS)
Profilfach Pädagogik / Psychologie 2014 – Aufgabe 2

Inhaltliche Schwerpunkte: Empirische Vorgehensweise, Modelllernen

Filmreif rauchen? Rauchszenen in Filmen können Kinder und Jugendliche zum Rauchen verführen

[…] Adaptieren[1] Kinder und Jugendliche von ihren Stars auch Verhalten, das ihnen schadet?

Den amerikanischen Forschern Todd Heatherton und James Sargent zufolge lautet die Antwort auf diese Frage eindeutig „Ja". In ihren Langzeitstudien untersuchten sie, welche Auswirkungen das Rauchen in Filmen auf das Rauchverhalten von Kindern und Jugendlichen hat.

Dazu unterzogen sie über 1000 Filme ausführlichen Inhaltsanalysen und befragten eine repräsentative Stichprobe amerikanischer Kinder und Jugendlicher im Alter von 10 bis 14 Jahren. Sie verglichen die Kinder und Jugendlichen, die die wenigsten Tabakszenen gesehen hatten, mit denen, die dem Rauchen in Filmen am häufigsten ausgesetzt gewesen waren. Letztere hatten positivere Einstellungen zum Tabakkonsum und waren überzeugt davon, die meisten Erwachsenen würden rauchen.

Durch Befragungen in den darauf folgenden zwei Jahren konnte ermittelt werden, dass das Risiko eines Rauchbeginns für sie etwa drei Mal so hoch war wie für diejenigen, die die wenigsten Rauchszenen gesehen hatten.

Bemerkenswerterweise fanden die Forscher auch heraus, dass der Einfluss der gesehenen Tabakszenen gerade bei Jugendlichen am stärksten war, bei denen Experten das Risiko, mit dem Rauchen anzufangen, üblicherweise als gering einschätzen: nämlich bei denjenigen, deren Eltern nicht rauchten und die ein eher gering ausgeprägtes Bedürfnis nach Abwechslung und neuen Erlebnissen äußerten.

Je weniger Jugendliche in der Realität […] mit dem Rauchen und seinen negativen Folgen konfrontiert werden, desto eher erliegen sie der glorifizierenden Darstellung des Rauchens auf der Leinwand, bei der gesundheitliche Risiken meist gezielt ausgeblendet werden.

Die Ergebnisse von Heatherton und Sargent konnten von anderen Forschern – auch in Deutschland – mehrfach bestätigt werden. Das ist nicht verwunderlich, denn Hollywoodfilme, in denen durchschnittlich jeder vierte Akteur raucht, sind weltweit beliebt und machen 80 Prozent der Filme aus, die hierzulande gezeigt werden.

Heatherton und Sargent sind davon überzeugt, dass das Verbannen von Rauchszenen aus Filmen viele Jugendliche vor der Nikotinsucht schützen kann. In den USA erreichten Anti-Raucher-Gruppen und Medizin-Verbände nach der Veröffentlichung der Studien bereits, dass die Platzierung von Tabakmarken in Hollywoodfilmen stark reduziert wurde. Sie fordern jedoch mehr: Filme, in denen geraucht wird, sollen erst ab 17 Jahren freigegeben werden. […] Bleibt abzuwarten, ob das den gewünschten Erfolg bringt …

Quelle: Katharina Zimmer, http://www.forschung-erleben.uni-mannheim.de/?q=node/109. 22. 7. 2009, letzter Zugriff am 16. 5. 2013. Aus didaktischen Gründen gekürzt und verändert.

1 adaptieren = hier im Sinne von „übernehmen"

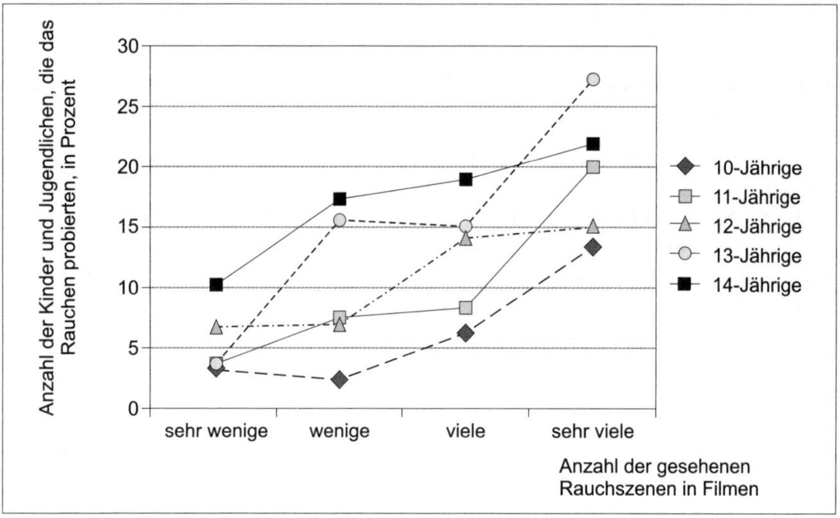

Bildquelle: verändert für den Druck nach Heatherton, T. F. & Sargent, J. D. (2009): Does Watching Smoking in Movies Promote Teenage Smoking? Current Directions of Psychological Science, 18 (2), S. 63–67.

Abb. 1: Die Stichprobe besteht aus 4538 amerikanischen Kindern und Jugendlichen, die bis zum Untersuchungsbeginn niemals geraucht hatten und die 16 Monate später auf ihren Tabakkonsum hin untersucht wurden.

Aufgabenstellung Punkte

2.1 Fassen Sie die im Text dargestellten Ergebnisse der Untersuchung von Heatherton und Sargent zusammen und werten Sie die Grafik in Abb. 1 aus. Vergleichen Sie die Aussagen von Grafik und Text hinsichtlich ihrer Übereinstimmung. 6

2.2 Empirische Forschung, wie die vorliegende von Heatherton und Sargent, liefert wertvolle Erkenntnisse über pädagogische und psychologische Zusammenhänge. Stellen Sie die empirische Vorgehensweise bei wissenschaftlichen Untersuchungen dar und zeigen Sie, wie diese in der Untersuchung von Heatherton und Sargent umgesetzt wird. 8

2.3 Die sozial-kognitive Theorie von Bandura hat hohen Erklärungswert, wenn es darum geht, wie und ob das Verhalten medialer Modelle übernommen wird. Stellen Sie das Modelllernen nach Bandura dar und erklären Sie vor dem Hintergrund dieser Annahmen, wie es dazu kommt, dass Jugendliche das Rauchverhalten von Filmfiguren übernehmen. 12

2.4 Diskutieren Sie auf der Grundlage pädagogisch-psychologischer Erkenntnisse die Sinnhaftigkeit der Forderung von Heatherton und Sargent, Filme mit Rauchszenen erst ab 17 Jahren freizugeben. 4

30

Lösungsvorschläge

2.1 *Es wird eine Zusammenfassung der Ergebnisse erwartet. Eine Beschreibung des gesamten Studiendesigns ist nicht gefragt. Außerdem sollen Sie ermitteln, welche der Aussagen der Grafik und des Textes übereinstimmen.*

Die Langzeitstudie von Heatherton und Sargent zur Wirkung filmischer Rauchszenen bei Kindern und Jugendlichen ergab, dass das **Risiko eines Rauchbeginns zunimmt**, je **mehr Rauchszenen** gesehen werden. Bei den Kindern und Jugendlichen, die in der Untersuchung die meisten Rauchszenen gesehen hatten, war das Risiko etwa dreimal so hoch wie bei der Vergleichsgruppe, die die wenigsten Rauchszenen gesehen hatte. Überrascht hat das Ergebnis, dass der Einfluss der gesehenen Tabakszenen gerade bei den Jugendlichen am stärksten war, deren Eltern selbst nicht rauchten. Je weniger reale Berührungspunkte die Teilnehmer zu Rauchern hatten, desto mehr unterlagen sie der glorifizierenden Darstellung des Rauchens in den Filmsequenzen.
Die Grafik zeigt auf der X-Achse die Anzahl der gesehenen Rauchszenen in Filmen. Auf der Y-Achse wird die Anzahl der Kinder und Jugendlichen, die das Rauchen probieren, in Prozentpunkten angegeben. Die Stichprobe besteht aus 4538 amerikanischen Kindern und Jugendlichen. Die Altersgruppen 10, 11, 12, 13 und 14 Jahre werden getrennt dargestellt und bezüglich der gesehenen Rauchszenen noch einmal in die Gruppen sehr wenige, wenige, viele und sehr viele unterteilt.
Es fällt auf, dass in allen Gruppen die Anzahl der Raucher mit der Anzahl der gesehenen Rauchszenen steigt, jedoch scheint die Gruppe der Zehnjährigen hierfür noch am wenigsten anfällig zu sein. Insbesondere bei den Dreizehnjährigen steigt das Rauchverhalten schon bei „wenigen Rauchszenen" rapide an und erreicht bei der Kategorie „sehr viele Rauchszenen" den höchsten Wert, der bei der gesamten Untersuchung gemessen wurde. Ebenfalls erwähnenswert ist, dass in der Gruppe der Vierzehnjährigen offensichtlich schon „sehr wenige Rauchszenen" ausreichen, um das Rauchen auszuprobieren.
Vergleicht man die in der Grafik angegebenen Werte mit den Aussagen des Textes, dass das Risiko eines Rauchbeginns bei der Gruppe „sehr viele Rauchszenen" dreimal so hoch sei wie bei der Gruppe „sehr wenige Rauchszenen" (vgl. Z. 14 f.) stellt man fest, dass es sich hierbei nur um eine sehr grobe Zusammenfassung handelt. Tatsächlich hat diese Zahl nur bei der Gruppe der Zehnjährigen Gültigkeit. In den anderen Gruppen gibt es teilweise deutliche Abweichungen. So haben beispielsweise die Elfjährigen ein fünffaches, die Dreizehnjährigen sogar ein siebenfaches Risiko. Bei der Gruppe der Zwölf- und Vierzehnjährigen hingegen ist das Risiko nur um ca. das Zweifache erhöht.

2.2 *Zur Bearbeitung sind zwei Vorgehensweisen denkbar: Sie können die Umsetzung der vorliegenden Studie von Heatherton und Sargent bei der Darstellung der empirischen Vorgehensweise bei wissenschaftlichen Untersuchungen direkt mit einfließen lassen, oder sich dieser Teilaufgabe nach der allgemeinen Darstellung separat widmen.*

Die empirische Vorgehensweise bei wissenschaftlichen Untersuchungen kann man in acht Schritte unterteilen.

1. Der erste Schritt ist die **wissenschaftliche Fragestellung**, mit der der Untersuchungsgegenstand festgelegt wird. Diese Fragestellung könnte in der vorliegenden Untersuchung lauten: „Wirken sich Rauchszenen in Filmen auf das Rauchverhalten von Kindern und Jugendlichen aus?“
2. Im zweiten Schritt wird eine **Hypothese**, also eine Vermutung über den Ausgang der Untersuchung aufgestellt. Diese wird in der Regel in Konditionalsätzen formuliert und beinhaltet eine unabhängige und eine abhängige Variable. Bezogen auf die Untersuchung von Heatherton und Sargent wäre eine mögliche Hypothese: „Je mehr filmische Rauchszenen gesehen werden, desto mehr Rauchverhalten wird gezeigt.“ Die unabhängige, vom Forscherteam bestimmte Variable ist die Anzahl der Rauchszenen. Von ihr hängt die abhängige Variable, also das Rauchverhalten ab.
3. Im dritten Schritt müssen die zentralen Begriffe **operationalisiert** werden, d. h. messbar gemacht werden. Es muss bestimmt werden, was als Rauchszene gelten soll und was unter sehr wenig, wenig, viel und sehr viel zu verstehen ist. Ebenso muss bestimmt sein, welches Verhalten als Rauchversuch gelten soll.
4. Im vierten Schritt geht es darum, die **Merkmale auszuschalten**, die das **Ergebnis verfälschen** könnten, z. B. weitere Einflüsse auf das Ergebnis. Solche Einflüsse werden als intervenierende Variable bezeichnet. Im vorliegenden Fall könnten dies weitere rauchende Modelle im Leben der Kinder sein, wie z. B. die Eltern, Lehrer, Freunde.
5. Im fünften Schritt wird die **Stichprobe bestimmt**, die repräsentativ sein und nach Möglichkeit nach dem Zufallsprinzip gebildet werden sollte. In der vorliegenden Untersuchung besteht die Stichprobe aus 4538 amerikanischen Kindern und Jugendlichen, die bis zum Untersuchungsbeginn niemals geraucht hatten.
6. Den sechsten Schritt stellt die **Durchführung der Untersuchung** selbst dar. Die Kinder und Jugendlichen wurden im Abstand von 16 Monaten hinsichtlich ihres Rauchverhaltens befragt.
7. Im siebten Schritt werden die **gewonnenen Daten ausgewertet und interpretiert**. Die Hypothese wird im Anschluss bestätigt **(verifiziert)** oder verworfen **(falsifiziert)**. Im vorliegenden Fall ergibt sich aus der Interpretation der Daten, dass das Risiko, mit dem Rauchen zu beginnen, mit der Anzahl der gesehenen Rauchszenen steigt, wobei sich Unterschiede in den Alters-

gruppen ergeben. Die Hypothese aus Schritt zwei kann durch die Untersuchung somit bestätigt werden.

8. Im achten und letzten Schritt formuliert das Forscherteam eine **allgemeingültige Aussage**, die sich nicht nur auf die Stichprobe der Untersuchung bezieht. So lässt sich aus der Untersuchung ableiten, dass Rauchszenen in Filmen auch das Rauchverhalten von Kindern und Jugendlichen im Alltag beeinflussen werden.

2.3 *Zur Bearbeitung sind zwei Vorgehensweisen denkbar: Sie können die sozial-kognitive Theorie nach Bandura zunächst allgemein darstellen und diese im Anschluss auf die Übernahme des Rauchverhaltens bei Kindern und Jugendlichen beziehen, oder aber Sie lassen den Bezug jeweils an den geeigneten Stellen direkt einfließen, wie es in diesem Lösungsvorschlag gemacht wurde.*

Bandura geht davon aus, dass eine Vielzahl von Erlebens- und Verhaltensweisen durch **Beobachtung** erlernt wird. Dieses Lernprinzip wird auch als **Lernen am Modell** bezeichnet. Bandura untereilt diesen Lernvorgang in zwei Phasen, die Aneignungs- und die Ausführungsphase. Die **Aneignungsphase** besteht aus dem Aufmerksamkeits- und dem Gedächtnisprozess. Im **Aufmerksamkeitsprozess** wird entschieden, welche der vielen dargebotenen Handlungen tatsächlich beobachtet werden, beispielsweise das Rauchen der Filmfiguren. Dies wird im Gedächtnis so lange abgespeichert, bis sich der Beobachter einen Nutzen der erlernten Verhaltensweise, hier des Rauchens, verspricht, z. B. um im Freundeskreis als cool oder erwachsen zu gelten. Bandura nennt dies den **Gedächtnisprozess**. Die **Ausführungsphase** beinhaltet den Reproduktions- und den Motivationsprozess. Im **Reproduktionsprozess** wird die im Gedächtnis gespeicherte Handlung umgesetzt, wenn sich eine passende Situation ergibt. Haben Jugendliche z. B. rauchende Filmfiguren an einem Lagerfeuer während ihres Gedächtnisprozesses abgespeichert, könnte es möglich sein, dass sie das nächste Lagerfeuer zum Anlass nehmen, das gesehene Verhalten zu reproduzieren. Natürlich spielt auch hier die Motivation eine große Rolle. Sie ist bei der Aneignungsphase genauso von Bedeutung wie bei der Ausführungsphase. Nur wenn sich der Jugendliche Erfolg in Form von Anerkennung, Genuss usw. verspricht, wird er das Rauchverhalten nachahmen. Bandura nennt dies den **Motivationsprozess**.
Ob eine Filmfigur als Modell ausgewählt wird, hängt von verschiedenen Bedingungen ab: den **Persönlichkeitsmerkmalen** des Modells und des Beobachters, der **Beziehung** zwischen Modell und Beobachter sowie den gegebenen **Situationsbedingungen**.
Erfolgreiche Modelle besitzen Persönlichkeitsmerkmale wie soziale Macht, hohes Ansehen, Sympathie und Attraktivität. Filmhelden haben in der Regel diese soziale Macht und das Ansehen. Helden werden meist sympathisch und attraktiv dargestellt und sind in der Lage, die größten Probleme zu bewältigen. Durch diese Darstellung entsteht eine positive emotionale Beziehung des Jugendlichen zum Filmhelden.

Da auch die Persönlichkeitsmerkmale des Beobachters bei der Modellauswahl eine wichtige Rolle spielen, kann es passieren, dass Beobachter mit wenig Selbstvertrauen und geringer Selbstachtung aufgrund ihrer erhöhten Aufmerksamkeit dem Modell gegenüber das Verhalten der Filmfiguren unreflektiert nachahmen. Dazu gehört auch das Rauchen.
Zudem wirkt sich die soziale Befindlichkeit eines Beobachters in den gegebenen Situationsbedingungen aus. Ist ein Jugendlicher z. B. gerade auf der Suche nach Identität, ist er in der Regel Modellen sehr zugänglich und Rauchen kann als Teil der eigenen Identität übernommen werden.
Auch die Bedeutung der **Bekräftigung** spielt bei den Bedingungen des Modelllernens eine wesentliche Rolle. Bandura unterscheidet zwischen der **externen** Bekräftigung, bei der eine Person direkt bestärkt wird, der **stellvertretenden** Bekräftigung, bei der sie beobachtet, wie eine andere Person bestärkt wird, der **direkten Selbstbekräftigung**, bei der sich eine Person selbst belohnt, und der **stellvertretenden Selbstbekräftigung**, bei der beobachtet wird, wie sich eine andere selbst Person belohnt. Bekräftigung spielt auch bei der Übernahme des Rauchverhaltens eine wesentliche Rolle. Sieht der Jugendliche z. B., dass ein Filmheld zur Entspannung eine Zigarre raucht, findet eine stellvertretende Selbstbekräftigung statt. Wird im Anschluss das nachgeahmte Rauchen im Freundeskreis anerkannt, kommt es zu einer externen Selbstbekräftigung.
Mit der Bekräftigung hängen die Effekte des Modelllernens eng zusammen. Beim modellierenden Effekt werden neue Verhaltensweisen übernommen, hier das Rauchen. Je nach Persönlichkeit des Beobachters kann das Rauchverhalten von Filmfiguren zu **hemmenden oder enthemmenden Effekten** führen, also auf keinen Fall ein Raucher sein zu wollen, etwa dann, wenn dabei Ekel empfunden wird, oder es einmal selbst ausprobieren zu wollen. Grundsätzlich lässt sich bei einem Film auch ein **auslösender Effekt** vorstellen, indem das Rauchverhalten des Helden im Anschluss unmittelbar imitiert wird.
Wie stark Modelle genutzt werden, hängt natürlich auch von der Motivation ab, die sich aus der **Ergebniserwartung** (Lohnt sich das?), der **Kompetenzerwartung** (Kann ich das?) und der **Aussicht auf Selbstbekräftigung** (Will ich das?) zusammensetzt. Vielleicht gelangen Jugendliche durch ihre Ergebniserwartung zu der Überzeugung, dass ihnen ihr Leben besser gelingt, wenn sie so wie der Filmheld rauchen.

2.4 *Die Aufgabe ist so offen gestellt, dass bei der Lösung alle pädagogischen und psychologischen Theorien des Lehrplans und darüber hinaus herangezogen werden können. Gleichzeitig ist die Aufgabe vergleichsweise kurz zu beantworten, da man höchstens 4 Punkte erhalten kann. Daher ist der nachfolgende Lösungsvorschlag nur eine von vielen Möglichkeiten zur Beantwortung dieser Aufgabe.*

Die Forderung von Heartherton und Sargent, Rauchszenen erst ab 17 Jahren freizugeben, kann auf der Basis pädagogisch-psychologischer Erkenntnisse nicht als sinnvoll erachtet werden. Verbote führen, wie die Erziehungsstilforschung zeigt, nicht zu einer selbstkritischen Auseinandersetzung mit der Problematik des Rauchens. Zudem sind Verbote Machtdemonstrationen, die häufig in den Widerstand führen. Daher wäre bei einem Verbot zu erwarten, dass die Jugendlichen die verbotenen Filme heimlich oder ab dem 17. Lebensjahr „erst recht" ansehen. Im Zeitalter neuer Medien dürfte dieses Verbot zudem real gar nicht einzuhalten sein. Selbst wenn es Alterskontrollen in Kinos gäbe und Filme mit Rauchszenen im Fernsehen nur noch im Spätprogramm ausgestrahlt würden, wäre es für Jugendliche mit entsprechender Medienkompetenz ein Leichtes, diese Filme aus dem Internet herunterzuladen. Eine Einstellungsänderung ist durch Verbote sicherlich nicht zu erreichen. Hier gilt es eher, durch Aufklärung und Suchtpräventionsprogramme eine kognitive Dissonanz zu erzeugen, die Jugendliche vom Rauchen abhält.

Abiturprüfung an den beruflichen Gymnasien (SGGS) Profilfach Pädagogik/Psychologie 2014 – Aufgabe 3

Inhaltliche Schwerpunkte: Kognitive Entwicklungstheorie nach Piaget, Systemisch-konstruktivistische Annahmen

Kreativ, wach, neugierig – ein Interview mit der Entwicklungspsychologin Alison Gopnik

Klein: […] Die meisten Menschen wollen vor allem etwas über sich selbst erfahren. Wenn aber Kinder ganz anders als Erwachsene wahrnehmen, denken und fühlen, können sie dann wirklich dazu beitragen, die Rätsel unseres Geistes zu lösen?

Gopnik: Biologen erkennen zunehmend, dass man einen Organismus nur verstehen kann, wenn man die Phasen seiner Entwicklung kennt. Ich glaube, für unseren Geist gilt dasselbe. Wie viel Kenntnis der Welt ist uns angeboren? Was mussten wir erst lernen? Woher kommt unser moralisches Empfinden? Solche Fragen lassen sich nur beantworten, wenn wir unsere Kindheit verstehen.

Klein: Die Frage, ob es so etwas gibt wie angeborenes Wissen, ist uralt. Schon die Philosophen der griechischen Antike dachten darüber nach.

Gopnik: Inzwischen ist klar, dass Babys wahre Meister darin sind, Zusammenhänge zu erschließen. Schon Einjährige betreiben so etwas wie eine unbewusste Statistik: Sie können häufige von seltenen Ereignissen unterscheiden und daraus Regeln ableiten. Und Dreijährige haben bereits eine Vorstellung von Ursache und Wirkung. Die gewinnen sie, indem sie mit allem, was sie in die Finger bekommen, herumspielen.

Klein: Demnach wäre kein Wissen angeboren – wohl aber wären es Regeln, wie wir Erfahrungen ordnen. Was immer uns begegnet, versuchen wir in ein unbewusstes Schema von Wahrscheinlichkeiten, Ursache und Wirkung zu pressen. Was nicht in den Rahmen passt, bleibt uns verborgen. […]

Gopnik: Ja, aber die Kategorien sind nicht starr. Ein neun Monate altes Baby versteht [die Welt] anders als mit 18 Monaten oder als ein Erwachsener. Im Grunde erforschen Kinder die Welt, wie Wissenschaftler es tun: Ihre Theorien verändern sich ständig.

Quelle: Interview von Stefan Klein mit der Entwicklungspsychologin Alison Gopnik, veröffentlicht im Zeitmagazin vom 20. 09. 2012. Aus didaktischen Gründen gekürzt und verändert.

Aufgabenstellung Punkte

3.1 *„Ein neun Monate altes Baby versteht die Welt anders als mit 18 Monaten oder als ein Erwachsener."*

Stellen Sie die sensumotorische und die formal-operatorische Stufe der Denkentwicklung nach Piaget dar und erläutern Sie das Zitat auf dieser Grundlage. 10

3.2 *„Im Grunde erforschen Kinder die Welt, wie Wissenschaftler es tun: Ihre Theorien verändern sich ständig."*

Neben der Darstellung der Stufen der Denkentwicklung beinhaltet Piagets Entwicklungstheorie weitere Grundannahmen zur Bildung kognitiver Strukturen. Erläutern Sie mit deren Hilfe die obige und drei weitere Aussagen der Interviewpartner. Stellen Sie hierbei die entsprechenden Grundannahmen dar. 12

3.3 Aus heutiger Sicht lassen sich Piagets Ausführungen zur Bildung kognitiver Strukturen konstruktivistisch interpretieren. Erklären Sie diese Aussage und leiten Sie aus den Annahmen Piagets Folgerungen für die Begleitung von Lernprozessen ab. 8

30

Lösungsvorschläge

3.1 *Die Operatoren „**darstellen**" und „**erläutern**" stammen aus dem Anforderungsbereich 2. Sie sollen die geforderte Theorie strukturiert wiedergeben und das Zitat damit veranschaulichen und verständlich machen.*

Der Biologe Jean Piaget hat sich auf die Erforschung der kognitiven Entwicklung von Kindern spezialisiert. Der Begriff Kognition kommt vom lateinischen Verb cognoscere, das „erkennen", „erfahren", „kennenlernen" bedeutet. Piaget wollte also erforschen, wie ein Kind lernt, die Welt zu verstehen. Er ging davon aus, dass jeder Mensch mit einer ganzen Reihe von **Reflexen** geboren wird, z. B. mit einem **Saugreflex**, einem **Greif- und Klammerreflex**, einem **Schreitreflex** und einem **Suchreflex**. Darüber hinaus sah er jeden Menschen mit dem Drang ausgestattet, aktiv nach Reizen zu suchen und auf sie aktiv zu reagieren.
Das erste Stadium der kognitiven Entwicklung des Kindes nennt Piaget das **sensumotorische Stadium:** Das Kind ist in die Wahrnehmungswelt seiner Sinne eingebettet und reagiert darauf vorrangig mit Reflexen und Bewegungsmustern, die sich immer zielgerichteter ausbilden. Er unterteilt dieses Stadium in sechs Stufen:
Die erste Stufe, zwischen Geburt und dem Alter von ca. einem Monat, ist die Stufe der **angeborenen Reflexe**. Alle Monatsangaben sind als ungefähre Orientierungswerte zu verstehen.
Die zweite Stufe, vom ersten bis zum vierten Monat, ist die Stufe der **primären Kreisreaktion**. „Primär" bedeutet hier, dass der eigene Körper im Mittelpunkt steht. „Kreisreaktion" soll darauf hinweisen, dass sich die Verhaltensweisen wie „im Kreis drehen", sich also immer wieder wiederholen, bis sie gefestigt sind.
Die dritte Stufe, vom vierten bis achten Monat, ist die **sekundäre Kreisreaktion**. „Sekundär" meint hier, dass nicht der eigene Körper, sondern vor allem die Umwelt im Mittelpunkt steht. Das Kind findet seine Außenwelt interessant und versucht, sie gezielt zu beeinflussen. Die eigene Bewegung bewirkt irgendetwas, aber noch ist nicht klar, wie das alles miteinander zusammenhängt. Alle Dinge sind da, solange sie gesehen werden. Was nicht mehr gesehen wird, existiert auch nicht mehr. Objektpermanenz ist noch nicht vorhanden bzw. gerade am Entstehen.
Die vierte Stufe, vom achten bis zwölften Monat, lässt sich als **koordinierte sekundäre Kreisreaktion** bezeichnen. Hier wird das Verhalten zielgerichtet und es werden schon Mittel eingesetzt, um ein Ziel zu erreichen.
Die fünfte Stufe zwischen dem zwölften und achtzehnten Monat ist die sogenannte **tertiäre Kreisreaktion**. „Tertiär" bedeutet, dass die Verhaltensweisen jetzt erprobt und experimentell verändert werden, um zu sehen, was dann passiert.
In der sechsten Stufe, bis zum 24. Monat, entwickelt sich die **mentale Repräsentation**. Es bildet sich eine innere Vorstellungswelt, aus der heraus auch symbolisches Handeln möglich wird. Mit dieser Stufe wird das erste, das sensumotorische Stadium abgeschlossen und in das nächste Stadium übergeleitet. Das Kind

hat eine **stabile Innenwelt** aufgebaut. Es kann zwischen äußeren, realen und den vorgestellten Dingen unterscheiden. Es kann in seiner Vorstellungswelt probehandeln, einen Plan erstellen und dann danach handeln. Es kann sich merken, was ihm vorgemacht wird und es zeitversetzt nachahmen. Es kann Gegenstände symbolisch benutzen und damit immer neue Spiele erfinden. Außerdem kann es Sprache nutzen, um die Dinge zu benennen.
Sobald Kinder das **formal-operationale Stadium** des Denkens erreichen, können sie sich von der Anschauung lösen und über ihr Denken selbst nachdenken. Eine größere Beweglichkeit des Denkens wird möglich. Kinder können Hypothesen bilden und diese Möglichkeiten systematisch überprüfen.
Ein neun Monate altes Baby besitzt diese Fähigkeit des abstrakten Denkens noch nicht. Selbst die Fähigkeit der mentalen Repräsentation, die sich ab dem 18. Lebensmonat auszubilden beginnt, ist hier noch nicht vorhanden. Das Denken ist noch stark an die Sensumotorik gebunden. Im formal-operationalen Stadium ist ein abstrakt-logisches Denken möglich. Zudem kann das eigene Denken reflektiert werden. Daher versteht ein neun Monate altes Baby die Welt anders als mit 18 Monaten oder als ein Erwachsener.

3.2 *Zur Bearbeitung sind zwei Vorgehensweisen denkbar: Sie können die Grundannahmen Piagets zunächst allgemein darstellen und diese im Anschluss auf die Zitate beziehen – wie in diesem Lösungsvorschlag – oder aber Sie lassen die entsprechenden Zitate jeweils an den geeigneten Stellen direkt einfließen.*
Je nach Literatur wird von Adaption oder Adaptation gesprochen. Beide Begriffe sind daher für die Bearbeitung möglich.
Neben dem in der Aufgabe vorgegebenen Zitat sind drei weitere Aussagen des Textes anhand der Grundannahmen Piagets zu erläutern. Da der Text diesbezüglich zahlreiche geeignete Textstellen bietet, können auch andere Textstellen als im Lösungsvorschlag ausgewählt werden.

Piaget geht wie in Aufgabe 3.1 dargestellt davon aus, dass jeder Mensch mit einer ganzen Reihe von angeborenen Reflexen zur Welt kommt. Darüber hinaus sieht er jeden Menschen durch die **angeborene Tendenz zur Organisation** mit dem Drang ausgestattet, **aktiv nach Reizen zu suchen** und auf sie zu reagieren.
Die Entwicklung besteht für Piaget dann darin, dass sich durch die Reize und die Reaktionen darauf „**innere Strukturen**" aufbauen, die das Antwortverhalten des Kindes ständig modifizieren und optimieren. Diese Strukturen nennt er „kognitive Schemata". Reflexe sind die ersten angeborenen Schemata, die durch Erfahrungen immer differenzierter werden, sich ständig erweitern und eine immer komplexer werdende Art des Wissens über die Welt strukturieren.
In der Interaktion mit den Dingen und Menschen bildet das Kind seine Vorstellungen von der Welt aus. Dadurch kann es sich immer besser seiner Lebenswelt anpassen. Piaget nannte diesen Vorgang „**Adaptation**". Immer dann, wenn die Erfahrungen mit der Welt nicht mit den bisherigen Vorstellungen übereinstim-

men, entsteht eine Spannung, die durch Adaptation ausgeglichen werden muss. Nach Piaget wird dies durch zwei sich ergänzende Vorgänge bewirkt:
Wenn das Neue an die schon bestehenden Vorstellungen angepasst werden kann, spricht Piaget von **Assimilation**. Es werden Ähnlichkeiten festgestellt und die eigenen Kategorien werden etwas erweitert, bis alles wieder passt.
Gelingt das nicht, weil das Neue zu unähnlich ist, müssen neue Kategorien gefunden werden, um die Vorstellungen wieder an die Welt anzupassen. Piaget nennt das **Akkommodation**. Dieses Wechselspiel von Assimilation und Akkommodation wird so lange praktiziert, bis ein befriedigender Gleichgewichtszustand zwischen beiden Faktoren hergestellt ist. Dieses Streben nach Gleichgewicht nennt er **Äquilibration**.
Dies beschreibt auch der Text mit seiner Aussage, dass Kinder „die Welt [erforschen], wie Wissenschaftler es tun: Ihre Theorien verändern sich ständig" (Z. 22 ff.) Durch das Wechselspiel von Assimilation und Akkommodation ist **keine kognitive Struktur endgültig**. Menschen konstruieren immer weiter neue Schemata, differenzieren die bestehenden und integrieren neu erworbenes Wissen hinzu. Dies entspricht in etwa dem Vorgehen wissenschaftlicher Forschungsprozesse. Im Text wird beschrieben, „dass Babys wahre Meister darin sind, Zusammenhänge zu erschließen […] und daraus Regeln ab[zu]leiten" (Z. 11 f., 13 f.). Dies bedeutet nichts anderes, als dass Babys durch praktisches Üben mit Materialien und Objekten kognitive Schemata entwickeln. „Die gewinnen sie, indem sie mit allem, was sie in die Finger bekommen, herumspielen" (Z. 15 f.). Piaget betont die **Neugier** und den Drang zur **Exploration**. Vor allem durch das Spiel wird die kognitive Entwicklung vorangetrieben. Auch der Text beschreibt den Aspekt der Assimilation: „Was immer uns begegnet, versuchen wir in ein unbewusstes Schema […] zu pressen" (Z. 18 f.). Dies beschreibt den Versuch, der uns Menschen eigen ist, neue Erfahrungen zunächst einmal in bestehende Schemata einzuordnen.

3.3 *Die Operatoren „**erklären**" und „**ableiten**" stammen aus dem Anforderungsbereich 2. Sie sollen die beiden Theorien in einen Zusammenhang einordnen, ihn nachvollziehbar und verständlich machen und daraus sachgerechte Schlüsse für die Begleitung von Lernprozessen ziehen.*

Jean Piaget wird gerne als der erste Konstruktivist bezeichnet. Tatsächlich weisen seine Grundannahmen große Gemeinsamkeiten mit dem konstruktivistischen Verständnis von Wirklichkeit auf. Aus konstruktivistischer Sicht gibt es **keine objektive Wirklichkeit**. Sie ist eine subjektive Konstruktion, die durch Erfahrungen von jedem Menschen individuell gestaltet wird und somit kein Abbild der Realität ist. Piaget beschreibt diesen Konstruktionsprozess als Assimilation und Akkommodation, mit deren Hilfe subjektive Schemata gebildet werden. Entscheidend für diesen Prozess sind bereits existierende, kognitive Strukturen. Der Konstruktivismus nennt das **Strukturdeterminiertheit**. Neues Wissen muss daran aktiv angeknüpft werden. Bestehende „Konstruktionen" müssen dadurch er-

weitert oder verändert werden. Dies wird im Konstruktivismus als Selbstorganisationsprozess bezeichnet.
Aus dem Verständnis heraus, dass Kinder sich die Welt aktiv, neugierig und interessiert konstruieren, können aus pädagogischer Sicht Selbstbildungsprozesse durch Erziehungspersonen nur angeregt und begleitet, nicht aber selbst herbeigeführt werden.
Daher ist es für Lernprozesse wichtig, dass **Freiräume für entdeckendes Lernen** angeboten werden, in denen sich jedes Kind in seinem **individuellen Lerntempo** bewegen kann. Wichtig dabei ist nicht nur, diese Freiräume beispielsweise für den kindlichen Forschungsdrang zuzulassen, sondern auch Situationen zu schaffen, die bei den Kindern zu einem Ungleichgewicht in ihrem Denken führen und dadurch Akkommodationsprozesse anregen. Eine Möglichkeit wäre z. B., durch Impulsfragen Kinder zum Nachdenken zu bringen, Denkfehler gemeinsam und wertschätzend zu analysieren und durch Kommunikation Ko-Konstruktionsprozesse anzuregen.

Abiturprüfung an den beruflichen Gymnasien (SGGS)
Profilfach Pädagogik/Psychologie 2014 – Aufgabe 4

Inhaltliche Schwerpunkte: Rogers personenzentrierter Ansatz, Entwicklungsfaktoren

Die Sozialphobie – Angst vor den anderen

Gerade bei jungen Menschen kommt die Sozialphobie häufig vor – fünf bis zehn Prozent aller Kinder sind betroffen. Oft äußert sie sich in einer übertriebenen Angst, unangenehm aufzufallen.

Welche Folgen damit verbunden sein können, zeigt sich am Fall Marinas: „Pünktlich um sieben Uhr klingelte der Wecker. Doch die 16-jährige Marina wollte nicht aufstehen. Seit Wochen fühlte sie sich wie gelähmt. Von unten hörte Marina die Stimme ihrer Mutter. Es sei Zeit aufzustehen – Zeit für die Schule. Langsam stand Marina auf. Ihr war übel. Die Schule war die reinste Hölle. Meistens saß Marina stumm auf ihrem Platz. Forderte man sie auf, etwas zu sagen, brach ihr der Schweiß aus. Sie begann zu zittern. Ihr Kopf war leer. Die richtige Antwort fiel ihr nicht ein. Marina schämte sich. Sie wusste, dass sie eine Außenseiterin war. Ständig hatte sie das Gefühl, dass andere über sie lachen würden. Als sie merkte, dass sie die Schule nicht schaffen würde, ging sie nicht mehr hin. In einer Ambulanz für Angststörungen fand man schließlich heraus, dass Marina unter einer Sozialen Phobie litt."[1]

Sozialphobie ist eine ausgeprägte Angst, in Gegenwart anderer etwas Peinliches zu tun. Erkrankte meiden Situationen, in denen sie im Zentrum der Aufmerksamkeit stehen. Sie setzen sich selbst unter Druck mit Gedanken wie „Ich bin anderen immer unterlegen", „Ich muss alles richtig machen, um akzeptiert zu werden" oder „Ich muss immer ruhig, gelassen und cool wirken".[2] Diese negativen Vorannahmen über sich selbst können eine Abwärtsspirale in Gang setzen. Gerade in der wichtigen Phase des Erwachsenwerdens vermeiden Sozialphobiker Kontakte mit anderen, lernen damit auch nicht, mit anderen umzugehen, verpassen soziale Erfahrungen, die für das weitere Leben von Bedeutung sind. Und so verwundert es nicht, dass sich unter Sozialphobikern häufiger Schulabbrecher finden. Viele vereinsamen und werden arbeitslos. Die Erfahrung des Misserfolges bestätigt die negativen Annahmen über sich selbst und schwächt die ohnehin schon geringe Selbstachtung.

Oft schon als Kinder haben Sozialphobiker von ihren Eltern gelernt, mit anderen Menschen vorsichtig und ängstlich umzugehen. Verstärkend auf die Ausbildung einer Sozialphobie können übermäßige Kontrolle, Überbehütung oder unzureichende emotionale Zuwendung einwirken. Prägende Erlebnisse des Gedemütigt-Werdens, etwa wenn man häufig vor anderen lächerlich gemacht wird, tun ihr Übriges dazu. Forscher konnten in Zwillings- und Familienstudien zeigen, dass offensichtlich auch die Genetik eine Rolle bei der Entstehung einer Sozialphobie spielt: Sozialphobikern fällt es schwerer, auftretende Angstzustände bewusst zu kontrollieren.

Betroffene haben oft verzerrte Vorstellungsbilder von sich selbst: Obwohl ein Video leicht das Gegenteil beweisen könnte, kann ein junger Mann mit Errötungsangst überzeugt davon sein, dass sein Kopf so rot sei wie die untergehende Sonne, wenn er ein Mädchen anspricht. Oft liegt der Erkrankung ein Konflikt zwischen Wunsch und Realität zugrunde. Ein solcher Konflikt könnte beispielsweise sein: Ich möchte im Zentrum der Aufmerksamkeit stehen und von anderen bestätigt werden – aber wie ich mich kenne, werden die anderen mich demütigen und abwerten.

Marina geht es inzwischen besser, sie hat mit einer Therapie begonnen.

Quelle: Claudia Borchard-Tuch: Die Angst vor den anderen. TAZ. DIE TAGESZEITUNG vom 28. 12. 2012. Aus didaktischen Gründen gekürzt und verändert.

1 Claudia Borchard-Tuch: Die Angst vor den anderen. TAZ. DIE TAGESZEITUNG vom 28. 12. 2012
2 ebenda

Aufgabenstellung Punkte

4.1 Stellen Sie die personenzentrierte Theorie von Rogers dar und erläutern Sie auf dieser Basis, wie es zu psychischen Störungen kommen kann. 10

4.2 Der Text gibt zahlreiche Hinweise auf die Entstehung der psychischen Störung der Sozialphobie. Arbeiten Sie diese heraus und erklären Sie, wie die im Text beschriebenen Sachverhalte aus Sicht der personenzentrierten Theorie mit der Entstehung dieser psychischen Störung in Zusammenhang stehen könnten. 8

4.3 Die Psychologie führt Entwicklungsprozesse auf verschiedene Faktoren zurück. Beschreiben Sie die Entwicklungsfaktoren und ordnen Sie entsprechende Aussagen zur Entstehung von Sozialphobien im Text den Faktoren zu. 6

4.4 Erläutern Sie die Kerneigenschaften[3] und Vorgehensweisen eines Psychotherapeuten, der nach Rogers arbeitet. Erklären Sie dabei, wie diese den therapeutischen Prozess in Gang setzen können. 6

30

3 therapeutische Grundhaltungen

Lösungsvorschläge

4.1 *Die Operatoren „**darstellen**" und „**erläutern**" stammen aus dem Anforderungsbereich 2. Sie sollen die geforderte Theorie strukturiert wiedergeben und damit die Entstehung psychischer Störungen veranschaulichen und verständlich machen.*

Menschen besitzen nach Rogers eine angeborene Tendenz zur **Selbstverwirklichung**, die auch **Aktualisierungstendenz** genannt wird. Jeder Mensch strebt also danach, all seine Entwicklungsmöglichkeiten zu erhalten und sich entfalten zu können sowie Unabhängigkeit und Selbstbestimmung zu erlangen. Rogers spricht von der Erhaltung und Entfaltung des Organismus, wobei Organismus nicht nur biologische Gesichtspunkte meint, sondern auch die Lebenskraft. Erfahrungen, die eine Aktualisierung ermöglichen, werden positiv, Erfahrungen, die sie beschränken oder verhindern, als negativ bewertet. Diese Bewertung des organismischen Erlebens wird als **organismischer Bewertungsprozess** bezeichnet.
Die Erfahrungen und Wahrnehmungen, die ein Mensch macht, verdichten sich mit der Zeit zusammen mit seinen Meinungen und Urteilsbildungen zu einem **Selbstkonzept**. Dieses besteht aus dem **Realselbst**, also dem Bild, das man von sich hat, und dem **Idealselbst**, also der Vorstellung, wie man gerne sein möchte bzw. sein soll. Stimmen Ideal- und Realselbst überein, wird dies positiv erlebt, klaffen sie jedoch auseinander, kommt es zu inneren Spannungen, die bei längerer Dauer zu psychischen Problemen und Störungen führen können. Ob Selbstkonzepte positiv oder negativ ausfallen, entscheidet sich durch die Erfahrungen, die ein Mensch insbesondere mit Bezugspersonen macht. Positive Beziehungsbotschaften führen zu einem positiven Selbstkonzept. Negative Beziehungsbotschaften führen zu einem negativen Selbstkonzept.
Bedingungslose Wertschätzung sieht Rogers als Voraussetzung für eine seelisch gesunde Entwicklung. Ist Wertschätzung an Bedingungen geknüpft, werden diese Bewertungsbedingungen ins Selbstkonzept übernommen. Die Person verliert dadurch den Kontakt zu sich selbst. Das Vertrauen in den organismischen Bewertungsprozess wird gestört. Die Selbstaktualisierungstendenz wird behindert.
Personen mit **positivem Selbstkonzept** haben eine **hohe Selbstachtung**. Sie können neue Erfahrungen in ihr Selbstkonzept aufnehmen und integrieren, da es flexibel ist. Die Übereinstimmung des Selbstkonzepts mit den aktuellen Erfahrungen wird als **Kongruenz** bezeichnet. Personen mit einem **negativen Selbstkonzept** haben eine **geringe Achtung vor sich selbst**. Sie können aktuelle Erfahrungen nicht ohne Weiteres in ihr Selbstkonzept integrieren, da diese durch **Verleugnung** oder **Verzerrung** abgewehrt werden. Man spricht hier von einem **starren Selbstkonzept**. Wenn die aktuellen Erfahrungen nicht mit dem Selbstkonzept übereinstimmen, nennt Rogers dies **Inkongruenz**.
Zusammenfassend lässt sich sagen, dass nach Rogers psychische Störungen entstehen können, wenn eine Diskrepanz zwischen Real-Selbst und Ideal-Selbst vorliegt oder eine geringe Selbstachtung und damit einhergehend ein starres Selbstkonzept besteht, das organismisches Erleben nicht integrieren kann.

4.2 *Der Operator „**erklären**" stammt aus dem Anforderungsbereich 2. Sie sollen die Entstehung psychischer Störungen anhand geeigneter Textstellen veranschaulichen und verständlich machen.*

Die im Text beschriebene Marina hat eine **geringe Selbstachtung**, wie in den folgenden Aussagen deutlich wird: „Ich muss alles richtig machen, um akzeptiert zu werden" sowie „Ich muss immer ruhig, gelassen und cool wirken" (Z. 18 f.). Sie setzt sich somit unter Druck, die Bewertungsbedingungen ihres Umfelds zu erfüllen. Vermutlich hat sie nur dadurch anerkennende Erfahrungen gemacht. Rogers spricht hier von an Bedingungen geknüpfter Wertschätzung, durch die eine Person den Kontakt zu sich selbst verliert. Auch die Aussage „Ich bin anderen immer unterlegen" (Z. 17 f.) lässt auf ein **negatives Selbstkonzept** mit geringer Selbstachtung schließen. Menschen neigen dazu, sich so zu verhalten, dass sie ihrem Selbstkonzept entsprechen. Dadurch entsteht eine **selbsterfüllende Prophezeiung**, indem durch dieses Verhalten die subjektiven Theorien des Selbstkonzepts immer wieder bestätigt werden. Dieses Phänomen beschreibt auch der Text: „Diese negativen Vorannahmen über sich selbst können eine Abwärtsspirale in Gang setzen. Gerade in der wichtigen Phase des Erwachsenwerdens vermeiden Sozialphobiker Kontakte mit anderen, lernen damit auch nicht, mit anderen umzugehen, verpassen soziale Erfahrungen, die für das weitere Leben von Bedeutung sind" (Z. 19–23). Dies verhindert neue Erfahrungen, die Selbstaktualisierung findet nicht bzw. nur unzureichend statt und ein **starres Selbstkonzept** entsteht. Sind aktuelle Erfahrungen nicht in das starre Selbstkonzept integrierbar, werden sie durch Verleugnung oder Verzerrung abgewehrt. Im Text ist von „verzerrte[n] Vorstellungsbilder[n] von sich selbst" (Z. 35) die Rede: Betroffene sind der Überzeugung, beim Ansprechen eines Mädchens rot anzulaufen, auch wenn dies tatsächlich gar nicht der Fall ist (vgl. Z. 35–38). Es wird also nicht die tatsächliche Kontaktaufnahme, sondern das verzerrte Bild, dass man rot angelaufen sei, ins Selbstkonzept aufgenommen.
Im Text wird zudem eine **Diskrepanz zwischen Real- und Ideal-Selbst** beschrieben, die ebenfalls zur Erklärung der psychischen Störung dienen kann: „Ich möchte im Zentrum der Aufmerksamkeit stehen und von anderen bestätigt werden – aber wie ich mich kenne, werden die anderen mich demütigen und abwerten" (Z. 39 ff.).

4.3 *Zur Bearbeitung sind zwei Vorgehensweisen denkbar: Sie können die Entwicklungsfaktoren zunächst allgemein beschreiben und im Anschluss die Zuordnung der entsprechenden Textaussagen vornehmen, oder Sie ordnen die Textaussagen gleich während der Beschreibung zu, wie es in diesem Lösungsvorschlag gemacht wurde.*

In der Entwicklungspsychologie werden **drei Entwicklungsfaktoren** beschrieben, die in einer **Wechselwirkung** zueinander stehen. Dies sind erstens die **exogenen Faktoren**, also die **Umwelteinflüsse**, die von außen auf das Individuum einwirken und dadurch Entwicklungsprozesse auslösen, fördern oder hemmen.

Im Text sind nur entwicklungshemmende Beispiele beschrieben: die Familie als Modell für ängstliches Verhalten (vgl. Z. 27 f.), überbehütendes (Erzieher-)Verhalten und verminderte emotionale Zuwendung (vgl. Z. 29 f.) sowie die Erfahrungen der Ausgrenzung und Demütigung (vgl. Z. 30 f.).
Zweitens spielen die **endogenen Faktoren**, also die **genetische Ausstattung** eines Lebewesens eine entscheidende Rolle. Der Text erklärt diesbezüglich, dass bewusste Angstkontrolle anlagenmäßig nur schwer ausgeführt werden kann (vgl. Z. 32 ff.).
Drittens gibt es noch die **autogenen Faktoren**, die **Selbststeuerung**. Das Individuum kann als aktives Wesen seine eigene Entwicklung beeinflussen. Es kommt zu einer stetig aktiven Auseinandersetzung des Menschen mit der Welt. Hier findet sich im Text das Negativbeispiel, dass Sozialphobiker gerade in der Phase des Erwachsenwerdens den Kontakt mit anderen vermeiden und dadurch weniger soziale Kompetenzen erwerben (vgl. Z. 20–23).

4.4 *Die Operatoren „**erläutern**" und „**erklären**" stammen aus dem Anforderungsbereich 2. Sie sollen den Sachverhalt veranschaulichen und verständlich machen.*

Die Kerneigenschaften eines Psychotherapeuten sind nach Rogers Kongruenz, Empathie und bedingungslose Wertschätzung. Wie der Name schon sagt, versteht Rogers unter **bedingungsloser Wertschätzung** eine positive Haltung einer Person gegenüber, ohne dass diese Person eine Bedingung erfüllen muss, um Achtung, Anerkennung, Respekt, Akzeptanz, Zugewandtheit, Freundlichkeit usw. zu erfahren. Dies bedeutet nicht, dass keine unterschiedlichen Positionen problematisiert werden dürften; unterschiedliche Auffassungen in einer Sache dürfen lediglich keine Abwertung der Person zur Folge haben.
Die Kerneigenschaft der **Kongruenz** bedeutet Echtheit statt Fassadenhaftigkeit. Der Therapeut ist bei seinem Tun in Übereinstimmung mit sich selbst und wendet nicht nur Techniken an.
Empathie, also Einfühlungsvermögen, ist die dritte Grundhaltung nach Rogers. Hier geht es um einfühlendes Verstehen, Reflektieren von Gefühlen sowie die Verbalisierung emotionaler Ergebnisinhalte.
Durch diese Grundhaltungen entsteht ein therapeutisches Setting in einer **positiven Atmosphäre**. Dies ist förderlich für den **Beziehungsaufbau** zwischen Therapeut und Klient. In einem solch vertrauensvollen Klima fällt es dem Klienten meist leichter, sich zu öffnen und in sich hineinzuhorchen, da er keine Bewertung seines Selbst befürchten muss. So wird nach und nach auch eine Auseinandersetzung mit geleugneten und verzerrt wahrgenommenen Seiten des Selbst möglich. Die Techniken des Paraphrasierens und Verbalisierens emotionaler Therapieinhalte leiten sich aus diesen Grundhaltungen ab und fördern die Selbstexploration. Gedanken und Gefühle lassen sich dadurch ordnen und es fällt leichter, mit ihnen umzugehen.

Abiturprüfung an den beruflichen Gymnasien (SGGS)
Profilfach Pädagogik/Psychologie 2015 – Aufgabe 1

Inhaltliche Schwerpunkte: Erziehungsziele

Eltern, entspannt euch!

Seitdem Kinder nicht mehr zufälliges Nebenprodukt von Geschlechtsverkehr sind, werden sie im Lebenslauf Erwachsener zwischen Karriere und Ablaufen der biologischen Uhr genau terminiert. Die Wunschkinder werden zur Krönung unseres Lebensentwurfs – und als solche haben sie auch gefälligst das Glück, das wir uns von ihnen versprechen, zu erfüllen.

Noch vor gut 200 Jahren machte man sich nicht einmal die Mühe, „Baby" und „Kleinkind" sprachlich zu unterscheiden. Kinder wurden als unreife, kleine Erwachsene betrachtet, die viel Mühe kosteten und vielleicht nicht überlebten. Warum an jemanden das Herz verschenken, der ohnehin vielleicht bald wieder geht? Erst wenn sie aus dem Gröbsten raus waren, „rentierte" sich die Liebe zur „Altersversorgung".

Seit der Aufklärung verstehen wir Kindheit nun als ganz einzigartige Lebensphase, aber noch vor 50 Jahren kamen Kinder oft auch unerwünscht und „liefen einfach mit". Man zog sie auf, beachtete sie darüber hinaus nicht weiter und schickte sie zum Spielen raus. Meine Großmutter hätte mir vermutlich den Vogel dafür gezeigt, welches Getue wir mit ihren Urenkelkindern über Schwangerschaft und Stillen bis hin zur Schule machen. Andererseits hätte sie uns wohl dafür beneidet, wie frei wir uns für oder gegen ein Kind entscheiden können. Und ihre ungewollt kinderlose Freundin hätte der modernen Medizin vielleicht mit einer Pilgerfahrt nach Lourdes gedankt.

Uns Eltern haben Verhütung und Reproduktionsmedizin ein freieres Leben ermöglicht. Unsere Kinder haben sie jedoch in neue Fesseln gelegt. Denn unsere Glücksversprechen werden mit Argusaugen in ihrer Entwicklung überwacht. Wir, die wir alles so sorgsam planten, fordern von unserem Nachwuchs regelrecht, dass er seine Investition wettmacht. Wir können bei der Aufzucht keinerlei Risiko mehr eingehen, lesen Berge an Erziehungsratgebern, gehen zum Pränatal-Yoga, lassen zu hohe Klettergerüste auf Spielplätzen abbauen und kontrollieren ihre Wege via Handy-Ortung. Entwicklungsverzögerungen werden minutiös festgestellt und mit Ergo- und Logotherapien sofort behandelt. Die zunehmend ins Elternhaus verlagerte Schule wird zum Highlight aller Kontrollfreaks. Das liegt längst nicht nur an einigen „Helikoptereltern". Auch erziehende Institutionen überfordern Kinder neurotisch, und die Politik leitet unverdrossen weitere „Fürsorgeoptimierungskonzepte" ein. „Fürsorgeoptimierung" hat sich verselbstständigt als gesellschaftliches Phänomen und führt in der Überforderung aller Beteiligten zu gegenseitigen Schuldzuweisungen. Eltern bezichtigen Lehrer des Versagens und Lehrer die Eltern. Kollektiv hysterisch pumpen wir unsere Kinder mit unseren überzogenen Erwartungen an sie voll.

Vergessen wird dabei eine große Errungenschaft der Aufklärung: eine Kindheit, die Freiheit, Erfahrungen und Abweichungen zulässt, um zu einem mündigen Menschen zu reifen. Eine Kindheit, die nicht in erster Linie dafür zuständig ist, Erwachsene glücklich zu machen. Vergessen werden dabei vor allem die Kinder.

Die Autorin Monika Bittl schrieb zahlreiche Romane und Drehbücher, die unter anderem mit dem Bayerischen Fernsehpreis ausgezeichnet wurden. Zusammen mit Silke Neumayer verfasste sie die Bestseller „Alleinerziehend mit Mann“ und „Multitasking“.
Quelle: Monika Bittl in: FOCUS MAGAZIN 41/2013, http://www.focus.de/digital/multimedia/titel-eltern-entspannt-euch_aid_1121227.html. Stand: 16. 11. 2013

Aufgabenstellung Punkte

1.1 Hinter den im Text beschriebenen „überzogenen Erwartungen“ an Kinder verbergen sich oft Erziehungsziele. Erläutern Sie, was man unter einem Erziehungsziel versteht und welche Funktionen Erziehungsziele erfüllen. 5

1.2 Beschreiben Sie die Probleme, die mit der Setzung von Erziehungszielen verbunden sein können. Überprüfen Sie, welche davon im Text angesprochen werden. 7

1.3 Stellen Sie die Bedingungen für den Wandel von Erziehungszielen dar. Verdeutlichen Sie auch anhand geeigneter Textstellen, dass nicht nur die Erziehungsziele, sondern dass Erziehung insgesamt durch diese Bedingungen verändert wird. 7

1.4 Im letzten Abschnitt stellt Bittl eine Entwicklung zum mündigen Menschen (Z. 37–39) unter den von ihr beschriebenen Tendenzen in der Erziehung in Frage.

Erläutern Sie den Begriff pädagogische Mündigkeit und nehmen Sie auf dieser Grundlage Stellung zu dieser kritischen Anmerkung von Bittl. 6

1.5 Begründen Sie das Erziehungsziel Mündigkeit aus drei unterschiedlichen Perspektiven. 5

30

Lösungsvorschläge

1.1 *Der Operator „**erläutern**" stammt aus dem Anforderungsbereich 2. Sie sollen die Textaussagen dabei durch zusätzliche Informationen veranschaulichen und verständlich machen.*

Erziehungsziele zeigen an, welche Eigenschaften und Fähigkeiten vom zu Erziehenden erworben bzw. von der Erziehungsperson gefördert werden sollen. Es wird somit ein „**Soll-Zustand**" beschrieben, der ausdrückt, wie sich der zu Erziehende künftig verhalten soll. Ausgehend vom aktuellen „**Ist-Zustand**" überlegt sich der Erzieher auf der Basis seiner eigenen **Wert- und Normvorstellungen**, durch welche Erziehungshandlungen der „Soll-Zustand" erreicht werden kann. Dabei gilt es zu beachten, dass es sich bei Erziehungszielen um keine natürlichen Tatsachen handelt. Sie sind immer Gegenstand eines **kulturellen oder institutionellen Kontextes**.
Erziehungsziele erfüllen unterschiedliche **Funktionen:**

1. Die **Wert- und Normvorstellungen** der Familie im Kleinen, aber auch der Gesellschaft im Ganzen sollen aufrechterhalten werden, um das soziale Miteinander auch in künftigen Generationen zu gewährleisten. Dies gelingt nur, wenn gesellschaftliche und familiäre Regeln weitergegeben werden.
2. Durch Erziehungsziele entsteht ein „**Fahrplan**", mit dessen Hilfe erzieherisches Handeln organisiert werden kann. Erst durch die Vorgabe eines Ziels kann erzieherisches Handeln sinnvoll eingesetzt werden.
3. Erziehungsziele helfen, das erzieherische Handeln zu **überprüfen**. Ist das Ziel erreicht? Welche Ziele sind noch offen bzw. noch nicht komplett erreicht worden? Was muss zukünftig am Erziehungsverhalten verändert werden? Was läuft gut? Dies sind nur einige Fragen, mit deren Hilfe sich erzieherisches Verhalten in Bezug auf konkrete Erziehungsziele reflektieren lässt.
4. Die aus der Reflexion gezogenen Veränderungen **entwickeln** nicht selten das **Erziehungsverhalten weiter** und führen somit zu einer **Verbesserung** der Erziehungspraxis.

1.2 *Zur Bearbeitung sind zwei Vorgehensweisen denkbar: Sie können die passenden Textbezüge bei den entsprechenden Problembeschreibungen direkt mit einfließen lassen, wie es in diesem Lösungsvorschlag gemacht wurde, oder sich dieser Teilaufgabe im Anschluss separat widmen.*

So wichtig und hilfreich die Existenz von Erziehungszielen ist, können auch Probleme damit verbunden sein, die nachfolgend beschrieben werden:

1. Der **Werte- und Normenpluralismus** ist einerseits eine Errungenschaft unserer demokratischen Lebensform. Andererseits führt dieser aber auch zu unterschiedlichen Erziehungsauffassungen und unterschiedlichen Antworten auf Fragen wie z. B. „Wie freizügig sollte Erziehung sein?" oder „Gehören neue Medien ins Kinderzimmer?". Zu all diesen Fragen gibt es Erziehungsmeinungen mit teilweise gegensätzlichen Aussagen. Die Frage also, welche dieser

Auffassungen man sich in Form von Erziehungszielen zu eigen macht, kann für Erziehungspersonen durchaus schwierig sein.

2. Immer wieder treten auch **Normenkonflikte** auf, wenn sich Erziehungsziele widersprechen. So können z. B. die Ziele „Kontaktfreudigkeit" und „Vorsicht gegenüber fremden Personen" schnell in Widerspruch zueinander geraten. Im Text wird z. B. erwähnt, dass das übergeordnete Erziehungsziel zwar eigentlich Mündigkeit sein sollte (vgl. Z. 37 ff.), dies aber häufig in Konflikt zu der übertriebenen Vorsicht der „Helikoptereltern" steht (vgl. Z. 24 ff.).
3. In Zeiten des voranschreitenden gesellschaftlichen Wandels, der Globalisierung usw. ist es schwer zu sagen, welche Kompetenzen in der Zukunft gebraucht werden. Da Erziehungsziele sich in der Regel aus Erfahrungen der Gegenwart und Vergangenheit ableiten, können zu **starr gesetzte Erziehungsziele** auch die **Zukunftsoffenheit verringern**.
4. Wenn Erziehungspersonen Ziele formulieren, die Kinder aufgrund ihrer Anlagen, Fähigkeiten, Interessen usw. nicht erfüllen können oder wollen, werden Erziehungsziele schnell **unrealistisch** und es kommt zu **Frustrationserlebnissen** auf beiden Seiten. Der Text kritisiert dies: „Wir, die wir alles so sorgsam planten, fordern von unserem Nachwuchs regelrecht, dass er seine Investition wettmacht" (Z. 22 ff.).
5. Werden Erziehungsziele als Möglichkeit missverstanden, Menschen zu formen, führt dies wie etwa im Nationalsozialismus zur Manipulation. So wichtig klare Regeln in der Erziehung auch sind, darf dabei die freie Entfaltung der Persönlichkeit nicht zu kurz kommen. Manchmal werden durch Erziehungsziele eher die Interessen der Eltern als die der Kinder abgebildet. Dies wird Verschleierung von Machtansprüchen genannt. Der Text spricht in Bezug darauf von Wunschkindern zur Krönung des Lebensentwurfs, die zu erfüllen haben, was man sich von ihnen verspricht (vgl. Z. 3 ff.). In diesem Zusammenhang ist zudem von Wunschkindern als „Glücksversprechen" (Z. 22) die Rede.

1.3 *Der Operator „**darstellen**" stammt aus dem Anforderungsbereich 2. Hier wird eine strukturierte Wiedergabe der Zusammenhänge mit Textbezug erwartet.*

Erziehungsziele unterliegen einem ständigen Wandel. Dies ergibt sich z. B. historisch durch veränderte Weltanschauungen und Menschenbilder. Waren Anfang bis Mitte des 20. Jahrhunderts Ziele wie **Gehorsam** oder **Zucht** und **Ordnung** von hoher Priorität, wurde in den 1970er-Jahren die **antiautoritäre Erziehung** stark propagiert. Heute sind **Selbstständigkeit, Selbstbestimmung, Flexibilität** usw. gängige Erziehungsziele. Dieser Wandel ist nicht isoliert zu betrachten. Die Veränderung der soziokulturellen, sozialen und ökonomischen Gegebenheiten einer Gesellschaft wirkt sich auf Erziehungsziele aus. So herrschte beispielsweise in der Hochzeit der antiautoritären Erziehung eine sehr geringe Arbeitslosenquote, immer mehr Frauen begannen zu studieren und Männer widmeten sich stärker dem Familienleben. So entstand Raum, die bisher herrschenden Weltan-

schauungen infrage zu stellen. Ebenso haben ökonomische Interessen einen starken Einfluss. In einer immer stärker globalisierten Welt werden Erziehungsziele wie Teamfähigkeit, Flexibilität usw. wichtig. Ein **verändertes Menschenbild** wird auch im Text erläutert: Während man Kinder noch vor gut 200 Jahren als kleine Erwachsene behandelte (vgl. Z. 7 f.), ist die Kindheit im heutigen Verständnis eine eigenständige Lebensphase.
Zudem ändern neue wissenschaftliche Erkenntnisse z. B. in der Gehirnforschung Einstellungen beispielsweise zum Medienkonsum. Daraus ergeben sich wiederum veränderte Erziehungsziele in der Medienpädagogik. Auch im Text findet sich ein Beispiel, bei dem wissenschaftliche Fortschritte die Einstellung der Eltern zum Kind veränderten: Während Kinder früher oft unerwünscht waren, können sich Paare nun durch die Erfindung der Antibabypille und die neuen Möglichkeiten in der Reproduktionsmedizin frei für oder gegen Kinder entscheiden. Dies hat auch Einfluss auf ihre Einstellung zu ihrem (Wunsch-)Kind (vgl. Z. 12, 17–21).
Natürlich beeinflussen auch politische Rahmenbedingungen Erziehungsziele. Hier sind Extremformen wie der Nationalsozialismus zu nennen, der klare staatliche Erziehungsziele wie etwa „Jungen hart zu machen“ und „Mädchen zur Hausfrau und Mutter zu erziehen“ formulierte. Aber auch heute setzt die Politik beispielsweise durch Bildungspläne Impulse zum Wandel. Nicht zuletzt wandeln sich Erziehungsziele natürlich auch dann, wenn sich die Einstellungen des Erziehers verändern. Im Text wird erwähnt, dass die Politik durch „Fürsorgeoptimierungskonzepte“ (Z. 31) Einfluss auf die Erziehung nimmt.

1.4 *In dieser Aufgabe wird eine persönliche Stellungnahme erwartet. Diese kann vom hier angegebenen Lösungsvorschlag abweichen, solange sie auf fachwissenschaftlichen Argumenten basiert.*
In der Fachliteratur werden die Begriffe Personalkompetenz und Selbstkompetenz für den gleichen Sachverhalt verwendet. Beide Begriffe sind daher für die Bearbeitung möglich.

Pädagogische Mündigkeit meint die Fähigkeit und Bereitschaft eines Menschen, sein soziales Leben autonom und selbstverantwortlich zu bewältigen, in der **Sachwelt** – z. B. in Schule, Beruf und Politik – zurechtzukommen sowie angemessen und selbstverantwortlich zu handeln. Pädagogische Mündigkeit lässt sich in drei Bereiche gliedern: Personal-, Sach- und Sozialkompetenz. **Personalkompetenz** umfasst Fähigkeiten wie Selbstständigkeit, Kritikfähigkeit, Zuverlässigkeit usw. Die **Sozialkompetenz** meint z. B. Empathie, Wertschätzung und Solidarität. Unter **Sachkompetenz** wird Wissen sowie sachgerechtes methodengeleitetes Vorgehen verstanden.

Stellungnahme: Bittl sieht die durch die Aufklärung errungene Mündigkeit des Menschen in Gefahr. Die Entwicklung zur Mündigkeit setzt voraus, dass junge Menschen lernen, kritisch zu reflektieren und eigene Entscheidungen zu treffen. In der Tat können durch zu viele Erziehungsvorgaben die Selbstständigkeit und die Eigenverantwortung reduziert werden, wenn den Kindern durch „Helikoptereltern" zu viele Entscheidungen abgenommen werden, ihre Kindheit komplett verplant wird und sie überfordert werden. Andererseits kann durch gezielte Förderung auch Personal-, Sach- und Sozialkompetenz entstehen. Ob die pädagogische Mündigkeit durch die heutigen Erziehungsvorgaben leidet oder gefördert wird, lässt sich daher nicht pauschal beurteilen.

1.5 *Der Operator „**begründen**" stammt aus dem Anforderungsbereich 3. Hier sollen Sie die Notwendigkeit pädagogischer Mündigkeit auf die Grundannahmen von drei unterschiedlichen Perspektiven zurückführen.*

Erziehungsziele lassen sich anthropologisch, normativ und pragmatisch begründen. Die **anthropologische Begründung** bezieht sich auf das Wesen des Menschen. Menschen sind soziale Lebewesen, die in sozialen Gebilden wie Familien, Gesellschaften, Gruppen leben. Mit Blick auf die Mündigkeit lässt sich somit insbesondere das Erziehungsziel „Förderung der Sozialkompetenz" begründen.
In unserer demokratischen, aufgeklärten Welt hat der mündige Mensch einen hohen Stellenwert. Dieses Erziehungsziel ist sinngemäß auch im Schulgesetz Baden-Württemberg verankert. Daher ergibt sich die Notwendigkeit dieses Erziehungsziels nicht zuletzt aus unseren Werten und Normen, woraus sich eine **normative Begründung** ableiten lässt.
Zudem kann **pragmatisch** argumentiert werden, dass junge Menschen sich in der Gesellschaft, in der sie leben, zurechtfinden müssen. Menschen ohne Personal-, Sach- und Sozialkompetenz würden in unserer Gesellschaft scheitern. Somit lässt sich die Notwendigkeit des Erziehungsziels Mündigkeit auch pragmatisch begründen.

Abiturprüfung an den beruflichen Gymnasien (SGGS)
Profilfach Pädagogik / Psychologie 2015 – Aufgabe 2

Inhaltliche Schwerpunkte: Klassisches Konditionieren, Einstellungen

Das McDonald's 1+1

Es ist schon beachtlich, wie viele deutsche Top-Stars McDonald's für ihre neue Werbekampagne zusammengetrommelt hat. Moritz Bleibtreu, Christian Ulmen, Jürgen Vogel, Oliver Korittke, Elyas M'Barek, Alexandra Maria Lara oder die Szene-Hipster Joko Winterscheidt, Cro und Palina Rojinski. Im ersten Moment staunt man, welche Promis die neue Kampagne „1+1", bei der zwei Sachen wie Getränk und Burger für einen Euro zu haben sind, als Werbegesicht unterstützen. Im zweiten, was McDonald's wohl dafür auf den Tisch legen musste. [...]

Doch um was geht es in der Fast-Food-Werbung denn eigentlich? „McVIPs" heißen die berühmten Gesichter und stellen jeweils ein Produkt aus dem McDonald's-Sortiment dar: So ist Ulmen zum Beispiel die Bio-Apfeltüte, Winterscheidt gibt den Hamburger, Bleibtreu ist der Cheeseburger, Korittke die Apfeltasche, Jürgen Vogel der Veggie Burger TS, Palina darf den kleinen Kaffee und Alexandra Maria Lara die Coke Light darstellen.

Unternehmenssprecher Philipp Wachholz sagt über die Motivation, deutsche Stars verpflichtet zu haben, zu FOCUS Online: „Die Kampagne für unser neues Programm fußt auf der Idee, unseren Snack-Produkten auf charmante Weise ein Gesicht und eine Persönlichkeit zu verleihen. Darüber hinaus soll die Kampagne Spaß machen und unterhalten. Das funktioniert gerade deshalb so gut, weil wir bekannte deutsche Schauspieler und Künstler gewinnen konnten, die in die Rollen unserer Produkte schlüpfen und diese überzeugend spielen."

[...] Doch was als niedlicher Spot gedacht war, entwickelt sich gerade im Internet als Grenzüberschreitung [...]. Die Facebook-(Fan-)Seiten der Stars werden überzogen mit Negativ-Kommentaren.

„Ein fettes Dislike für die McD-Kampagne! So große Geldsorgen gehabt? Sein Gesicht für Umweltzerstörung, Dumpinglöhne und Junkfood herzugeben ist recht traurig", schreibt zum Beispiel Torsten M. an Ulmens Pinnwand. [...] Auf Bleibtreus Pinnwand hinterlässt Marcel N.: [...] „Ich bin ehrlich gesagt entsetzt darüber, dass nun auch du dich für Werbung à la McDonald's prostituierst. Hast du das wirklich nötig? [...] Schade, ich dachte, du gehörst zu denen, die nicht käuflich sind! Werbung für einen Konzern, der für Massentierhaltung steht, übel-übel!" [...]

[...] Gerade bei Bleibtreu, der als „politischer Rebell" gilt und sich gesellschaftlich engagiert, entladen sich wütende Fans. So schreibt Rebecca R.: „Wie kann ein scheinbar intelligenter Mensch sich für ein Unternehmen wie McDonald's starkmachen?! UNFASSBAR – wirklich unfassbar! Somit WARST du einer meiner Lieblingsschauspieler und ich werde in Zukunft alle Filme mit dir boykottieren …".

Quelle: Kinga Rustler: http://www.focus.de/kultur/kino_tv/tid-31653/shitstorm-gegen-joko-und-cro-darf-sich-mcdonalds-seine-fastfood-promis-kaufen_aid_1006275.html. Stand vom 5. 6. 2013. Text aus didaktischen Gründen gekürzt.

siehe auch http://www.gosee.de/images/content2/1-1-8ffe5ab5.jpg. Stand vom 10. 10. 2014

Aufgabenstellung

		Punkte
2.1	Stellen Sie Funktionsweise und Gesetzmäßigkeiten des klassischen Konditionierens dar und wenden Sie diese zur Erklärung der beabsichtigten Wirkung obiger Werbekampagne an.	12
2.2	Beurteilen Sie, inwieweit das klassische Konditionieren ein geeignetes Erklärungsmodell für Lernvorgänge beim Menschen darstellt.	6
2.3	McDonald's wollte mit der „1+1-Kampagne" eine positive Einstellung zu ihren Produkten erzeugen. Allerdings führte die Werbekampagne auch bei einigen Fans zu einem negativen Image der angeheuerten Stars. Stellen Sie die wesentlichen Aussagen der Theorie der kognitiven Dissonanz nach Leon Festinger dar. Erläutern Sie auf dieser Grundlage die im Text (z. B. Z. 28 f.) beschriebene Einstellungsänderung der Fans.	12
		30

Lösungsvorschläge

2.1 *Der nachfolgende Lösungsansatz erklärt die klassische Konditionierung durch die Werbekampagne über die Bewunderung zu den teilnehmenden Schauspielern. Alternativ wären auch Erklärungsansätze über die Kopplung des neutralen Reizes an attraktive Schauspieler oder an lustige Werbeszenen denkbar.*

Das **klassische Konditionieren** wird auch als **Signallernen** bezeichnet. Es meint den Prozess, bei dem ein **neutraler Reiz** (neutral stimulus = NS) mit einem **unkonditionierten Reiz** (unconditioned stimulus UCS) so lange gekoppelt wird, bis vom neutralen Reiz eine bedingte, konditionierte Reaktion (conditioned response CR) ausgeht. Neutral ist ein Reiz, wenn er zu keiner bestimmten Reaktion führt; ein unkonditionierter Reiz löst ohne vorangegangenes Lernen eine angeborene Reaktion aus. Durch die Konditionierung wird aus dem neutralen Reiz ein konditionierter Reiz. Dies wird als Konditionierung erster Ordnung bezeichnet. Koppelt man nun den konditionierten Reiz in gleicher Weise wieder mit einem neutralen Reiz, spricht man von einer **Konditionierung zweiter Ordnung**.
Am Beispiel der McDonald's-Werbung lässt sich diese Lerntheorie wie folgt beschreiben: Die Prominenten sind zunächst neutrale Reize (NS), die zu keiner bestimmten Reaktion führen. Sie stehen für bestimmte Inhalte – z. B. witzige Sendungen oder spannende Filme –, die bei den Zuschauern unkonditionierte Reaktionen (UCR) wie z. B. Bewunderung hervorrufen. Treten die Prominenten wiederholt im Zusammenhang mit diesen Inhalten auf, erfolgt eine mehrfache Kopplung. Diese regelmäßige Kopplung eines neutralen Reizes mit einem unkonditionierten Reiz bezeichnet man als **Kontiguität**. In der Konsequenz wird die Bewunderung der Zuschauer für die Inhalte auf die Prominenten übertragen. Es handelt sich dabei um eine Konditionierung erster Ordnung.
Dieses Konditionierungsprinzip nutzt McDonald's für sich. Das McDonald's-Produkt ist zunächst noch nicht bewertet, also ein neutraler Reiz (NS), von dem noch keine Kaufreaktion ausgeht. Die Prominenten sind aufgrund der Inhalte, für die sie stehen, positiv besetzt. Sie stellen also einen konditionierten Reiz erster Ordnung (CS1) dar, auf den die konditionierte Reaktion (CR1) der Bewunderung beim Konsumenten erfolgt. Wird nun das Produkt (NS) mit dem Schauspieler (CS1) in der Werbung wiederholt in einen positiven Zusammenhang gebracht, kommt es zu einer Konditionierung zweiter Ordnung. Das Produkt wird zum konditionierten Reiz zweiter Ordnung (CS2), sodass es nun auch zu einer konditionierten Reaktion zweiter Ordnung (CR2) kommt: Das McDonald's-Produkt löst Bewunderung aus und wird deshalb vermutlich verstärkt gekauft.
Man kann davon ausgehen, dass zudem weitere Gesetzmäßigkeiten des klassischen Konditionierens greifen werden, z. B. die **Reizgeneralisierung**, bei der alle Reize, die dem konditionierten Reiz ähnlich sind, die gleiche konditionierte Reaktion auslösen. Bezogen auf die McDonald's-Werbung bedeutet dies, dass die konditionierte Reaktion auch bei ähnlichen Produkten erfolgt: Die Bewunderung für den beworbenen Cheeseburger überträgt sich dann z. B. auf einen Ham-

burger. Eine Reizdifferenzierung, bei der zwischen dem konditionierten Reiz und ihm ähnlichen Reizen unterschieden wird, ist hier nicht zu erwarten.
Natürlich muss McDonald's ihre Werbung kontinuierlich schalten, damit beim Konsumenten keine Extinktion stattfindet, die Konditionierung also nicht durch zu geringe Wiederholung wieder gelöscht wird.

2.2 *Der Operator „**beurteilen**" stammt aus dem Anforderungsbereich 3. Sie sollen zu dem Sachverhalt ein selbstständiges Urteil unter Verwendung von Fachwissen formulieren und begründen.*

Durch das klassische Konditionieren lässt sich eine Reihe von erlernten Erlebens- und Verhaltensweisen erklären, wie beispielsweise Angstreaktionen, Emotionen oder Einstellungen. Allerdings ist der **Erklärungswert** dieser Theorie auch **begrenzt**. Menschliches Verhalten ist so komplex, dass es sich nicht ausschließlich durch Reiz-Reaktions-Schemata beschreiben lässt. Dabei handelt es sich um eine zu mechanistische Sichtweise auf den Menschen. Zudem spielen in der Theorie kognitive Prozesse keine bzw. nur eine untergeordnete Rolle. Der Erklärungswert bleibt somit auf Lernprozesse beschränkt, bei denen das Verhalten von einem vorgegebenen Reiz kontrolliert wird. Diese Laborsituation, dass ein Verhalten ausschließlich auf eine Ursache zurückzuführen ist, findet man im Alltag allerdings selten vor. Zudem erklärt klassisches Konditionieren, wie Menschen aus vergangenen Erfahrungen lernen. Daher ist das Auftreten gänzlich neuer Verhaltensweisen dadurch nicht erklärbar.

2.3 *Der Operator „**darstellen**" stammt aus dem Anforderungsbereich 2. Hier wird eine strukturierte Wiedergabe der Theorie erwartet. Der Operator „**erläutern**" gehört ebenfalls zum Anforderungsbereich 2. Sie sollen den Sachverhalt durch zusätzliche Informationen veranschaulichen und verständlich machen.*

Festinger geht in seiner Theorie davon aus, dass **Einstellungen ein System** bilden. Die Grundlage jeder Einstellung sind dabei **kognitive Elemente**. Die Beziehung zwischen diesen Elementen kann relevant oder irrelevant sein – je nachdem, ob zwischen ihnen ein Zusammenhang besteht oder nicht.
Stehen zwei Elemente in relevanter Beziehung zueinander, kann ihr Verhältnis **konsonant** oder **dissonant** sein. Passen diese Elemente zueinander, nennt man dies Konsonanz, stehen sie im **Widerspruch** zueinander, spricht man von **Dissonanz**. Verändert sich nun ein Einstellungselement, hat dies eine Veränderung der gesamten Einstellung zur Folge, da Einstellungssysteme nach Gleichgewicht streben und versuchen, es zu halten. Dies nennt man das Prinzip der **Homöostase**.
Konsonante Systeme sind **stabil** und relativ resistent gegenüber Veränderungen, da sie als angenehm erlebt werden. Daher bedeutet dies, dass ein Einstellungssystem erst ins Ungleichgewicht, also in eine **Dissonanz** gebracht werden muss, damit sich **Einstellungen ändern** können. Je stärker die Dissonanz, desto

größer ist die **Motivation**, diesen **Spannungszustand zu beseitigen**, da er als unangenehm, disharmonisch und konfliktreich erlebt wird. Zunächst wird das System versuchen, sein Gleichgewicht wiederzuerlangen, indem es das dissonante Einstellungselement z. B. nicht beachtet, vergisst oder verdrängt. Dies ist insbesondere dann der Fall, wenn das betroffene Einstellungselement mit zu vielen relevanten Einstellungselementen in einer Dissonanz steht, man also viele Einstellungen ändern müsste. Wird der psychische Aufwand hierfür jedoch zu groß, kommt es zur Einstellungsänderung.
Moritz Bleibtreu und Christian Ulmen waren die Lieblingsschauspieler der im Text beschriebenen Fans. Insbesondere in Bezug auf Moritz Bleibtreu wird im Text erwähnt, dass er von seinen Fans als „politischer Rebell" (Z. 31) gesehen wurde, der „nicht käuflich" (Z. 29) ist. Diese Einstellungselemente standen bei den Fans in einer relevanten und konsonanten Beziehung zueinander. Durch Bleibtreus Teilnahme an der McDonald's-Werbung tritt bei seinen Fans eine Dissonanz zu den bestehenden kognitiven Elementen auf. Ihrer Ansicht nach steht McDonald's für Umweltzerstörung, Dumpinglöhne, Junkfood und Massentierhaltung (vgl. Z. 25, 30). Schauspieler, die für dieses Unternehmen Werbung machen, werden von den beschriebenen Fans als geldgierig und verantwortungslos wahrgenommen. Das verloren gegangene Gleichgewicht zwischen den Systemelementen könnte nun z. B. durch Ignorieren der Werbung wiederhergestellt werden oder auch durch kognitive Erklärungsversuche wie „Geldsorgen" (Z. 24), wobei dies wahrscheinlich von dem Fan Thorsten M. eher zynisch gemeint war. Für Rebecca R. ist der psychische Aufwand dafür offensichtlich zu hoch: Sie löst die Dissonanz zwischen ihren Einstellungselementen dadurch auf, dass sie ihre Einstellung gegenüber Bleibtreu ändert: „Somit warst du einer meiner Lieblingsschauspieler und ich werde in Zukunft alle Filme mit dir boykottieren …" (Z. 34f.).

Abiturprüfung an den beruflichen Gymnasien (SGGS)
Profilfach Pädagogik/Psychologie 2015 – Aufgabe 3

Inhaltliche Schwerpunkte: empirische Vorgehensweise, Erziehungsstile und Erziehungsmaßnahmen, Rogers' personenzentrierter Ansatz

Paradoxe Effekte von Lob

Jeder Mensch freut sich über Lob – Kinder freuen sich über das Lob der Eltern oder über die Fleißbiene im Schulheft, Erwachsene freuen sich über lobende Worte des Chefs. Mit Lob soll eine gute Leistung honoriert und insbesondere in frühen Jahren auch das Selbstbewusstsein gestärkt werden. Doch führt Lob tatsächlich immer zu glücklicheren und selbstbewussteren Kindern?

Laut Eddie Brummelman und seinem Forschungsteam lautet die Antwort „Nein". Denn es kommt auf die Art des Lobes an. Wenn Kinder beispielsweise eine gute Schulnote schreiben, so kann man sie als Person loben „Du bist richtig clever!" oder für ihr leistungsbezogenes Verhalten „Das hast du wirklich gut gemacht!". Diese feine sprachliche Unterscheidung kann sehr bedeutsam sein, da Kinder nach einem personenbezogenen Lob ihre Aufmerksamkeit wahrscheinlich stärker auf sich selbst richten als nach einem verhaltensbezogenen Lob. Im Falle eines anschließenden Misserfolgs beziehen sie das Versagen dann auch eher auf ihre Person und schämen sich. Zudem kann personenbezogenes Lob Kindern vermitteln, dass sie nur wertgeschätzt werden, wenn sie etwas gut machen. Läuft etwas schief, fühlen sie sich nicht mehr liebenswert. Das Forschungsteam nahm an, dass diese negativen Effekte insbesondere bei Kindern mit niedrigem Selbstwert auftreten, da diese Kinder besonders unsicher sind und die Bestätigung von anderen suchen.

Zur Untersuchung ihrer Annahmen ließ das Forscherteam Kinder zwischen acht und dreizehn Jahren ein Computerspiel spielen. Nach einer ersten Übungsrunde wurden einige der Kinder vom Spielleiter gelobt – entweder bezogen auf die Person („Du bist super!") oder auf ihr Verhalten („Das hast du toll gemacht!"). In einer zweiten Runde spielten die Kinder angeblich gegen eine andere Person. Unabhängig von ihrer tatsächlichen Leistung bekamen sie zufällig entweder zurückgemeldet, dass sie gewonnen oder verloren hatten. Im Anschluss gaben die Kinder in einem Fragebogen an, wie viel Scham sie empfanden.

Wie erwartet, waren die Schamgefühle bei den Kindern besonders stark ausgeprägt, die vor ihrem Misserfolg ein personenbezogenes Lob erhalten hatten – und das vor allem, wenn sie ohnehin ein niedriges Selbstbewusstsein hatten! Waren die Kinder hingegen zuvor für ihre Anstrengung gelobt worden, berichteten sie nach einem Misserfolg deutlich weniger Scham.

Laut diesen Ergebnissen kann personenbezogenes Lob insbesondere für Kinder mit niedrigem Selbstwert negative Konsequenzen haben. Paradoxerweise versuchen Eltern aber gerade solche Kinder mit dem Lob ihrer Person zu bestärken – wie das

Forschungsteam in einer weiteren Studie mit über 350 Eltern herausfand. Intuitiv scheinen viele Eltern unsicheren Kindern verstärkt personenbezogenes Lob zu geben, um ihr Selbstbewusstsein zu stärken. Eltern und Erzieher/-innen sollten daher darauf achten, wie sie ihr Lob formulieren, und vielleicht lieber leistungsbezogenes Verhalten honorieren, anstatt das Kind als Person zu loben. Personenbezogene Wertschätzung sollte sich hingegen leistungsunabhängig zeigen, damit das Kind auch nach einem Misserfolg keine Schamgefühle entwickelt – zum Beispiel so: „Du bist toll – ganz egal, ob du gewinnst oder verlierst!“.

Quelle: Barbara Minich: Paradoxe Effekte von Lob. Aus: http://www.forschung-erleben.uni-mannheim.de/?q=node/1049. 9. 10. 2013. Text aus didaktischen Gründen gekürzt.

Aufgabenstellung

		Punkte
3.1	Fassen Sie die Forschungsergebnisse des im Text beschriebenen Experimentes zusammen.	3
3.2	Definieren Sie die Begriffe Hypothese, unabhängige sowie abhängige Variable und bestimmen Sie diese am vorgegebenen Experiment. Erklären Sie den Begriff der Operationalisierung und zeigen Sie, wie die Operationalisierung im obigen Experiment umgesetzt wurde.	8
3.3	Beschreiben Sie die Vor- und Nachteile von Lob als Erziehungsmaßnahme.	6
3.4	*„Zudem kann personenbezogenes Lob Kindern vermitteln, dass sie nur wertgeschätzt werden, wenn sie etwas gut machen.“* (Z. 14 f.) Diese Aussage erinnert an Rogers' Aussagen zur bedingungslosen Wertschätzung. Erläutern Sie die Bedeutung von bedingungsloser und die Bedeutung von an Bedingungen geknüpfter Wertschätzung in Rogers' Annahmen zum Selbstkonzept.	6
3.5	Wertschätzung spielt auch beim autoritativen Erziehungsstil eine bedeutsame Rolle. Stellen Sie diesen Erziehungsstil und dessen Wirkungen dar. Arbeiten Sie die zentralen Unterschiede zum autoritären Stil (nach K. Lewin) und zu dessen Auswirkungen heraus.	7
		30

Lösungsvorschläge

3.1 *In dieser Aufgabe sollen Sie zeigen, dass Sie die Forschungsergebnisse aus dem Text herausfiltern und punktgenau zusammenfassen können. Eine Wiedergabe des gesamten Textes in eigenen Worten erfüllt nicht die Aufgabenstellung. Nach der Beschreibung der Versuchsanordnung ist beispielsweise nicht gefragt.*

Brummelman und sein Forschungsteam konnten zeigen, dass Lob nicht per se zu glücklicheren und selbstbewussteren Kindern führt. Es lässt sich zwischen **personen- und verhaltensbezogenem Lob** unterscheiden. Das im Text beschriebene Experiment kam zu dem Ergebnis, dass Kinder, die nach der Bewältigung eines Computerspiels personenbezogen gelobt wurden, sich im Falle eines realen oder auch nur behaupteten Misserfolgs bei einer Spielwiederholung deutlich stärker schämten als Kinder, die im ersten Durchgang verhaltensbezogen gelobt wurden. Die Forscher nehmen an, dass die personenbezogen gelobten Kinder Misserfolge eher auf die eigene Person beziehen. Dieser Effekt trat insbesondere bei Kindern mit niedrigem Selbstwertgefühl auf.

3.2 *Zur Bearbeitung sind zwei Vorgehensweisen denkbar: Sie können die Fachbegriffe zunächst allgemein definieren und im Anschluss einen Textbezug herstellen oder aber Sie lassen den Textbezug wie im vorliegenden Lösungsvorschlag jeweils direkt bei der Definition einfließen.*

Eine **wissenschaftliche Hypothese** unterstellt einen Zusammenhang zwischen zwei oder mehr **Variablen**, der für eine bestimmte Population, vergleichbare Objekte oder Ereignisse gelten soll. Sie ist in der Regel als Konditionalsatz, z. B. „Wenn-dann-Satz" oder „Je-desto-Satz", formuliert oder in einen solchen überführbar. Wissenschaftliche Hypothesen müssen der **sinnlichen Erfahrung zugänglich** und prinzipiell **widerlegbar**, also falsifizierbar sein. Zudem müssen sie eine gewisse **Allgemeingültigkeit** für sich beanspruchen, die theoretisch begründet ist. Bezogen auf das vorliegende Experiment könnte die Hypothese somit lauten: „Wenn Kinder für Erfolg personenbezogen gelobt werden, dann werden sie im Falle eines Misserfolgs mehr Schamgefühl entwickeln als Kinder, die verhaltensbezogen gelobt wurden."
Die **unabhängige Variable** wird vom Forscher bestimmt. Sie repräsentiert den „Wenn"- bzw. „Je"-Teil einer Hypothese, also die Ursache oder Bedingung, von der sich der Forscher eine bestimmte Wirkung erwartet. Im Experiment von Brummelman ist die **unabhängige Variable** die **Art des Lobens**. Die abhängige Variable steht für den „Dann"- oder „Desto"-Teil einer Hypothese. Sie bezieht sich also auf die vermutete Wirkung der unabhängigen Variablen, in diesem Fall das Ausmaß an Schamgefühl bei Misserfolg.
Operationalisierung bedeutet die Messbarmachung der zentralen Bestandteile einer Hypothese. Begriffe werden so formuliert, dass sie beobachtbar sind. Im Beispiel wird personenbezogenes Lob mit dem Satz „Du bist super" (Z. 22) und verhaltensbezogenes Lob mit dem Satz „Das hast du toll gemacht" (Z. 22) opera-

tionalisiert. Ebenso wird Erfolg als „Teilnahme an einem Computerspiel" operationalisiert.

3.3 *Der Operator* ***„beschreiben"*** *stammt aus den Anforderungsbereichen 1 und 2. Hier wird eine strukturierte Wiedergabe der Theorie in eigenen Worten erwartet.*

Lob wird in der Erziehung häufig als **positive Konsequenz** auf ein erwünschtes Verhalten eingesetzt. Dadurch kann ein **angenehmes Gefühl** hervorgerufen werden und die erwünschte Verhaltensweise wird öfter gezeigt. Angemessenes, authentisches Lob kann zudem das **Selbstwertgefühl** steigern und dazu führen, dass die **Lern- und Leistungsmotivation** steigt.
Wie im oben stehenden Experiment gezeigt wurde, kann insbesondere personenbezogenes Lob aber auch **negative Auswirkungen** haben, vor allem dann, wenn es plötzlich ausbleibt oder willkürlich gesetzt wird. Zu häufiges Lob kann zudem zu einer Sättigung bzw. Abnutzung führen. Wird es zur **Routine**, können besondere Leistungen oder besonderes Verhalten durch Lob nicht mehr hervorgehoben werden. Zudem kann es dazu kommen, dass ein Verhalten nur noch um des Lobes willen gezeigt wird und die eigentliche Sache in den Hintergrund gerät. Auch die Gefahr der Manipulation durch die Erziehungsperson ist gegeben, wenn das Kind sein Verhalten nur noch aufgrund der extrinsischen Motivation, Lob zu erhalten, zeigt.

3.4 *Bei dieser Aufgabe sollen Sie die Annahmen Rogers' zur Bedeutung bedingungsloser und an Bedingungen geknüpfter Wertschätzung erläutern. Eine Darstellung der gesamten personenzentrierten Theorie wird hier nicht erwartet.*

Wie der Name schon sagt, versteht Rogers unter bedingungsloser Wertschätzung eine positive Haltung einer Person gegenüber, ohne dass diese Person eine Bedingung erfüllen muss, um Achtung, Anerkennung, Zugewandtheit, Freundlichkeit usw. zu erfahren. Dies bedeutet nicht, dass keine unterschiedlichen Positionen problematisiert werden dürften; unterschiedliche Auffassungen in einer Sache dürfen lediglich keine Abwertung der Person zur Folge haben. Durch bedingungslose Wertschätzung kann sich eine Person frei entfalten und neue Erfahrungen machen, die flexibel in das bestehende Selbstkonzept integriert werden können.
Wird die Wertschätzung jedoch an Bedingungen wie „Zimmer aufräumen", „Zustimmung zur elterlichen Position" usw. geknüpft, verinnerlichen die betroffenen Personen ggf. diese Bewertungsbedingungen. Muss eine Person den **Wertmaßstäben eines anderen Menschen** genügen, um dessen Wertschätzung und Zuneigung zu erfahren, bezeichnet Rogers dies als **Bewertungsbedingungen**. Werden diese Bedingungen von außen Teil des eigenen Selbstkonzepts, kann sich die betroffene Person selbst nur noch positiv sehen, wenn sie diese Bedingungen erfüllt. Werden die eigenen Gefühle und Bedürfnisse dadurch ganz oder teilweise verleugnet, kommt es nach Rogers zu einer **Inkongruenz** zwischen organis-

mischem Erleben und Selbstkonzept. Dadurch wird ein Prozess der **Selbstentfremdung** in Gang gesetzt, die zur psychischen Störung führen kann.

3.5 *Zur Bearbeitung sind zwei Vorgehensweisen denkbar: Sie können die zentralen Unterschiede zwischen dem autoritären und autoritativen Erziehungsstil bereits während der Gegenüberstellung der Auswirkungen beider Stile herausarbeiten wie in diesem Lösungsvorschlag oder im Anschluss separat ausführen.*

Die **autoritative Erziehung** basiert auf **klaren Regeln** und **realistischen Anforderungen**, die in einer **wertschätzenden Atmosphäre** an den zu Erziehenden gestellt werden. Im Gegensatz zur autoritären Erziehung sind diese aber begründet und dienen der **Persönlichkeitsentfaltung** des Kindes. Die Einhaltung der Regeln wird zwar auch hier eingefordert, allerdings nur, um einen pädagogisch sinnvollen Rahmen vorzugeben, innerhalb dessen die zu Erziehenden **selbstständig** und **autonom** handeln können.
In der **autoritären Erziehung** entstehen Regeln häufig aus der **Machtposition** des Erziehers heraus. Gehorsam wird hier aufgrund des Machtverhältnisses und nicht aufgrund der pädagogischen Notwendigkeit eingefordert. Die Grundhaltung des autoritären Erziehungsstils zeichnet sich durch **Geringschätzung** und **Machtausübung**, die des autoritativen Erziehungsstils durch Wertschätzung und altersgerechte Lenkung aus.
Diese positive Grundhaltung des **autoritativen Stils** führt zu erhöhtem **explorativem Verhalten**. Wie zahlreiche Untersuchungen gezeigt haben, begünstigt autoritative Erziehung die Entwicklung von prosozialem Verhalten, Verantwortungsbewusstsein, Selbstkontrolle, erhöhter Selbstwirksamkeit, Leistungssteigerung, interkulturellen Kompetenzen usw.
Der **autoritären Erziehung** mit ihrer negativen Grundhaltung wird hingegen die Förderung eher **reaktiver Verhaltensweisen** bescheinigt, deren Basis die **extrinsische Motivation** ist, dem Leiter zu gefallen. Es entsteht wenig Individualität. Prosoziales Verhalten ist dadurch entsprechend weniger ausgeprägt bzw. es kommt zu egozentrischem Verhalten. Auch Versagensängste können Auswirkungen autoritärer Erziehung sein.

Abiturprüfung an den beruflichen Gymnasien (SGGS)
Profilfach Pädagogik/Psychologie 2015 – Aufgabe 4

Inhaltliche Schwerpunkte: Identitätsbildung und Eriksons Theorie der psychosozialen Entwicklung, sozial-kognitive Theorie nach Bandura, Gruppe und Konformität

Die Lady Gaga in uns

Schrille Kostümierungen, halsbrecherische High Heels und Perücken in wechselnden Farben: Das ist die 1,55 Meter große Stefani Joanne Angelina Germanotta. Seit Jahren mischt die exzentrische New Yorkerin als „Lady Gaga" die Popwelt auf. [...] Lady Gaga sticht selbst aus der schillernden Popkultur hervor und offenbart dabei einen extremen Drang, anders zu sein als andere, außergewöhnlich, einfach einzigartig. Wer meint, das habe mit dem Leben normaler Menschen nichts zu tun, der irrt – ein bisschen Lady Gaga steckt in uns allen.

Sicher: Jeder von uns hat einen mehr oder weniger starken Drang, einer Gruppe anzugehören. Ihm verdanken wir unseren Familiensinn, Freundschaften oder das schöne Gefühl, mit unseren Wertvorstellungen und Ansichten nicht allein zu sein. Gleichzeitig wollen wir aber auch als Individuen wahrgenommen werden und nicht in der Masse untergehen. Dem Kollektivstreben steht jener Wunsch gegenüber, für den Lady Gaga ein Paradebeispiel liefert: das Bedürfnis nach Einzigartigkeit.

[...] Gibt man etwa einer Testperson zu verstehen, dass sie in einem Persönlichkeitstest als „graue Maus" ohne eigenständiges Profil abgeschnitten hat, so versucht sie meist, durch betont individuelles Verhalten gegenzusteuern: Sie gibt vermehrt Aussagen von sich, die ihre Individualität betonen, bevorzugt ausgefallene Kleidung oder vertritt einfach offensiv eine Minderheitsmeinung.

Das konnte der Psychologe Roland Imhoff von der Universität zu Köln gemeinsam mit Hans-Peter Erb in einer Studie bestätigen. Sie baten Probanden, einen Persönlichkeitstest auszufüllen, zu dem diese entweder die Rückmeldung erhielten, sie hätten ausgeprägte individuelle Eigenschaften, oder aber, sie befänden sich mit ihrer Persönlichkeit im „grauen" Normbereich. Letzteres führte dazu, dass die Betreffenden sich bei einer nachfolgenden Befragung von der vermeintlichen Mehrheitsmeinung distanzierten.

Quelle: Susanne Gebert und Hans-Peter Erb: Die Lady Gaga in uns, in: Geist und Gehirn. Juli/August 2013. S. 38. Text aus didaktischen Gründen gekürzt und verändert.

Aufgabenstellung Punkte

4.1 Charakterisieren Sie gelungene Identitätsbildung und Identitätsdiffusion im Jugendalter und beurteilen Sie, inwieweit Popstars, wie z. B. Lady Gaga, zu einer gelungenen Identitätsbildung beitragen können. 6

4.2 Erik Erikson beschreibt in seiner Theorie der psychosozialen Persönlichkeitsentwicklung verschiedene Entwicklungsstufen auf dem Weg zur Bildung von Identität.
Stellen Sie Eriksons Ansatz dar und erläutern Sie diejenigen Entwicklungsstufen, die im Entwicklungsverlauf eines Menschen laut Erikson vor der Stufe „Identität vs. Rollenkonfusion" liegen. 8

4.3 Die Identität eines Menschen wird maßgeblich durch Gruppenprozesse beeinflusst. Benennen Sie die Merkmale einer Gruppe. Erläutern Sie positive und negative Aspekte von Konformität in Gruppen und nehmen Sie dabei Bezug zum obigen Text. 6

4.4 Identitätsbildung erfolgt auch über die Orientierung an Modellen. Stellen Sie die Bedingungen für das Lernen am Modell (A. Bandura) dar und überprüfen Sie, inwieweit Lady Gaga ein geeignetes Modell für die Übernahme von Verhaltensweisen sein könnte. 10

30

Lösungsvorschläge

4.1 *Hier wird zunächst eine strukturierte Wiedergabe der Theorie zur Identitätsbildung erwartet. Der Operator „**beurteilen**" stammt aus dem Anforderungsbereich 3. Sie sollen zu dem Sachverhalt ein selbstständiges Urteil unter Verwendung von Fachwissen formulieren und begründen.*

Aus entwicklungspsychologischer Sicht stellt die Identitätsbildung eine wichtige Entwicklungsaufgabe im Jugendalter dar. Identität ist die Kombination aus persönlichen Merkmalen, derer man sich bewusst ist und mit denen man sich anderen darstellen kann. **Selbsterkenntnis** („Wer bin ich?", „Für wen werde ich gehalten?") und **Selbstgestaltung** („Was will ich?") formen die Identität. In diesen charakterisierenden Merkmalen spiegeln sich die Werte und Normen einer Gesellschaft, mit denen es sich auseinanderzusetzen gilt, um eine eigene Position zu den Fragen entwickeln zu können. Bei einer gelungenen Identitätsbildung können diese Fragen souverän beantwortet werden.

Bei einer **Identitätsdiffusion** fehlt bei der Beantwortung der Fragen eine klare Richtung bzw. es findet keine aktive Auseinandersetzung damit statt. Eigene Wertvorstellungen und Ziele können nicht benannt werden, weil eine **Ich-Identität fehlt**.

Um seine eigene Identität zu finden, müssen verschiedene **Wert- und Normvorstellungen** reflektiert werden. Hierbei können Stars wie Lady Gaga hilfreich sein, da sie als Modelle unterschiedlicher Lebensentwürfe dienen. Diese Lebensentwürfe können im Identitätsfindungsprozess ausprobiert werden. Jugendliche stellen sich dann z. B. folgende Fragen: Passt die schrille Kleidung auch zu mir? Wie fühlt es sich an, wenn ich mich so kleide? Was ist das Feedback der anderen? Möchte ich dauerhaft so gesehen werden?

Somit können für die Identitätsbildung Popstars oder auch andere Modelle wie Lehrer, Trainer, Eltern hilfreich sein, wenn es sich nicht nur um eine reine Übernahme einer anderen Identität handelt. Dient das Leben des Popstars als Impuls, auf dessen Basis man sich seine eigene Identität erarbeitet, kann dies eine Bereicherung sein.

4.2 *Aufgrund einer Lehrplanänderung, die erstmals im Abitur 2016 gilt, kann diese Aufgabe in künftigen Abiturprüfungen so nicht mehr gestellt werden. Daher wird für diese Teilaufgabe auf einen Lösungsvorschlag verzichtet.*

4.3 *In der Aufgabenstellung wird für den Abschnitt Gruppenmerkmale der Operator „**benennen**" eingesetzt. Daher wäre auch ein reines Aufzählen der fett markierten Merkmale ohne verbindende Sätze möglich. Außerdem sollen Sie die positiven und negativen Aspekte von Konformität in Gruppen mithilfe von Textbezügen erläutern, also durch zusätzliche Informationen veranschaulichen und verständlich machen.*

Eine **soziale Gruppe** besteht nach Bernhard Schäfers aus einer **bestimmten Zahl von Mitgliedern**, bei Kleingruppen in der Regel zwischen 3 und 25 Personen. Diese Mitglieder stehen in einem **kontinuierlichen, dauerhaften Kommunikations- und Interaktionsprozess** und haben gemeinsame Ziele (**Gruppenziele**). In sozialen Gruppen herrscht ein Gefühl der Zusammengehörigkeit, das sogenannte **Wir-Gefühl**. Zur Erreichung des Gruppenziels und zur Stabilisierung der Gruppenidentität sind ein System gemeinsamer Werte und Normen und eine Verteilung der Aufgaben, also ein **Rollendifferenzial**, notwendig.
Konformität im positiven Sinne ist die Fähigkeit, sich an soziale Wert- und Normvorstellungen, beispielsweise in einer sozialen Gruppe, anzupassen bzw. mit ihnen übereinzustimmen. Konformität ist wichtig, um den Fortbestand einer Gruppe zu sichern, da so neue Mitglieder in die bestehende Gruppe integriert werden können. Dies ist nur möglich, wenn sich die Mitglieder an die bestehenden Werte und Normen halten und ihre Rollen erfüllen. Konformes Verhalten wird von der Gruppe in der Regel mit positiven Reaktionen belohnt. Somit entstehen auch positive Auswirkungen für das Individuum. Der Text beschreibt dies wie folgt: „Jeder von uns hat einen mehr oder weniger starken Drang, einer Gruppe anzugehören. Ihm verdanken wir unseren Familiensinn, Freundschaften oder das schöne Gefühl, mit unseren Wertvorstellungen und Ansichten nicht allein zu sein." (Z. 8 ff.)
Konformität kann aber auch **negative Folgen** mit sich bringen. So besteht z. B. die Gefahr, dass die Individualität der einzelnen Person verloren geht. Der Text beschreibt dies folgendermaßen: „Gleichzeitig wollen wir aber auch als Individuen wahrgenommen werden und nicht in der Masse untergehen." (Z. 11 f.) Die Studie von Imhoff scheint dies zu belegen. Ist der Konformitätsdruck durch die Gruppe nämlich zu groß, kann es zum **Verlust der Selbstachtung, Überangepasstheit, Fremdbestimmung, Autoritätsgläubigkeit** usw. kommen und letztlich kann dies sogar zur **Deindividuation** führen. Nicht zuletzt deshalb haben die Probanden, deren Individualität in der Studie infrage gestellt wurde, versucht, sich von der Mehrheitsmeinung zu distanzieren (vgl. Z. 22–25).

4.4 *Zur Bearbeitung sind zwei Vorgehensweisen denkbar: Sie können die Bedingungen für das Lernen am Modell zunächst allgemein definieren und im Anschluss einen Bezug zu Lady Gaga herstellen wie in diesem Lösungsvorschlag oder Sie überprüfen die einzelnen Bedingungen jeweils direkt nach deren Darstellung.*

Ob eine Person als Modell ausgewählt wird oder nicht, hängt von verschiedenen Bedingungen ab. Die Bedingungen der Aufmerksamkeit unterteilen sich in die **Persönlichkeitsmerkmale** des Modells und des Beobachters, in die **Beziehung**, die Modell und Beobachter zueinander haben, sowie in **Situationsbedingungen**. Erfolgreiche Modelle besitzen **Persönlichkeitsmerkmale** wie Sympathie und Attraktivität; sie sind beliebt und haben soziale Macht. Lady Gaga vereint sicherlich viele dieser Faktoren in sich. Sie hat im Musikgeschäft ein großes Ansehen, ihr Wort wird in der Branche und den Medien gehört. Daraus ergibt sich soziale Macht. Sie hat Erfolg, ist frech, kleidet sich mutig, macht „ihr Ding“ usw. Diese Persönlichkeitsmerkmale kommen bei vielen Jugendlichen gut an. Da aber auch die Persönlichkeitsmerkmale des Beobachters bei der Modellauswahl eine wichtige Rolle spielen, eignet sich Lady Gaga sicherlich nicht für alle Jugendlichen als Modell.

Beobachter, die über **wenig Selbstvertrauen** und **Selbstachtung** verfügen, erhöhen ihre Aufmerksamkeit Modellen gegenüber. Lady Gaga bietet diesen Menschen durch ihren Mut, sich auszuleben, möglicherweise ein Verhaltensvorbild.

Beim Modelllernen kommt es zu einer emotionalen, wenn auch einseitigen positiven Beziehung zwischen Modell und Beobachter. Zudem wirkt sich die soziale Befindlichkeit eines Beobachters in der jeweiligen Situation auf den Lernprozess aus. Meist präsentiert sich Lady Gaga in Unterhaltungsshows, Musikvideos, Konzerten, Zeitschriften usw. Diese Medien lösen in der Situation, in der sie genutzt werden, meist positive Befindlichkeiten aus.

Auch die Bedeutung der Bekräftigung spielt bei den Bedingungen des Modelllernens eine wesentliche Rolle. Bandura unterscheidet zwischen der **externen Bekräftigung**, bei der eine Person direkt bestärkt wird, der **stellvertretenden Bekräftigung**, bei der sie beobachtet, wie eine andere Person bestärkt wird, der **direkten Selbstbekräftigung**, bei der sich eine Person selbst belohnt, und der **stellvertretenden Selbstbekräftigung**, bei der beobachtet wird, wie sich eine andere Person selbst belohnt. Bei Lady Gaga können meist stellvertretende Bekräftigungen, wenn sie für ihre Erfolge ausgezeichnet wird, bzw. stellvertretende Selbstbekräftigungen beobachtet werden, wenn sie z. B. Einblicke in ihr luxusreiches Leben beim Shoppen gibt.

Mit der Bekräftigung hängen die Effekte des Modelllernens eng zusammen. Beim **modellierenden Effekt** werden neue Verhaltensweisen übernommen, beispielsweise Lady Gagas Art, sich zu kleiden. Je nach Persönlichkeit des Beobachters kann das Verhalten von Lady Gaga zu hemmenden oder enthemmenden Effekten führen, also auf keinen Fall so sein zu wollen oder sich jetzt auch zu trauen, sich wie Lady Gaga auszuleben. Grundsätzlich wäre z. B. bei einem Konzertbesuch ein auslösender Effekt denkbar: Die Fans könnten Lady Gagas Verhalten im Anschluss unmittelbar imitieren.

Wie stark Modelle genutzt werden, hängt natürlich auch von der Motivation ab, die sich aus der Ergebniserwartung (Lohnt sich das?), der Kompetenzerwartung (Kann ich das?) und der Aussicht auf Selbstbekräftigung (Will ich das?) ergibt.

Ob also Lady Gaga als Modell ausgewählt wird oder nicht, hängt somit von vielen ineinanderspielenden Faktoren ab. So trägt Lady Gaga sicherlich bei einigen Jugendlichen zur Identitätsbildung bei, bei Jugendlichen, die sich eher zu anderen Vorbildern hingezogen fühlen, dürfte ihr Verhalten kaum identitätsbildende Auswirkungen haben.

Abiturprüfung an den beruflichen Gymnasien (SGGS)
Profilfach Pädagogik / Psychologie 2016 – Aufgabe 1

Inhaltliche Schwerpunkte: Psychoanalytische Theorie und Therapie

Die Bedeutung der Psychoanalyse heute
Matthias Elzer, Prof. Dr. med., FA Psychiatrie und Psychotherapeutische Medizin

Von Anbeginn stand die Psychoanalyse immer wieder in einer heftigen Kritik. Anfangs war es Freuds These der Psychosexualität, die die Wissenschaften und Kreise des Bürgertums empören ließ, oder ihr aufklärerisches Potenzial, das totalitären Regimen nicht passte; später waren es Teile der Psychologie und Medizin, die z. B. das Unbewusste – das Herzstück und Alleinstellungsmerkmal der Psychoanalyse – als ein unwissenschaftliches Konstrukt ablehnten. Insbesondere die Lerntheorie, später die Kognitionswissenschaften, die sich ab den 80er-Jahren im wissenschaftlichen Betrieb mit den verschiedenen Formen von Verhaltenstherapien etablierte, tat die Psychoanalyse und ihre Therapie als unwissenschaftlich und damit als „Auslaufmodell" ab. [...].

In den letzten 10 Jahren hat die Psychoanalyse eine wissenschaftliche Rehabilitation durch die neuropsychobiologische Forschung (Neurosciences bzw. Neuropsychoanalyse) erfahren. So ist inzwischen gesichert, dass das Unbewusste auf unser Denken und Fühlen einen großen Einfluss ausübt. [...]

Die Bedeutung der Psychoanalyse heute liegt weiterhin darin, dass sie für Menschen mit seelischen Störungen ein Spektrum von Behandlungsmethoden anbietet, in der sich der Patient in einer sicheren therapeutischen Beziehung mit den unbewussten Bedeutungen seiner Symptome, seiner Wahrnehmung, seines Erlebens und Verhaltens auseinandersetzen kann. [...] Geradezu genial ist die Methode der freien Assoziation, durch die der Patient sich in seiner inneren bewussten und unbewussten Welt bewegen kann und dadurch an Hindernisse und verschlossene Türen kommt, hinter denen oft bedeutungsvolle Konflikte oder traumatische Erfahrungen stehen. Dabei stellt sich der Therapeut als Person für die Übertragungs- und Gegenübertragungsvorgänge zur Verfügung. [...] Neben der Krankenbehandlung liegt die Bedeutung der Psychoanalyse auch in ihrer Theorie über den Menschen, speziell seiner seelischen Natur. [...]

Das Menschenbild der Psychoanalyse ist dabei nicht so idealistisch wie das der „Humanistischen Psychologie", wo der Mensch von Natur aus als gut angesehen wird. Diese Wertung nimmt die Psychoanalyse nicht vor. Sie sieht den Menschen als Teil der gesamten Natur mit seinen Triebkonflikten [...].

Die Psychoanalyse hat Vieles zum Verständnis menschlichen und gesellschaftlichen Verhaltens beigetragen. Sie hat den Blick des Menschen auf sich selbst geschärft. Ob der Mensch aber aus dieser Erkenntnis entsprechende Konsequenzen zieht, ist eine andere Frage.

Matthias Elzer, http://www.psychoanalyse-aktuell.de/artikel/detail/news/die-bedeutung-der-psychoanalyse-heute-2/?tx_news_pi1[controller]=News&tx_news_pi1[action]=detail&cHash=9b06eef9deceeaecb8c9467ec32c4eba; 1. 11. 2008, letzter Zugriff am 02. 11. 2015. (Aus didaktischen Gründen gekürzt.)

Aufgabenstellung

		Punkte
1.1	In den Zeilen 13/14 wird ausgeführt, dass das Unbewusste auf unser Denken und Fühlen einen großen Einfluss ausübt. Erläutern Sie diese Aussage und stellen Sie dazu S. Freuds Aussagen zum Schichtenmodell und zum Instanzenmodell dar.	8
1.2	Erklären Sie auf der Grundlage von Freuds Annahmen zur Dynamik der Persönlichkeit die Entstehung psychischer Störungen.	7
1.3	Erläutern Sie die im Text genannten Vorgehensweisen der psychoanalytischen Therapie und beschreiben Sie mögliche Probleme, die beim Einsatz dieser Vorgehensweisen entstehen können.	7
1.4	*„Das Menschenbild der Psychoanalyse ist […] nicht so idealistisch wie das der ‚Humanistischen Psychologie' […]"* (Z. 27/28). Vergleichen Sie die beiden genannten psychologischen Richtungen hinsichtlich ihres Menschenbildes.	8
		30

Lösungsvorschläge

1.1 *Beide Operatoren dieser Aufgabenstellung stammen aus dem Anforderungsbereich 2. Sie sollen die Textaussage „**erläutern**", also durch zusätzliche Informationen veranschaulichen und verständlich machen. Zusätzliche Informationen liefern in diesem Fall zwei Modelle Freuds: das Schichtenmodell und das Instanzenmodell. Sie sollen beide „**darstellen**", indem Sie die Bezüge zu der Textaussage strukturiert wiedergeben.*

Das Unbewusste hat einen großen Einfluss auf unser Denken und Fühlen. Der Psychoanalytiker Sigmund Freud erklärt dies mit seinem topologischen Modell, das auch **Schichtenmodell** oder umgangssprachlich Eisbergmodell genannt wird. Darin unterscheidet er zwischen **bewusst**, **vorbewusst** und **unbewusst**. Das Bewusste ist nach Freud der kleinste Teil unseres Seelenlebens, nämlich das, was wir augenblicklich wahrnehmen, fühlen und erkennen können. Der größte Teil unseres Seelenlebens ist das Unbewusste. Es umfasst Gedanken, Wünsche und Triebe, zu denen man keinen Zugang hat, da man sie vielleicht als bedrohlich, beschämend oder als sozial inakzeptabel empfindet. Dennoch steuern unbewusste, verdrängte oder unangenehme Erlebnisse, Bedürfnisse usw. unser Denken und Fühlen sozusagen von der „Unterseite des Eisbergs" aus. Das Vorbewusste liegt zwischen dem Bewussten und dem Unbewussten quasi als Überwachungsinstanz. Es hat die Aufgabe, die unangenehmen Aspekte des Unbewussten zu zensieren. Die Inhalte des Vorbewusstseins selbst sind nicht bewusst, können aber bewusst gemacht werden. Manchmal gelangen aber auch unbewusste Inhalte z. B. durch **Träume** und **Fehlleistungen** an der Zensur vorbei ins Bewusstsein. Meistens fehlt uns allerdings dieser Zugang.

Die **Dynamik der Persönlichkeit** erläutert Freud in seinem **Instanzenmodell**. Auch dieses Modell trägt dazu bei, menschliches Denken und Fühlen aus psychoanalytischer Sicht zu erklären. Freud nennt drei psychische Instanzen: **ES**, **ICH** und **Über-ICH**. Das ES handelt nach dem **Lustprinzip**. Es strebt nach einer sofortigen Befriedigung seiner Wünsche und Triebe. Dies geschieht oft unbewusst. Das Über-ICH hingegen ist so etwas wie unser Gewissen und handelt nach dem **Moralitätsprinzip**. Es beurteilt auf der Basis der Wert- und Normvorstellungen die Wünsche des ES. Das ICH ist die Vermittlerinstanz zwischen Über-ICH und ES; es setzt sich bewusst mit der Realität auseinander. Es entscheidet, welche Wünsche zugelassen werden können und welche abgewehrt werden müssen. Es besitzt u. a. Vernunft, Denkvermögen sowie die Fähigkeit zum Triebverzicht. Seine Entscheidungen fallen nach dem **Realitätsprinzip**.

1.2 *In dieser Teilaufgabe sollen Sie anhand von Freuds Annahmen zum Zusammenspiel der psychischen Instanzen die Entstehung von psychischen Störungen* ***erklären*** *(Anforderungsbereich 2), also mithilfe Ihrer Kenntnisse in einen Zusammenhang einordnen und diesen nachvollziehbar und verständlich machen.*

Aus Sicht der Psychoanalyse beeinflussen sich die gerade beschriebenen Instanzen ES, ICH und Über-ICH beim gesunden Menschen ständig und wechselseitig: Das ES äußert Triebwünsche, die vom Über-ICH beurteilt werden. Das ICH entscheidet anhand der Wertvorstellungen des Über-ICHs und der Vorgaben der Umwelt, ob die Triebwünsche des ES befriedigt werden dürfen oder unterdrückt werden müssen. Dies nennt Freud die Dynamik der Persönlichkeit. Durch traumatische Erlebnisse oder Erziehungsfehler wie z. B. Vernachlässigung sowie Überbehütung kann dieses Wechselspiel jedoch in ein Ungleichgewicht geraten. Freud spricht hier von ICH-Schwächen. Dabei unterscheidet er drei Möglichkeiten der ICH-Schwäche:

- Das ICH richtet sich ausschließlich nach den Ansprüchen der Umwelt und ignoriert die Bedürfnisse der eigenen Person. Es entsteht **Realangst**.
- Das ICH gibt zu häufig den Wünschen des ES nach und berücksichtigt zu selten die moralischen Einwände des Über-ICHs. Erlebt die Person die Triebwünsche des ES als übermächtig, kann es zu **neurotischer Angst** kommen.
- Aufgrund eines dominanten Über-ICHs kommt es zu einer Unterdrückung der Wünsche des ES. Das ICH unterliegt den Forderungen des Über-ICHs. Dies führt ggf. zu einer **moralischen Angst**. Die Folgen können Gewissensbisse und Schuldgefühle sein.

Um den beschriebenen Ängsten entgegenzuwirken, setzt das ICH Abwehrmechanismen ein, deren Aufgabe es ist, die Wünsche des ES ins Unbewusste zu verdrängen. Während der gelegentliche und kurzfristige Einsatz von Abwehrmechanismen in der Regel zu einer Erleichterung führt, verbraucht ein dauerhafter und/oder übermäßiger Einsatz zu viel Energie. Ebenso wird die Realität verleugnet bzw. verzerrt. Dies führt zu weiteren innerpsychischen Konflikten, die sich zu einer psychischen Störung weiterentwickeln können.

1.3 *Diese Teilaufgabe verlangt, dass Sie Vorgehensweisen der psychoanalytischen Therapie* ***erläutern*** *(Anforderungsbereich 2). Außerdem sollen Sie mögliche dabei auftretende Probleme* ***beschreiben*** *(Anforderungsbereich 1 und 2), also strukturiert und fachsprachlich richtig mit eigenen Worten wiedergeben.*

Im Text wird die Methode der freien Assoziation als „geradezu genial" (Z. 19) beschrieben. Außerdem spricht der Autor von „Übertragungs- und Gegenübertragungsvorgänge[n]" (Z. 23/24).
Die **freie Assoziation** ist eine Technik, um Unbewusstes und Verdrängtes freizusetzen. Der Patient befindet sich dabei auf einem bequemen Sessel oder einer Liege und lässt seinen Gedanken freien Lauf. Er erhält den Auftrag, dem Therapeuten jedes Detail seiner Gedanken zu schildern, auch wenn es ihm noch so un-

wichtig erscheint. Der Psychoanalytiker versucht, den Ursprung der Assoziationen ausfindig zu machen und die dahinterstehenden verborgenen gedanklichen oder emotionalen Muster des Patienten zu erkennen.
Diese Aufgabenstellung der freien Assoziation fällt einigen Patienten sehr schwer. Sie reden zwar ununterbrochen, assoziieren dabei aber nicht, sondern geben Berichte oder Erklärungen ab. In der Tat stellt sich die Frage, ob freie Assoziation überhaupt möglich ist. Zum einen ist es schwierig, jeden Gedanken sofort in Worte zu fassen. Dies setzt eine **sprachliche Kompetenz** voraus, die nicht immer vorhanden ist. Zum anderen entstehen mehrere Gedanken aber auch gleichzeitig und können bis zur sprachlichen Äußerung bei der freien Assoziation verdrängt oder vergessen sein. Auch an den Therapeuten sind hohe Anforderungen gestellt; hält er diese nicht ein, kann er das Ergebnis der freien Assoziation verfälschen. So darf er während der freien Assoziation keine Hilfestellungen geben und keine eigenen Interpretationen einfließen lassen.
Übertragungen und Gegenübertragungen entstehen in sehr intensiven zwischenmenschlichen Beziehungen. Dies kann in der Therapie, aber auch im Alltagsleben passieren. Übertragung in der Therapie meint die **Projektion von Beziehungsmustern auf den Therapeuten**. Der Patient schildert Erfahrungen aus seiner Vergangenheit und erlebt dadurch verborgene Gefühle, zu denen er bisher keinen Zugang hatte. Dieser Prozess ist in der Therapie erwünscht, denn dieses Erleben kann für den Patienten befreiend wirken. Es wird zwischen positiver und negativer Übertragung unterschieden. Bei der **positiven Übertragung** werden Gefühle wie Liebe oder Zuneigung projiziert. Bei der **negativen Übertragung** geht es um negative Gefühle wie Hass, Ekel usw. Insbesondere bei den negativen Übertragungen besteht jedoch die Gefahr der Retraumatisierung durch das wiederholte Erleben der unangenehmen Erfahrungen.
Überträgt der Analytiker seine Erlebensweisen auf den Patienten, wird von **Gegenübertragung** gesprochen. Dies ermöglicht dem Therapeuten, aus seinem Verhalten und Erleben heraus wichtige Informationen über Beziehungsmuster zu erfahren und dadurch den Patienten besser zu verstehen. Ungünstig ist es, wenn die Gegenübertragung des Analytikers beginnt, die Therapie zu beherrschen. Grundsätzlich muss bei den Übertragungsprozessen darauf geachtet werden, dass keine zu große Abhängigkeit zum Therapeuten entsteht.

1.4 *Abschließend sollen Sie die Menschenbilder der Psychoanalyse und der humanistischen Psychologie „**vergleichen**". Dieser Operator aus dem Anforderungsbereich 2 verlangt, dass Sie Gemeinsamkeiten, Ähnlichkeiten und Unterschiede ermitteln. Einen Hinweis finden Sie bereits im Text, in dem das psychoanalytische Menschenbild als „nicht so idealistisch" bezeichnet wird (Z. 27).*

Die **Psychoanalyse** geht von einem pessimistischen Menschenbild aus. Sie sieht den Menschen als triebhaftes Wesen, das von seinen Instinkten stark beeinflusst wird. Menschliches Erleben und Verhalten wird von Trieben aktiviert. Dabei spielen laut Freud der **Selbsterhaltungstrieb** (Eros) und der **Todestrieb** (Thana-

tos) eine große Rolle. Diese Prozesse regulieren den Menschen meist unbewusst. Nach Freud ist jedes Verhalten auf eine Ursache zurückzuführen; diese Annahme nennt man psychischen Determinismus.
Die **humanistische Psychologie** basiert auf einem optimistischen Menschenbild. Der Mensch ist demnach im Kern gut. Er wird als ein autonomes, aktives Wesen gesehen, das sich durch seine **Selbststeuerung** regulieren kann. Er hat damit Einfluss auf sich selbst und kann sich ändern. Er ist weder durch seine Triebhaftigkeit noch durch seine Erfahrungen festgelegt und kann sich jederzeit frei entscheiden. Ein bekannter Vertreter der humanistischen Psychologie ist Carl Rogers.
Während das Interesse der Psychoanalyse sich vornehmlich auf den kranken Menschen bezieht, interessiert sich die humanistische Psychologie dafür, auf welche Weise gesunde Menschen ihr Streben nach Selbstverwirklichung und Selbstbestimmung umsetzen.
Die Ansätze weisen aber auch Gemeinsamkeiten auf. Beide Richtungen gehen davon aus, dass psychische Beeinträchtigungen bzw. Störungen durch ein Ungleichgewicht in der Persönlichkeit hervorgerufen werden. So bewirkt bei Freud ein Ungleichgewicht der Persönlichkeitsinstanzen das Auftreten von Ängsten und Abwehrmechanismen mit der Folge seelischer Fehlentwicklungen. Laut Rogers führt die Diskrepanz zwischen Real-Selbst und Ideal-Selbst zu Problemen, insbesondere wenn aktuelle Erfahrungen auf ein starres Selbstkonzept treffen und die dadurch entstehende Inkongruenz nicht behoben werden kann.

Abiturprüfung an den beruflichen Gymnasien (SGGS)
Profilfach Pädagogik/Psychologie 2016 – Aufgabe 2

Inhaltliche Schwerpunkte: Kognitive Entwicklungstheorie nach Piaget, Bildung als Selbstbildung und Ko-Konstruktion

Wie Kinder lernen

Neugeborene schauen neugierig in die Welt. Was Babys können ist faszinierend. Das erstaunt Erwachsene immer wieder aufs Neue. Kinder nehmen von Anfang an ihre Umwelt wahr und treten in Beziehung zu ihr. Sie entwickeln Hypothesen und Ideen über die Welt. Sie üben ihre Fähigkeiten und erweitern ihr Handlungsrepertoire. Sie lernen. […]

Kinder bilden Regeln und Strukturen

Aus Erfahrungen zu lernen bedeutet, Regeln und Strukturen hinter den Erfahrungen zu erkennen, um daraus abzuleiten, welches Verhalten in Zukunft das richtige ist. Dazu ist bereits das wenige Monate alte Baby in der Lage. Gerade weil das Gehirn gebrauchsabhängig Spuren von denjenigen Erfahrungen ausbildet, die immer wieder ähnlich sind, merkt es sich nicht das Einzelne, sondern das Allgemeine. Deutlich wird die Fähigkeit zur Regelbildung anhand der Sprachentwicklung: Dreijährige lernen im Schnitt alle 90 Minuten ein Wort, und mit fünf Jahren beherrschen Kinder nicht nur tausende von Wörtern, sondern vor allem deren Gebrauch, das heißt die komplizierte Grammatik.

Nicht nur die Sprache enthält Regeln, sondern auch die Welt: Wenn die Sonne scheint, wird es warm; Honig ist süß und wenn zwei Gegenstände zusammenstoßen, macht das Krach etc. All dies lernt ein Kind in der Auseinandersetzung mit der Welt. Im Gehirn bleiben Spuren dieser Auseinandersetzungen, die jedes Kleinkind nicht nur passiv erlebt, sondern vor allem aktiv sucht.

Durch geschicktes Experimentieren und genaues Beobachten fand man heraus, dass Säuglinge zwischen dem vierten und sechsten Monat die Fähigkeit entwickelt haben, Gehörtes und Gesehenes zusammen zu verarbeiten und daraus ein Ereignis bzw. Erlebnis zu bilden. Was für uns Erwachsene selbstverständlich ist – wenn etwas zusammenstößt, dann rasselt es auch zusammen –, ist für das Kleinkind keineswegs selbstverständlich. Auch die Prinzipien von Ursache und Wirkung oder von Schwerkraft und Gewicht werden auf diese Weise gelernt.

Kinder lernen mit hoher Geschwindigkeit und Intensität

Im Hinblick auf Informationen sind Kinder wie Schwämme. Sie saugen begierig auf, was man ihnen bietet. Insgesamt ist die Kindheit daher die lernintensivste Zeit. […]

Kann ein Kind die lernintensive Zeit nicht nutzen, hat es im späteren Alter immer größere Mühe, das Versäumte nachzuholen. […]

Das Gehirn des Kindes verändert sich, es wächst und vernetzt sich zunehmend, und all dies geschieht im Lernen. Bestimmte Fähigkeiten wie das räumliche Sehen und die Sprache, sogar das „Urvertrauen“ müssen zu bestimmten Zeiten erworben werden, wenn es nicht zu langfristigen Problemen in diesen Bereichen kommen soll. […]

Kinder lernen mit anderen

Kinder lernen miteinander und voneinander. Sie lernen von Gleichaltrigen, aber auch von älteren und jüngeren Kindern. […] Kinder erhalten von anderen Kindern und Erwachsenen wesentliche Impulse. […]

Jedes Kind braucht die Sicherheit, dass es sich auf eine erwachsene Bezugsperson verlassen kann. Diese Sicherheit setzt das Potenzial von Kindern frei, sich angstfrei und neugierig neuen Erfahrungen zuzuwenden, den Aktionsradius zu erweitern und aktiv und explorativ die Welt zu erkunden.

Kinder lernen auch durch Nachahmen bzw. durch „Lernen am Modell“. Sie lernen durch Menschen, die Anteil an ihren Fragen nehmen, die Zeit für sie haben und die ihren Fähigkeiten Respekt entgegenbringen. Solche Beziehungen zwischen Erwachsenen und Kindern zuhause und im Kindergarten sind von entscheidender Bedeutung. […]

Ministerium für Kultus, Jugend und Sport Baden-Württemberg. Orientierungsplan für Bildung und Erziehung in baden-württembergischen Kindergärten und weiteren Kindertageseinrichtungen. Freiburg 2014. S. 30 ff.

Aufgabenstellung Punkte

2.1 Die im Text angesprochene Regel- und Strukturbildung von Kindern wird oft mit der kognitiven Entwicklungstheorie von Piaget erklärt. Stellen Sie die wesentlichen Annahmen und Grundbegriffe dieser Theorie dar und erklären Sie damit ein Beispiel aus dem Text.
Hinweis: Eine Darstellung der Stufen der Denkentwicklung nach Piaget wird hier nicht erwartet. 12

2.2 Leiten Sie aus der Entwicklungstheorie Piagets pädagogische Folgerungen ab, wie die kognitive Entwicklung von Kindern angeregt werden kann. 6

2.3 Bildung wird aktuell oft als ein Prozess der Selbstbildung und Ko-Konstruktion beschrieben. Erläutern Sie diese beiden Aspekte auch unter Zuhilfenahme des Textes „Wie Kinder lernen“. 6

2.4 Stellen Sie dar, was man in der Entwicklungspsychologie unter „kritischer“ und „sensibler Phase“ versteht, und erläutern Sie Ihre Ausführungen mit jeweils einer geeigneten Passage des Textes „Wie Kinder lernen“. 6

30

Lösungsvorschläge

2.1 *Bei dieser Aufgabe sollen Sie wesentliche Annahmen und Grundbegriffe der Theorie Piagets* ***darstellen*** *(Anforderungsbereich 2), also strukturiert wiedergeben. Außerdem sollen Sie mithilfe dieser Annahmen und Grundbegriffe ein von Ihnen gewähltes Beispiel aus dem Text* ***erklären*** *(Anforderungsbereich 2).*
Zur Bearbeitung sind zwei Vorgehensweisen denkbar: Sie können den Textbezug nach jeder Darstellung eines Grundbegriffes einfließen lassen oder Sie stellen zunächst die Theorie dar und beziehen sich im Anschluss auf ein Beispiel aus dem Text.
Alternativ zu dem in diesem Lösungsvorschlag verwendeten Textbeispiel wären auch folgende Passagen verwendbar: „wenn zwei Gegenstände zusammenstoßen, macht das Krach" (Z. 17/18), „Sprachentwicklung" (Z. 12), „Honig ist süß" (Z. 17), „Gehörtes und Gesehenes zusammen zu verarbeiten" (Z. 23) und „Prinzipien von Ursache und Wirkung oder von Schwerkraft und Gewicht" (Z. 26/27).
In der Literatur wird sowohl von Adaption als auch von Adaptation gesprochen. Beide Begriffe sind daher für die Bearbeitung möglich.

Piaget erforschte die **kognitive Entwicklung** von Kindern. Er geht davon aus, dass jeder Mensch mit einer ganzen Reihe von **angeborenen Reflexen** zur Welt kommt. Darüber hinaus sieht er jeden Menschen durch die angeborene Tendenz zur **Organisation** mit dem Drang ausgestattet, aktiv nach Reizen zu suchen und auf sie zu reagieren.
Die Entwicklung besteht für Piaget dann darin, dass sich durch die Reize und die darauffolgenden Reaktionen „**innere Strukturen**" aufbauen, die das Antwortverhalten des Kindes ständig modifizieren und optimieren. Diese Strukturen nennt er „**kognitive Schemata**". Reflexe sind die ersten angeborenen Schemata. Durch Erfahrungen werden die Schemata immer differenzierter, erweitern sich ständig und strukturieren eine immer komplexer werdende Art des Wissens über die Welt.
In der Interaktion mit den Dingen und Menschen bildet das Kind seine Vorstellungen von der Welt aus. Dadurch kann es sich immer besser seiner Lebenswelt anpassen. Piaget nennt diesen Vorgang „**Adaptation**". Immer dann, wenn neue Erfahrungen nicht mit den bisherigen Vorstellungen des Kindes übereinstimmen, entsteht eine Spannung, die durch Adaptation ausgeglichen werden muss. Nach Piaget geschieht dies durch zwei sich ergänzende Vorgänge:
Wenn das Neue an die schon bestehenden Vorstellungen angepasst werden kann, spricht Piaget von **Assimilation**. Es werden Ähnlichkeiten festgestellt und die neuen Erfahrungen werden in die schon vorhandenen Kategorien eingeordnet.
Gelingt das nicht, weil die neuen Erfahrungen nicht in die vorhandenen Kategorien passen, müssen neue Kategorien gefunden werden, um die Vorstellungen wieder an die Welt anzupassen. Piaget nennt diesen Prozess **Akkommodation**.
Dieses Wechselspiel von Assimilation und Akkommodation wird so lange praktiziert, bis ein befriedigender Gleichgewichtszustand zwischen kognitiven Struk-

turen und Umwelteindrücken hergestellt ist. Dieses Herstellen des Gleichgewichts nennt Piaget **Äquilibration**.
Zur Erklärung der **Regel- und Strukturbildung** soll hier die Textaussage „Wenn die Sonne scheint, wird es warm" (Z. 16/17) dienen. Babys besitzen bei der Geburt noch kein Schema über den Zusammenhang zwischen Wärme und Sonne. Erst durch die wiederholte Erfahrung bildet das Kind aufgrund der Tendenz zur Organisation und sich anschließender Adaptationsprozesse das kognitive Schema aus „Wenn die Sonne scheint, ist es warm". An sonnigen Tagen wird das Kind durch Assimilation die Schlussfolgerung ziehen, dass es draußen warm ist. Macht das Kind jedoch z. B. an einem Wintertag oder bei Aprilwetter die Erfahrung, dass es trotz Sonnenschein kalt ist, geraten seine kognitiven Strukturen in ein Ungleichgewicht. Jetzt müssen Akkommodationsprozesse stattfinden, um das kognitive Gleichgewicht (Äquilibrium) wiederherzustellen. Durch das Wechselspiel von Assimilation und Akkommodation wird das ursprüngliche Schema immer weiter differenziert und verfeinert.

2.2 *Bei dieser Aufgabe sollen Sie pädagogische Folgerungen* ***ableiten*** *(Anforderungsbereich 2), also sachgerechte Schlüsse für die Förderung von Kindern aus Piagets Entwicklungstheorie ziehen.*

Die pädagogische Anwendung der Erkenntnisse Piagets bietet sich für alle Lebensbereiche an, in denen sich Kinder mit ihrer Umwelt auseinandersetzen, insbesondere im **Kindergarten**, in der **Schule** und natürlich in der **Familie**. In allen drei Institutionen sollten den Kindern einerseits **Freiräume** zum Spielen, Explorieren, Wiederholen usw. gelassen werden, andererseits aber auch **Assimilations- und Akkommodationsprozesse** angeregt werden. Hier sind die Reize so zu setzen, dass möglichst viele Sinne einbezogen sind. Kinder müssen die Möglichkeit haben, mit unterschiedlichen Materialien haptisch hantieren zu können. Eine rein sprachliche Annäherung reicht nicht aus. Gleichwohl ist es wichtig, von Lebensbeginn an mit den Kindern viel zu sprechen, denn Sprache hilft den Kindern beim Aufbau ihrer kognitiven Strukturen.
Kindliche Fehlurteile müssen behutsam und wertschätzend korrigiert werden. Dies kann z. B. durch **kritisches Nachfragen** oder **korrektives Feedback** geschehen. So kann das dadurch entstehende Ungleichgewicht durch Akkommodation ausgeglichen werden. So bedeutend die Darbietung von **Impulsen** und **Reizen** für die kindliche Entwicklung ist, so wichtig ist es auch, dass das **individuelle Lerntempo** des Kindes beachtet wird. Dabei müssen die Fähigkeiten und Fertigkeiten des Kindes im Blick behalten werden, um Über- und Unterforderungen zu vermeiden. Beides wäre für die Ausbildung kognitiver Schemata ungünstig. Lerninhalte sollten nach Möglichkeit so aufgebaut sein, dass sie an Vorwissen anknüpfen. Wenn neue Erfahrungen einerseits eine assimilierbare Basis haben, andererseits aber durch ihren Herausforderungscharakter auch Akkommodation notwendig machen, führt dies zum Streben nach Äquilibration. Elementar für alle bisher ausgeführten Anregungen ist eine stabile emotionale Beziehung zwi-

schen dem Erziehenden und dem Kind. Nur in einem **wertschätzenden, angstfreien Erziehungsklima** sind Explorationsverhalten und damit das Knüpfen neuer kognitiver Strukturen möglich.

2.3 *Nun sollen Sie* ***erläutern*** *(Anforderungsbereich 2), warum Bildung als Selbstbildung und Ko-Konstruktion bezeichnet wird. D. h., Sie sollen diesen Sachverhalt durch zusätzliche Informationen veranschaulichen und verständlich machen. Dabei sollten Sie eigene Kenntnisse und Textaussagen einbeziehen.*

Bildung als Selbstbildung meint, dass der Mensch nicht von außen gebildet wird, sondern sich selbst seine Meinungen und Werte, sein Wissen usw. aneignet. Er ist von außen nicht steuerbar, wie beispielsweise das Modell des Nürnberger Trichters annahm, nach dem man den Menschen mit Wissen „befüllen“ kann. **Selbstbildung** ist ein **lebenslanger Prozess**, in dem sich ein Mensch Schritt für Schritt die Fähigkeiten und Fertigkeiten aneignet, die er braucht, um sein Leben eigenständig bewältigen zu können. Hierbei darf Selbstbildung aber nicht als Bildung missverstanden werden, die „von selbst“ geschieht. Zur Selbstbildung brauchen Kinder einen **positiven sozialen Dialog** zur Erziehungsperson. Eltern, Erziehern und Lehrern kommt bei der Selbstbildung somit ein wichtiger Part zu. Der vorliegende Text beschreibt dies wie folgt: „Jedes Kind braucht die Sicherheit, dass es sich auf eine erwachsene Bezugsperson verlassen kann. Diese Sicherheit setzt das Potenzial von Kindern frei, sich angstfrei und neugierig neuen Erfahrungen zuzuwenden, den Aktionsradius zu erweitern und aktiv und explorativ die Welt zu erkunden“ (Z. 42–45).
Diese Bedeutsamkeit der **sozialen Interaktion** für das Lernen wird in dem Begriff der **Ko-Konstruktion** aufgegriffen. Ko-Konstruktion lässt sich als Lernen durch Zusammenarbeit beschreiben. Demnach lernen Kinder, die Welt zu verstehen, indem sie sich mit anderen Menschen austauschen. Dies wird im Text wie folgt beschrieben: „Kinder lernen miteinander und voneinander. Sie lernen von Gleichaltrigen, aber auch von älteren und jüngeren Kindern. […] Kinder erhalten von anderen Kindern und Erwachsenen wesentliche Impulse“ (Z. 39–41). Solche Impulse könnten Fragen nach dem Sinn, dem Grund, der Zuordnung usw. sein und sollten sich nicht auf das Abfragen von Fakten beschränken.

2.4 *In dieser Aufgabe sollen Sie die Bedeutung der Begriffe „kritische Phase“ und „sensible Phase“* ***darstellen*** *(Anforderungsbereich 2) und Ihre Erklärung jeweils anhand einer passenden Textaussage* ***erläutern*** *(Anforderungsbereich 2).*

Eine **kritische Phase** ist ein bestimmter Zeitabschnitt im Leben eines Menschen, in dem Verhaltensweisen und Fähigkeiten dauerhaft, grundlegend und irreversibel, also unumkehrbar, festgelegt werden. Eine Änderung oder Aneignung ist zu einem späteren Zeitpunkt nicht mehr möglich. Die Absolutheit dieser Aussagen ist jedoch zu hinterfragen. In der modernen Entwicklungspsychologie wird hauptsächlich die embryonale Entwicklung als kritische Phase bezeichnet. Einige

Autoren beschreiben aber auch eine kritische Phase in der Sprachentwicklung. Folgt man dieser Auffassung, könnte die im Text erwähnte Sprachentwicklung (Z. 35/36) der kritischen Phase zugeordnet werden. Diese Zuordnung ist aber in der Fachdiskussion zumindest strittig.

In der heutigen Entwicklungspsychologie hat sich der Begriff der **sensiblen Phase** durchgesetzt. Eine sensible Phase ist demnach ein Zeitabschnitt in der Entwicklung, in dem der Mensch bestimmte Fähigkeiten und Verhaltensweisen besonders gut erlernen kann. Sind sie einmal erworben, können sie nach dieser Phase nur schwer oder nur teilweise geändert werden. Diese Definition schreibt zwar ebenfalls bestimmten Zeitfenstern eine für den Entwicklungsverlauf elementare Bedeutung zu, sieht aber anders als bei der kritischen Phase auch außerhalb dieses Fensters noch Entwicklungsmöglichkeiten. Der Text beschreibt die sensible Phase wie folgt: „Kann ein Kind die lernintensive Zeit nicht nutzen, hat es im späteren Alter immer größere Mühe, das Versäumte nachzuholen" (Z. 31/32). Zudem könnte als Beispiel aus dem Text die Entwicklung des Urvertrauens (vgl. Z. 35/36) der sensiblen Phase zugeordnet werden. Nicht erworbenes Urvertrauen lässt sich in späteren Entwicklungsphasen nur schwer entwickeln, es ist aber grundsätzlich möglich.

Abiturprüfung an den beruflichen Gymnasien (SGGS)
Profilfach Pädagogik/Psychologie 2016 – Aufgabe 3

Inhaltliche Schwerpunkte: Kommunikation und Interaktion, Erziehungsmaßnahmen

Ein Streitgespräch

Familie Krämer hat einen Sohn im Alter von 15 Jahren, der in die 10. Klasse der Realschule geht. Seit einiger Zeit bringt er nur noch schlechte Klausuren nach Hause und es besteht die Gefahr, dass Tom die Abschlussprüfung nicht bestehen könnte.

Tom kommt wieder mit einer schlechten Klausur nach Hause und es ergibt sich folgende Situation: Der Vater sieht sich die Klausur an und schimpft: „Du bist so verantwortungslos, denk doch an deine Zukunft! Der vierte Fünfer in einem Monat: Englisch, Biologie, Sport und Mathematik, so kann das nicht weitergehen, Tom." Dieser reagiert abweisend: „Na und? Jetzt schrei bloß nicht los! Es gibt Wichtigeres als Schule!" Mit diesen Worten verlässt er das Zimmer.

Als er wieder zurückkommt, meint er zu seinem Vater: „Weißt du was, du lässt mich nicht erwachsen werden, gibst mir ständig was vor und bist wie ein Oberaufseher in einem Gefängnis. Ich habe keinen Bock mehr auf deine ewigen Ratschläge und Vorträge über das Leben!" Der Vater reagiert, indem er meint: „Aber Schule ist wichtig, du brauchst doch einen Beruf. Um das zu erreichen, musst du mehr lernen. Alleine schaffst du das doch nicht. Du brauchst meine Hilfe, du bist einfach zu unreif und zu naiv. Du bist kein Kleinkind mehr und musst dich endlich benehmen, wie es sich für dein Alter gehört! Ständig muss ich dich kontrollieren. Werde endlich selbstständig! Dein Smartphone kommt erst mal weg, dann kannst du dich auf die Schule konzentrieren." Der Vater nimmt Tom das Smartphone aus der Hand.

Daraufhin verlässt Tom wutentbrannt das Zimmer mit den Worten: „Du sagst, dass du mich ernst nimmst und dass ich dir wichtig bin, nimmst mir aber das Smartphone ab, als wäre ich fünf Jahre alt. Du motzt mich immer nur an. Du bist schuld, dass ich nicht erwachsen werden kann."

Aus einem unveröffentlichten Manuskript

Aufgabenstellung Punkte

3.1 Erläutern Sie die Axiome der Kommunikation nach Watzlawick und gehen Sie dabei auch auf mögliche Verstöße gegen die Axiome ein. Analysieren Sie auf dieser Basis die im Dialog zwischen Tom und seinem Vater vorliegenden Störungen der Kommunikation. Beschränken Sie Ihre Analyse des Dialogs auf jeweils eine Störung je Axiom. 15

3.2 Beschreiben Sie, was man unter einer Ich-Botschaft versteht. Formulieren Sie die Aussage in Z. 5/6 *„Du bist so verantwortungslos, denk doch an deine Zukunft!"* in eine Ich-Botschaft um. 4

3.3 Stellen Sie mögliche Wirkungen von Ich-Botschaften dar. 5

3.4 Ordnen Sie den Entzug des Smartphones durch den Vater (siehe oben Z. 18/19) begründet einer Erziehungsmaßnahme zu. Leiten Sie mögliche Auswirkungen dieser Erziehungsmaßnahme auf das Verhalten und Erleben von Tom ab. 6

30

Lösungsvorschläge

3.1 *Zunächst sollen Sie Watzlawicks Axiome der Kommunikation* ***erläutern*** *(Anforderungsbereich 2), also veranschaulichen und verständlich machen. Zudem sollen Sie auf mögliche Verstöße gegen diese Axiome eingehen.*
Zur Bearbeitung sind zwei Vorgehensweisen denkbar: Sie können die Axiome, die Verstöße und die Fallanalyse nacheinander bearbeiten oder die Erläuterungen wie im vorliegenden Lösungsvorschlag für jedes Axiom zusammenführen.

Paul Watzlawick hat in seiner Kommunikationstheorie **fünf Axiome** (Grundregeln) aufgestellt, die die **menschliche Kommunikation** erklären sollen. Axiome sind Gültigkeitsannahmen, die aber keiner wissenschaftlichen Beweisbarkeit unterliegen.
Nachfolgend werden die einzelnen Axiome vorgestellt, mögliche Verstöße beschrieben und auf das Fallbeispiel bezogen.

1. Axiom: Man kann nicht nicht kommunizieren.
Jede Kommunikation, egal ob verbal, nonverbal oder paraverbal, ist Verhalten. So wie man sich nicht nicht verhalten kann, kann man auch nicht nicht kommunizieren. Verstöße gegen dieses Axiom bestehen z. B. darin, die Kommunikation des Senders zu ignorieren, abzuwerten oder nur widerwillig anzunehmen. Tom verstößt gegen dieses Axiom, indem er während des Streitgesprächs mit dem Vater das Zimmer verlässt (vgl. Z. 8/9 und 20). Auch wenn Tom wahrscheinlich davon ausgeht, sich der Kommunikation mit seinem Vater entzogen zu haben, kommuniziert er durch sein Verlassen des Raumes die Tatsache, dass er nicht mehr mit seinem Vater sprechen will.

2. Axiom: Jede Kommunikation hat einen Inhalts- und einen Beziehungsaspekt, wobei der Beziehungsaspekt den Inhaltsaspekt bestimmt.
Durch den Inhaltsaspekt werden Informationen vermittelt. Durch den Beziehungsaspekt wird die Beziehung zwischen Empfänger und Sender deutlich. Eine rein informative Kommunikation gibt es nicht. In jeder Äußerung ist eine Beziehungsaussage enthalten. Wird eine negative Beziehung auf der Inhaltsebene ausgetragen oder die Beziehung durch ungleiche Emotionen bestimmt, spricht man von einem Verstoß gegen das zweite Axiom. Tom und sein Vater tragen ihren Beziehungskonflikt auf der inhaltlichen Ebene aus. Beispiele sind Sätze wie „Es gibt Wichtigeres als Schule" (Z. 8/9) oder „Schule ist wichtig" (Z. 13/14). Hinter beiden Aussagen steckt jeweils nicht nur eine inhaltliche Differenz, sondern auch der Vorwurf auf der Beziehungsebene: „Ich bin unzufrieden mit dir."

3. Axiom: Jede Kommunikation ist immer Ursache und Wirkung.
Auf jeden Reiz folgt eine Reaktion. Dadurch entsteht eine Verhaltenskette, die auch als Interpunktion bezeichnet wird. Jeder Reiz ist zugleich auch Kommunikation. Somit verläuft die Kommunikation kreisförmig. Es gibt keinen Anfangspunkt der Kommunikation. Ein Verstoß gegen dieses Axiom wäre die Annahme, dass der Gesprächspartner die gleichen Informationen besäße wie man selbst.

Durch diese Annahme kommt es nicht selten zu selbsterfüllenden Prophezeiungen, d. h., dass sich der Gesprächspartner genauso verhält, wie man es erwartet hat. Ein weiterer Verstoß wären unterschiedliche Interpunktionen, d. h., das Verhalten des anderen wird als Begründung für das eigene Verhalten angesehen. Dies passiert bei Tom und seinem Vater in folgendem Dialog: Tom: „[…] du lässt mich nicht erwachsen werden, gibst mir ständig was vor […]" (Z. 10/11). Vater: „Du […] musst dich endlich benehmen, wie es sich für dein Alter gehört! Ständig muss ich dich kontrollieren. Werde endlich selbstständig" (Z. 16–18). Der Vater wirft Tom also vor, dass er ihn kontrollieren muss, weil er unselbstständig ist; Tom hingegen findet, dass seine Unselbstständigkeit durch das Verhalten des Vaters hervorgerufen wird.

4. Axiom: Menschliche Kommunikation bedient sich analoger und digitaler Modalitäten.
In der Kommunikation kann man sich z. B. durch Lächeln, Wegblicken oder durch das gesprochene Wort mitteilen. Watzlawick bezeichnet den Inhaltsaspekt einer Nachricht als digital, den Beziehungsaspekt als analog. Analoge Kommunikation ist mehrdeutig und kann unterschiedlich aufgefasst werden. Eine mögliche Fehlinterpretation des Empfängers, inkongruente Botschaften des Senders oder die einseitige Wahl einer Modalität stellen Verstöße gegen dieses Axiom dar. Die Aussage des Vaters „Du bist kein Kleinkind mehr" (Z. 16) ist inkongruent mit seiner Handlung: Einerseits bedeutet die Aussage im Umkehrschluss auf der digitalen Ebene „Du bist erwachsen", andererseits nimmt der Vater Tom in dieser Situation sein Smartphone weg und behandelt ihn auf der analogen Ebene somit wieder als Kind.

5. Axiom: Kommunikation ist symmetrisch oder komplementär.
Ist die Kommunikation symmetrisch, kommunizieren zwei gleich starke Partner wie z. B. Freunde oder Ehepartner miteinander. Ist sie komplementär, gibt es einen „superioren" und einen „inferioren" Partner, die sich in ihrem Verhalten ergänzen, z. B. Lehrer und Schüler, Arzt und Patient, Eltern und Kind. Ein Verstoß gegen dieses Axiom liegt vor, wenn eine starre Komplementarität oder eine symmetrische Eskalation entsteht, d. h. die Partner versuchen, sich gegenseitig auszustechen. Im beschriebenen Beispiel kommt es zu einer starren Komplementarität: In der gesamten Kommunikation verharrt der Vater in seiner Primärposition und zwingt seinen Sohn in die Sekundärposition. Dies wird besonders deutlich, wenn er ihn durch den Entzug des Smartphones bestraft.

3.2 *Bei dieser Aufgabe sollen Sie die Bedeutung des Begriffs „Ich-Botschaft"* ***beschreiben*** *(Anforderungsbereich 2), also Sachverhalte und Zusammenhänge strukturiert und fachsprachlich richtig mit eigenen Worten wiedergeben.*
Die Erläuterung der Wunschaussage ist für die Erreichung der vollen Punktzahl nicht zwingend erforderlich, sondern ist davon abhängig, auf welches Modell Sie sich bei der Bearbeitung der Aufgabe beziehen. Das Modell von Thomas Gordon sieht sie z. B. nicht explizit vor.

Ich-Botschaften sind Rückmeldungen, die vom Empfänger eher angenommen werden. Eine wirksame **Ich-Botschaft** besteht nach Gordon aus **drei Teilen:**

1. der Beschreibung des nicht akzeptablen Verhaltens
2. dem Gefühl
3. dem greifbaren Effekt

Die Ich-Botschaft kann durch eine **Wunschaussage** erweitert werden. Angewendet auf den Satz „Du bist so verantwortungslos, denk doch an deine Zukunft" (Z. 5/6) könnte die Umformulierung folgendermaßen lauten: „Deine schulischen Leistungen (inakzeptables Verhalten) beunruhigen mich (Gefühl), da ich dadurch deine berufliche Zukunft gefährdet sehe (greifbarer Effekt). Erweitert um die Wunschaussage könnte hinzugefügt werden: „Ich wünsche mir deshalb, dass du mehr Zeit ins Lernen investierst."

3.3 *Nun sollen Sie **darstellen** (Anforderungsbereich 2), wie sich die Verwendung von Ich-Botschaften in der Kommunikation auswirken kann.*

Ich-Botschaften sind **angriffsarm** formuliert. Somit erfährt der Gesprächspartner Kritik auf **partnerschaftlicher Ebene**. Er merkt, dass sein Verhalten eventuell eine ungewollte Wirkung hervorgerufen hat, und kann selbst entscheiden, ob er sein Verhalten diesbezüglich künftig ändern will oder nicht. Da Ich-Botschaften die **Meinungen und Gefühle des Senders** enthalten, findet keine Bevormundung des Empfängers statt und die Verantwortung für sein Handeln bleibt bei ihm. Zudem führt die **Selbstkundgabe** des Senders ggf. dazu, dass auch der Empfänger mit Ich-Botschaften antwortet und somit das Gespräch gelingt.

3.4 *Diese Aufgabe verlangt von Ihnen, die Handlung des Vaters einer Erziehungsmaßnahme zuzuordnen. Achten Sie dabei darauf, dass Sie Ihre Zuordnung begründen. Außerdem sollen Sie aus Ihrer Zuordnung **ableiten** (Anforderungsbereich 2), wie sich diese Erziehungsmaßnahme auf Toms Verhalten und Erleben auswirkt.*

Die Intervention der Vaters ist eine **direkte Erziehungsmaßnahme**. Durch die Wegnahme des Smartphones wird ein **angenehmer Reiz entfernt**. Dies wird in der Kontingenztheorie als Bestrafung 2. Art beschrieben. Das Ziel ist, dass Toms negatives Verhalten in Zukunft seltener auftreten soll, weil er dem Entzug des Smartphones künftig entgehen möchte. Der Einsatz von Strafe ist aus pädagogischer Sicht jedoch problematisch, denn Strafe führt nicht zwingend zur **Einsicht**. Vielleicht verändert Tom tatsächlich kurzfristig sein Verhalten, erlebt dies aber als verlorenen Machtkampf. Durch diese **negative Emotion** kann es sogar geschehen, dass eine Einsicht über die Wichtigkeit eines guten Schulabschlusses verhindert wird. Tom könnte zudem künftig versuchen, solchen Situationen durch Flucht und Vermeidungsverhalten zu entgehen. So könnte er z. B. sein Lernverhalten nur vortäuschen. Zudem ist Strafe ungeeignet, um positive Beziehungen aufzubauen, sie kann sogar zu einer **Störung in der Beziehung** führen. Das Verhältnis zwischen Tom und seinem Vater ist bereits angespannt. Die Wegnahme des Smartphones kann das Beziehungsverhältnis somit zusätzlich belasten. Bestrafung ist eine Demonstration von Macht und führt oft dazu, dass sich der zu Erziehende minderwertig oder unterlegen fühlt. Tom äußert sich diesbezüglich wie folgt: „Du sagst, […] dass ich dir wichtig bin, nimmst mir aber das Smartphone ab, als wäre ich fünf Jahre alt“ (Z. 20–22). Nicht zuletzt kann durch Strafe **Aggression** entstehen, die sich im Fallbeispiel dadurch andeutet, dass Tom wutentbrannt das Zimmer verlässt (vgl. Z. 20).

Abiturprüfung an den beruflichen Gymnasien (SGGS)
Profilfach Pädagogik / Psychologie 2016 – Aufgabe 4

Inhaltliche Schwerpunkte: Annahmen und Vorgehensweisen systemischer Arbeit, Identitätsbildung im Jugendalter

Familie Mai

[Familie Mai entschließt sich zu einer Therapie] und erscheint zum Familiengespräch mit dem erstgeborenen 18-jährigen Frank. Das Paar hat noch einen 14-jährigen Sohn, Gerd. Frank ist stark übergewichtig (170 cm, 150 kg), leidet unter Atemnot, ist phlegmatisch und lässt […] die Schule schleifen.

Ein kurzer Auszug aus dem Gespräch:

Therapeut *(zu Frank):* Angenommen, du entscheidest dich, dein Wissen um deine Gesundheit und Schule umzusetzen, und die Dinge entwickeln sich positiv. Du bekommst eine Lehrstelle, nimmst ab usw. Worüber werden deine Eltern dann noch reden?

Frank *(überlegt):* Keine Ahnung. Die finden bestimmt etwas. Es gibt so viele Dinge, über die sie reden könnten. Vielleicht sogar müssten.

Therapeut: Worüber denn beispielsweise?

Frank: Na ja. Ob sie mal wieder gemeinsam in Urlaub fahren. Da können die sich nämlich nicht einigen. Papa will und Mama nicht.

Therapeut *(zum Vater):* Wie sehen Sie das?

Vater: Ich weiß auch nicht so genau, aber ich bin da optimistisch. Da gibt es noch so viel zu tun.

Therapeut: Zum Beispiel?

Vater: Na ja, wie unser Leben dann weitergeht. Was wir gemeinsam machen könnten. […]

Mutter: Also, ich glaube, dann reden wir kaum noch etwas. Ich wüsste, ehrlich gesagt, auch nicht, worüber wir dann reden sollten. […]

Therapeut: Da könnte man auf die Idee kommen, dass das Problem mit dem Zu-viel-Essen und der Schule mit der [Sprachlosigkeit zwischen den Eltern] zusammenhängen könnte. Vielleicht ist es auch sehr plausibel. Immerhin wird im Moment dadurch Schlimmeres verhindert. Eine mögliche Trennung vielleicht.

Frank: Mmh.

Therapeut: Andererseits behindert es deine Eltern und auch dich selbst darin, sich eigenen Aufgaben zu widmen, die dann ja vielleicht gut ausgehen und bessere Effekte nach sich ziehen, als man es jetzt glaubt. Da kann man echt gespannt sein.

[Inzwischen haben mehrere Gespräche stattgefunden. Frank hat seine Essensgewohnheiten verändert und einige Kilogramm Gewicht abgenommen. Er hat ein gemeinsam mit seinem Vater begonnenes Fitnessprogramm wieder aufgegeben, da er

unabhängig von seinem Vater trainieren möchte. Was schon oft diskutiert wurde, jetzt aber erst umgesetzt wird: Frank hat sich verbindlich für acht Wochen in einer Spezialklinik angemeldet, um andere Essensgewohnheiten zu trainieren. Er hat seit einigen Monaten eine feste Freundin. Die Eltern haben einen gemeinsamen Urlaub ohne die beiden Kinder gebucht und die Mutter hat eine Halbtagsstelle in einer Boutique angenommen. Insgesamt deutet sich damit eine Hinwendung zu den anstehenden Entwicklungsaufgaben an.]

Rudolf Klein und Andreas Kannicht: Einführung in die Praxis der systemischen Therapie und Beratung. Heidelberg: Auer 2011, S. 67 ff. Aus didaktischen Gründen gekürzt und verändert. Veränderungen durch eckige Klammern kenntlich gemacht.

Aufgabenstellung — Punkte

4.1 Stellen Sie dar, was man in der systemischen Arbeit unter einem System, unter Symptomen und unter einem dynamischen Gleichgewicht versteht. Erläutern Sie Ihre Ausführungen am Beispiel der Familie Mai. — 8

4.2 ***Vater und Sohn Frank (18 Jahre) zuhause:***

Vater (zu Frank): Jetzt hast du wieder keine Bewerbung geschrieben! Wo soll das enden?
Frank: Ja, ja! Glaubst du, ich weiß das nicht selbst? Jetzt lass mich endlich in Ruhe!
Vater: Das weiß doch jeder, dass Faulpelze keine Lehrstelle finden.
Frank: Das ist allein meine Sache, wenn du mir so Druck machst, mach ich erst recht nichts.

Erklären Sie das Prinzip der Zirkularität am Beispiel des Gesprächs zwischen Vater und Sohn zuhause. — 6

4.3 Der Therapeut setzt die Techniken des zirkulären Fragens und des Hypothetisierens ein. Stellen Sie die Vorgehensweisen des zirkulären Fragens und des Hypothetisierens sowie deren Zielsetzungen dar. Erläutern Sie Ihre Darstellung dann anhand der im Text „Familie Mai" vorgegebenen Beispiele. — 8

4.4 Am Ende des Textes „Familie Mai" wird von Entwicklungsaufgaben gesprochen. Die Entwicklung von Identität gilt als Entwicklungsaufgabe im Jugendalter. Stellen Sie Marcias typische vier Identitätszustände dar und ordnen Sie Franks Verhalten vor und nach der Therapie begründet einem Identitätszustand nach Marcia zu. — 8

30

Lösungsvorschläge

4.1 *Diese Aufgabe verlangt von Ihnen, aus systemischer Sicht die Bedeutung der Begriffe „System", „Symptom" und „dynamisches Gleichgewicht"* ***darzustellen*** *und anhand des Textbeispiels zu* ***erläutern*** *(Anforderungsbereich 2).*

Systeme entstehen durch die Unterscheidung von Elementen, die innerhalb und außerhalb des Systems liegen. Die Systemelemente beeinflussen und erschaffen sich wechselseitig, z. B. durch Kommunikation. Zudem wird zwischen lebenden und nicht lebenden Systemen unterschieden. Bei der Familie Mai handelt es sich um ein **lebendes System**. Die Systemelemente innerhalb des Systems sind die Mutter, der Vater sowie die beiden Söhne Gerd und Frank. Sie beeinflussen sich durch ihre Kommunikation und ihr Handeln gegenseitig. Außen liegende Systemelemente sind das soziokulturelle Umfeld der Familie – Schule, Arbeitsplatz usw.
Symptome werden in der Systemtheorie als **Zuschreibungen** betrachtet. Sie entstehen prozesshaft in Handlungs- und Kommunikationsprozessen und repräsentieren das System. Die Personen, bei denen die Symptome sichtbar sind, werden daher als **Symptomträger** bezeichnet. Der Symptomträger im vorliegenden Fall ist Frank. Sein Übergewicht, seine phlegmatischen Verhaltensweisen und seine Schulprobleme stehen stellvertretend für die Probleme in der Familie.
Das **dynamische Gleichgewicht** entsteht durch Synergetik. **Synergetik** bedeutet, „vom Chaos zur Struktur" zu gelangen. Durch Energiezufuhr erhält ein System seine Stabilität; es kann aber auch instabil werden, wenn die Einwirkungen nicht zu der Struktur des Systems passen. Nun versucht es, durch **Autopoiese** ein neues Gleichgewicht zu finden. Im alten Systemzustand der Familie Mai fanden keine Weiterentwicklungsprozesse statt. Aufgrund der Gespräche mit der Therapeutin kam das Familiensystem durch Verstörungen, sogenannte **Perturbationen**, zunächst in ein Ungleichgewicht, jedoch entwickelte sich durch synergetische Prozesse ein neues Gleichgewicht und somit ein veränderter Systemzustand der Familie. Die Eltern kümmern sich nun um ihre Beziehung, Frau Mai tritt eine Halbtagsstelle an und Franks Symptome verringern sich. Er stimmt einem Klinikaufenthalt zu und geht eine Beziehung ein (vgl. Z. 31–38).

4.2 *Bei dieser Aufgabe sollen Sie anhand des Dialogs das Prinzip der Zirkularität* ***erklären*** *(Anforderungsbereich 2), also das Prinzip mithilfe eigener Kenntnisse in einen Zusammenhang einordnen und diesen nachvollziehbar und verständlich machen.*

Zirkularität ist das **zentrale Prinzip kybernetischen Denkens**. Der Begriff Kybernetik ist griechisch und bedeutet **Steuermannskunst**. Das Prinzip versucht, das Verhalten der Systemelemente als Regelkreis zu beschreiben, sodass es in einem **Kreislaufprozess** sichtbar wird. Diese Annahmen unterscheiden sich elementar von einem linearen Denken. Hier gilt die Ursache-Wirkungs-Annahme; es gibt also klare Wenn-Dann-Zuschreibungen. Das Prinzip der Zirkularität geht im Gegensatz dazu davon aus, dass **Dinge in der Welt nicht isoliert vorkommen**, sondern immer in **Wechselwirkung** zu vielen Faktoren stehen und sich rekursiv aufeinander beziehen. Die Verhaltensmuster bilden sich durch Interpunktion aus der Kommunikation heraus.

In der Familie Mai beziehen Vater und Sohn ihr Verhalten aufeinander. Einen Anfang zu definieren ist nicht möglich. Diese Interpunktion wird im Beispiel deutlich. Der Vater übt bezüglich der nicht geschriebenen Bewerbung Druck auf Frank aus. Dieser reagiert uneinsichtig: „Jetzt lass mich endlich in Ruhe!" Daraufhin erhöht der Vater den Druck: „Das weiß doch jeder, dass Faulpelze keine Lehrstelle finden", worauf der Sohn noch ablehnender reagiert: „[…] wenn du mir so Druck machst, mach ich erst recht nichts."

Das Verhalten des Vaters bezieht sich also zirkulär auf das Verhalten des Sohnes und dieser bezieht sein Verhalten wiederum auf das Verhalten des Vaters.

4.3 *Nun sollen Sie die therapeutischen Vorgehensweisen des zirkulären Fragens und des Hypothetisierens sowie deren Zielsetzungen* ***darstellen*** *(Anforderungsbereich 2).* ***Erläutern*** *Sie anschließend Ihre Ausführungen anhand der im Text beschriebenen Beispiele (Anforderungsbereich 2).*

Bei der Technik des **zirkulären Fragens** findet das Prinzip der Zirkularität seine Anwendung. Ziel des zirkulären Fragens ist es, mehr über die **Interaktionsabläufe sozialer Systeme** zu erfahren und Ideen über die Logik und deren Spielregeln zu entwickeln. Zudem werden dem System **indirekt neue Sichtweisen vorgeschlagen**, indem unausgesprochene Beziehungsqualitäten transparent gemacht werden. Ebenso haben die beteiligten Personen die Möglichkeit, sich in andere Positionen hineinzuversetzen und sich dabei auf einen **Perspektivwechsel** einzulassen. Alle Systemmitglieder können ihre individuelle Sicht der Dinge infrage stellen. Zur Klärung unterschiedlicher Sichtweisen bieten sich Fragen nach Unterschieden an, z. B.: „Wer freut sich am meisten, wer am wenigsten?" Um Beziehungsmuster zu beleuchten, helfen Fragen zur Wirklichkeitskonstruktion, z. B.: „Wer hat die Idee einer Trennung zum ersten Mal angesprochen?" Zur Klärung bislang nicht verwirklichter Muster stehen Möglichkeitsfragen, z. B. Wunderfragen, zur Verfügung. Der Therapeut bedient sich einer Möglichkeitsfrage, indem er zu Frank sagt: „Angenommen, du entscheidest dich, dein Wissen um deine Gesundheit und Schule umzusetzen, und die Dinge entwickeln sich positiv. Du bekommst eine Lehrstelle, nimmst ab usw. Worüber werden deine Eltern dann noch reden?" (Z. 6–9) Die Eltern werden also nicht direkt befragt. Frank muss zur Beantwortung der Frage einen Perspektivwechsel vornehmen, der dann mit der Wirklichkeitskonstruktion von Vater und Mutter abgeglichen werden kann.

Das **Hypothetisieren** hat eine **Ordnungsfunktion**. Ziel ist es, Informationen des Systems in relevant und irrelevant unterteilen zu können. Zudem hat die Hypothese aber auch eine **Anregungsfunktion**. Sie soll neue Sichtweisen ermöglichen, Überraschungen bieten und somit Unerwartetes und bisher Unwahrscheinliches fördern. Dadurch können neue Perspektiven und Möglichkeiten aufgezeigt werden. Nach Möglichkeit sollten alle Systemelemente in die Hypothese miteinbezogen sein.

Der Therapeut formuliert im vorliegenden Beispiel zwei Hypothesen:

- „Da könnte man auf die Idee kommen, dass das Problem mit dem Zu-viel-Essen und der Schule mit der [Sprachlosigkeit zwischen den Eltern] zusammenhängen könnte." (Z. 23–25)
  Er lenkt also durch seine Hypothese den Blick von Franks Symptomen auf die Paarebene. Dieser Blick wird in der zweiten Hypothese um den Aspekt vergebener Weiterentwicklungsmöglichkeiten für Frank und seine Eltern erweitert:
- „Andererseits behindert es deine Eltern und auch dich selbst darin, sich eigenen Aufgaben zu widmen […]" (Z. 28/29)

4.4 *Zur Bearbeitung sind zwei Vorgehensweisen denkbar. Sie können wie im vorliegenden Lösungsvorschlag zunächst die Identitätszustände* ***darstellen*** *(Anforderungsbereich 2) und dann Franks Verhalten zuordnen oder Sie nehmen die Zuordnung schon während der Beschreibung vor.*
Ob es sich bei Frank nach der Therapie um eine erarbeitete oder eine übernommene Identität handelt, kann kontrovers gesehen werden. Man könnte auch argumentieren, dass Frank die Werte seiner Eltern übernommen hat und es sich somit um eine übernommene Identität handelt. Beide Lösungsvorschläge sind mit entsprechender Begründung als richtig anzusehen.

James Marcia beschreibt vier Identitätstypen: die erarbeitete Identität, die übernommene Identität, die diffuse Identität und das Identitätsmoratorium.

Menschen mit einer **erarbeiteten Identität** haben selbstständig eigene Wert- und Zielvorstellungen entwickelt. Sie fühlen sich psychisch wohl, sind selbstsicher, beziehen eigene Standpunkte und wissen auch, wie sie ihre Zukunft gestalten wollen.

Menschen mit einer **übernommenen Identität** hingegen haben ihre Wert- und Zielvorstellungen, wie der Name schon sagt, übernommen. Sie akzeptieren eine vorgefertigte Identität, die sie meist von einer anderen, ihnen nahestehenden Autoritätsperson, z. B. Vater, Mutter, Lehrer, kopieren.

Menschen mit **diffuser Identität** fehlt eine klare Richtung in ihrem Sein. Sie haben weder konkrete Wert- und Zielvorstellungen noch streben sie danach. Sie reflektieren keine alternativen Lebensentwürfe, sind desorientiert und entscheidungsunfähig. Der Prozess der Identitätserarbeitung wird als zu bedrohlich oder überfordernd wahrgenommen. Darüber können sich die betroffenen Personen durchaus bewusst sein.

Menschen im **Identitätsmoratorium** schieben ihre Entscheidungen auf und haben sich noch nicht endgültig festgelegt. Sie testen unterschiedliche Werte und Ziele aus, die als Richtlinie für das eigene Leben passen könnten. Grundsätzlich sind sie jedoch bereit, diese Entscheidungen mittelfristig für sich zu treffen.

Vor der Therapie zeigt Frank ein Verhalten, das sich der diffusen Identität zuordnen lässt. Zur Schule und zu späteren beruflichen Perspektiven hat er keine eigenständige Position entwickelt. Dies ist ihm zwar bewusst, wie er im Gespräch mit dem Vater äußert, „Glaubst du, ich weiß das nicht selbst?“, er kann die Situation aber auch nicht für sich ändern.
Nach der Therapie kann Frank für sich Entscheidungen treffen. Er bricht das Fitnessprogramm mit seinem Vater ab und beschließt, eigenständig zu trainieren. Er entscheidet sich für eine Spezialklinik und geht eine Beziehung ein. All dies spricht für eine **erarbeitete Identität**.

Abiturprüfung an den beruflichen Gymnasien (SGGS)
Profilfach Pädagogik/Psychologie 2017 – Aufgabe 1

Inhaltliche Schwerpunkte: Behaviorismus, Erziehungsziele, Erziehungsstile

Warum französische Kinder keine Nervensägen sind

Warum werfen französische Kinder im Restaurant nicht mit Essen, sagen immer höflich Bonjour und lassen ihre Mütter in Ruhe telefonieren? [Als die amerikanische Journalistin] Pamela Druckerman der Liebe wegen nach Paris zieht und bald darauf ein Kind bekommt, entdeckt sie schnell, dass französische Eltern offensichtlich einiges anders machen – und zwar besser. […]

[Ihrer Recherche nach] geht „das moderne französische Erziehungsideal [unter anderem] auf Rousseau zurück“: […] „Wisst ihr, welches das sicherste Mittel ist, euer Kind unglücklich zu machen?“, schreibt er. „Dass ihr es daran gewöhnt, alles zu erlangen; denn seine Wünsche werden infolge der Leichtigkeit ihrer Befriedigung unaufhörlich wachsen, und deshalb wird euch wider euren Willen euer Unvermögen früher oder später zwingen, seinen Bitten eine Weigerung entgegenzusetzen.“ […]

[Zustimmung für diese Auffassung findet die Autorin in einem Interview mit Walter Mischel[1].] Laut Walter Mischel setzt man einen Teufelskreis in Gang, wenn man vor den Kindern kapituliert: „Erleben Kinder, dass man sie erst bittet zu warten, dann aber sofort angelaufen kommt, wenn sie schreien, werden sie sehr schnell lernen, dass Warten sich nicht lohnt. Nicht-Warten, Schreien, Weitermachen und Quengeln werden dagegen belohnt.“

[…] Von französischen Kindern wird nach wie vor erwartet, dass sie sich gut benehmen und sich beherrschen können, aber nach 1968 wurden sie gleichzeitig ermutigt, sich frei zu entfalten. […] „Genießen“ ist ein wichtiges Wort in diesem Zusammenhang. Französische Eltern wollen keine stummen, freudlosen, folgsamen Kinder. Sie glauben nur nicht, dass Kinder das Leben genießen können, wenn ihnen jegliche Selbstbeherrschung fehlt.

Druckerman, P.: Warum französische Kinder keine Nervensägen sind – Erziehungsgeheimnisse aus Paris. 2013, S. 87–122. Aus didaktischen Gründen gekürzt und verändert. Veränderungen durch eckige Klammern kenntlich gemacht.

1 Dieser wurde in den 1960er-Jahren mit seinem „Marshmallow-Test“ berühmt und damit zum „Experten für Belohnungsaufschub bei Kindern“.

Aufgabenstellung Punkte

1.1 Arbeiten Sie das erzieherische Verhalten und die daraus resultierenden Lernprozesse der Kinder heraus, die die Autorin Druckerman mit den Zitaten von Rousseau und Mischel andeutet (Z. 7–17). Erklären Sie die Lernprozesse auf der Grundlage einer behavioristischen Lerntheorie und stellen Sie diese Theorie dar. 12

1.2 Beschreiben Sie das Menschenbild der behavioristischen Lerntheorien und nehmen Sie kritisch Stellung zu dieser Theorie. 6

1.3 Definieren Sie den Begriff Erziehungsziel. Formulieren Sie in Anlehnung an den Text ein Erziehungsziel und begründen Sie dieses aus erziehungswissenschaftlicher Sicht auf zwei unterschiedliche Arten. 4

1.4 *Französische Eltern wollen keine stummen, freudlosen, folgsamen Kinder. Sie glauben nur nicht, dass Kinder das Leben genießen können, wenn ihnen jegliche Selbstbeherrschung fehlt.*

Erläutern Sie zwei Erziehungsstile, die geeignet sein könnten, diese Erziehungsvorstellung französischer Eltern umzusetzen. Begründen Sie Ihre Wahl. 8

30

Lösungsvorschläge

1.1 *Bei dieser Aufgabe sollen Sie das erzieherische Verhalten sowie die daraus folgenden Lernprozesse der Kinder aus dem Text herausarbeiten. Dabei sollen Sie diese Lernprozesse mithilfe eigener Kenntnisse einer behavioristischen Lerntheorie nachvollziehbar und verständlich machen. Zur Bearbeitung bieten sich die behavioristischen Lerntheorien „Lernen am Erfolg" nach Thorndike und das „Verstärkungslernen" nach Skinner an. Der nachfolgende Lösungsvorschlag basiert auf dem Verstärkungslernen nach Skinner.*

Rousseau und Mischel kritisieren das **inkonsequente Erziehungsverhalten** von Eltern, die auf der einen Seite ihren Kindern Grenzen setzen möchten, indem sie sie erst bitten, zu warten (vgl. Z. 14), dann aber sofort angelaufen kommen, wenn die Kinder schreien (vgl. Z. 15). Somit kommt es zu einer unbeabsichtigten **Verstärkung von unerwünschtem Verhalten**, was sich mit dem Verstärkungslernen nach Skinner erklären lässt. Das Verstärkungslernen wird dem **operanten Konditionieren** zugeordnet, das auch als instrumentelle Konditionierung bezeichnet wird.

Verstärkung meint einen Vorgang, aufgrund dessen ein Verhalten häufiger gezeigt wird. Es wird zwischen positiver und negativer Verstärkung unterschieden. Bei einer **positiven Verstärkung** tritt ein Verhalten häufiger auf, weil darauf positive Konsequenzen folgen oder bestehen bleiben. Dabei spielt die Beziehung zwischen dem Verhalten und der nachfolgenden Konsequenz, die als **Kontingenz** bezeichnet wird, eine wichtige Rolle. Bei einem positiven Verstärker ist die Konsequenz die Darbietung eines angenehmen Reizes. Man spricht in diesem Zusammenhang auch von **Belohnung erster Art**. Im Beispiel erfolgt diese Belohnung bzw. die angenehme Konsequenz des Verhaltens „Wünsche äußern" durch die prompte Wunscherfüllung durch die Eltern (vgl. Z. 9 f.).

Bei **negativen Verstärkern** wird ebenfalls ein Verhalten häufiger gezeigt, nun aber, weil dadurch unangenehme Konsequenzen vermindert, verhindert oder beendet werden können. Die entsprechende Kontingenz wäre die Entfernung eines unangenehmen Reizes. Man spricht hier von Belohnung zweiter Art. Die von Walter Mischel beschriebene unangenehme Situation des Wartens kann durch Quengeln und Schreien vermieden werden.

Weitere Kontingenzen wären die Darbietung eines unangenehmen Reizes, auch Bestrafung 1. Art genannt, und die Entfernung eines positiven Reizes, Bestrafung 2. Art genannt. Beide Kontingenzen kommen im vorliegenden Text jedoch nicht zur Anwendung. Auch auf die **Extinktion**, also die Abnahme der Häufigkeit eines erlernten Verhaltens aufgrund von Nichtverstärkung, bis dieses nur noch zufällig auftritt, geht der Text nicht ein.

Verstärkung kann kontinuierlich, intermittierend oder differenziell erfolgen. Bei kontinuierlicher Verstärkung wird Verhalten bei jedem Auftreten verstärkt, bei intermittierender Verstärkung nur hin und wieder. Bei der differenziellen Verstärkung wird unerwünschtes Verhalten ignoriert, erwünschtes Verhalten hingegen verstärkt. Das von Rousseau und Mischel beschriebene Erziehungsverhalten lässt sich der **kontinuierlichen und intermittierenden Verstärkung** zuordnen, je nachdem, ob den Kindern immer oder häufig ihre Wünsche erfüllt werden.

1.2 *Es wird in der Aufgabe eine **kritische Stellungnahme** erwartet. Diese kann vom hier angegebenen Lösungsvorschlag abweichen, solange sie auf fachwissenschaftlichen Argumenten basiert.*

Der Behaviorismus geht davon aus, dass der Mensch fast ausschließlich von Umweltreizen gesteuert wird. Dabei handelt es sich um eine mechanistische Vorstellung von menschlichem Verhalten, das einem **Reiz-Reaktions-Schema** folgt. Skinner zweifelte sogar den freien Willen des Menschen an. Nahezu jedes Verhalten ist aus Sicht des Behaviorismus erlernt und kann somit auch wieder verlernt werden. Damit einher geht eine **optimistische Grundhaltung**, die annimmt, dass Umwelt und Erziehung nahezu alles vermögen.
Der Behaviorismus hat seine Erkenntnisse hauptsächlich aus Experimenten mit Tieren gewonnen, deren Übertragung auf den Menschen zumindest fragwürdig ist. **Kognitive Prozesse** und **individuelle Lebensbiografien** werden **nicht berücksichtigt**. Folglich bleiben bei diesem Ansatz innere Prozesse des Erlebens außer Acht. Auch Fragen zur Mündigkeit und Selbstbestimmung werden nicht erforscht. Dennoch haben die Erkenntnisse des Behaviorismus zu neuen Ansätzen in der Pädagogik und Psychologie geführt, wie beispielsweise der Verhaltenspsychologie. Wird diese verantwortungsvoll eingesetzt, ohne durch Konditionierungsvorgänge zu manipulieren oder zu dressieren, stellt der Behaviorismus eine wichtige Säule im Spektrum sozialwissenschaftlicher Theorien dar.

1.3 *Dem Text lassen sich mehrere Erziehungsziele entnehmen, die auf verschiedene Arten begründet werden können. Der Lösungsvorschlag stellt somit nur eine Möglichkeit der Beantwortung dar.*

Erziehungsziele zeigen an, welche Eigenschaften und Fähigkeiten vom zu Erziehenden erworben bzw. von der Erziehungsperson gefördert werden sollen. Es wird somit ein „**Soll-Zustand**" beschrieben, der ausdrückt, wie sich der zu Erziehende künftig verhalten soll. Ausgehend vom aktuellen „**Ist-Zustand**" überlegt sich der Erzieher auf der Basis seiner eigenen **Wert- und Normvorstellungen**, durch welche Erziehungshandlungen der „Soll-Zustand" erreicht werden kann. Dabei gilt es zu beachten, dass es sich bei Erziehungszielen um keine natürlichen Tatsachen handelt. Sie sind immer Gegenstand eines **kulturellen oder institutionellen Kontextes**.
Aus dem Text lässt sich aus der Textstelle „Von französischen Kindern wird nach wie vor erwartet, dass sie sich gut benehmen […] können […]" (Z. 18 f.) das Erziehungsziel „**Höflichkeit**" ableiten. Dieses Ziel ist u. a. normativ und pragmatisch begründbar. **Normativ** begründete Erziehungsziele erhalten ihre Legitimation dadurch, dass das gewünschte Erziehungsergebnis für das **gesellschaftliche**

Zusammenleben und Funktionieren von Bedeutung ist. So hat der höfliche Umgang miteinander in unserer Gesellschaft einen hohen Stellenwert.
Das Erziehungsziel der Höflichkeit lässt sich aber auch **pragmatisch**, also mit der Fähigkeit, **aktuelle und zukünftige Aufgaben zu bewältigen**, begründen. Auf dem Arbeitsmarkt, in Bewerbungsgesprächen usw. ist der höfliche Umgang mit Mitarbeiten und Vorgesetzten eine wichtige Voraussetzung für den beruflichen Erfolg.

1.4 *Der Operator „**erläutern**" stammt aus dem Anforderungsbereich 2. Sie sollen die Textaussagen erläutern, also **durch zusätzliche Informationen veranschaulichen und verständlich machen**. Der Operator „**begründen**" stammt aus dem Anforderungsbereich 3. Hier sollen Sie **Ihre Wahl argumentativ auf das Zitat zurückführen**.*

Der **demokratische** sowie der **autoritative Erziehungsstil** scheinen besonders geeignet, die geäußerten Erziehungsvorstellungen umzusetzen.
Der **demokratische Erziehungsstil** zeichnet sich dadurch aus, dass die Kinder Einfluss auf wichtige Entscheidungen haben und an Planungsprozessen beteiligt werden. Die Erziehungsperson steht als Gesprächspartner zur Verfügung und unterstützt die Kinder aktiv. Nötige Ge- und Verbote werden **sachlich begründet**. Ebenso herrscht eine **hohe Wertschätzung**. Diese Haltung begünstigt in der Regel eine positive Entwicklung der Kinder. Selbstvertrauen, Selbstständigkeit und differenziertes Denken werden gefördert. Durch die Möglichkeit der Mitsprache entstehen keine stummen Kinder, die Ermutigung und Unterstützung beugen freudlosen Kindern vor und durch die Förderung der Selbstständigkeit wird folgsamem passivem Gehorsam entgegengewirkt.
Der **autoritative Erziehungsstil** zeichnet sich durch **hohe, aber realistische Leistungsanforderungen** aus, die sich an den Interessen der Kinder orientieren. Die Erziehenden setzen klare Grenzen und Regeln bei **gleichzeitig hoher Wertschätzung**. Die Ge- und Verbote orientieren sich am Kindeswohl und lassen sich durch dieses begründen. Innerhalb der gesetzten Grenzen werden Kinder zur **Autonomie** ermutigt. So entstehen günstige Bedingungen für ein positives Selbstwertgefühl. Somit verursacht auch dieser Erziehungsstil keine freudlosen Kinder.

Inhaltliche Schwerpunkte: Kognitive Entwicklung nach Piaget, Wissenschaftliche Methoden

Die kindliche Denkentwicklung nach Piaget

Text 1:
Beispiel 1 – Dialog zwischen einem Erwachsenen (**E**) und dem Kind (**K**) *Nain (4;6 Jahre)*:
E: „Kann der Mond gehen, wohin er will, oder gibt es etwas, das ihn bewegt?" – **K:** *„Ja, ich, wenn ich gehe"*. […] *„Er kommt mit mir, er folgt uns nach."* *Jean Piaget: Das Weltbild des Kindes. Übersetzt von Luc Bernard. Stuttgart: Klett-Cotta 1978, S. 125*

Beispiel 2 – Dialog zwischen einem Erwachsenen (**E**) und dem Kind (**K**) *Roy (6 Jahre)*:
E: „Wie hat die Sonne angefangen?" – **K:** *„Das war, als das Leben angefangen hat."* – **E:** „Ist die Sonne immer dagewesen?" – **K:** *„Nein."* – **E:** „Wie hat sie angefangen?" – **K:** *„Weil sie wusste, dass das Leben begonnen hatte."* – **E:** „Wie ist das geschehen?" – **K:** *„Mit Feuer."* – **E:** „Wie denn?" – **K:** *„Weil es Feuer dort oben hatte."* – **E:** „Woher kam dieses Feuer?" – **K:** *„Vom Himmel."* – **E:** „Wie ist es im Himmel entstanden?" – **K:** *„Weil es ein Zündholz hatte, das sich entzündet hat."* – **E:** „Woher kam es?" – **K:** *„Der liebe Gott hatte es hingeworfen."* *Jean Piaget: Das Weltbild des Kindes. Übersetzt von Luc Bernard. Stuttgart: Klett-Cotta 1978, S. 209*

Text 2:
Zur klinischen Methode
[…] Für die Kinder- und Jugendpsychologie stellte [zu Beginn des 20. Jahrhunderts] die Durchführung und Auswertung von sog. standardisierten Tests ein gängiges Verfahren dar. Standardisierte Tests zeichnen sich dadurch aus, dass Reihenfolge und Wortlaut der Fragen sowie die erwünschten Antworten von Anfang an eindeutig definiert sind und damit scheinbar objektive Daten erhoben werden können. Piaget erschien diese Methode jedoch als völlig ungeeignet, um der Vielschichtigkeit und der Reichhaltigkeit menschlichen Denkens gerecht zu werden.

Eine Methode, die in dieser Hinsicht mehr Möglichkeiten bot, war die zu den standardisierten Tests konträre Methode der freien Beobachtung. Durch mehr oder weniger systematische Beobachtungsverfahren versucht man dabei diejenigen Verhaltensweisen des Menschen zu erfassen, die als Anzeichen der zu untersuchenden Denkvorgänge anzusehen sind. Doch für die systematische Forschung, die Piaget vorschwebte, schien ihm dieser Ansatz aufgrund der großen Offenheit und der damit einhergehenden Gefahr der Beliebigkeit ebenfalls nicht geeignet zu sein.

Da traf es sich gut, dass er Erfahrungen mit der sog. klinischen Methode sammeln konnte, als er in verschiedenen psychiatrischen Instituten arbeitete. Deren Hauptmerkmal besteht darin, dass der Psychotherapeut versucht, seine Patienten durch behutsames Nachfragen zur Offenlegung seiner Gedankenwelt zu animieren. Die klinische Methode stellte für Piaget den gangbaren Mittelweg zwischen der Zielgerichtetheit standardisierter Tests und der Offenheit der Beobachtungsmethode dar. [...] Da die klinische Methode in der ursprünglichen Version für Piaget jedoch das bisweilen mangelhafte Vermögen der Kinder, ihre Gedankenwege zu verbalisieren, nicht angemessen berücksichtigte, entwickelte er die sog. revidierte klinische Methode. Hier beschränkt man sich nicht auf Fragen und Antworten, sondern regt das Kind – wo möglich und nötig – zusätzlich dazu an, mit Material zu hantieren. In der Analyse werden folglich nicht nur sprachliche Äußerungen, sondern auch Handlungen einbezogen. [...]

Christoph Selter/Hartmut Spiegel: Wie Kinder rechnen. Leipzig / Stuttgart: Klett-Grundschulverlag 1997, S. 100/101, http://www.mathematik.uni-dortmund.de/ieem/_personelles/people/laakmann/load/Selter%20Spiegel%20Interview.pdf. Stand: 01. 11. 2016, Veränderungen durch eckige Klammern kenntlich gemacht.

Aufgabenstellung

		Punkte
2.1	Beschreiben Sie das Denken des Kindes im Alter von 2–7 Jahren nach Jean Piaget unter Berücksichtigung geeigneter Experimente.	14
2.2	Analysieren Sie das Denken der Kinder in den beiden Beispielen (Text 1).	8
2.3	Fassen Sie die im Text 2 genannten Vor- und Nachteile der verschiedenen Methoden zur Gewinnung wissenschaftlicher Erkenntnisse zusammen.	4
2.4	Ordnen Sie Beispiel 2 einer der im Text genannten Methoden zu. Zeigen Sie unter Berücksichtigung des Textes sowie des Beispiels 2 Chancen und Gefahren auf, die mit dieser Vorgehensweise zur Erforschung des kindlichen Denkens verbunden sein könnten.	4
		30

Lösungsvorschläge

2.1 *Bei dieser Aufgabe sollen Sie die Phase der kognitiven Entwicklung von Kindern zwischen 2 und 7 Jahren strukturiert und fachsprachlich richtig mit eigenen Worten wiedergeben. In der Aufgabenstellung heißt es „unter Berücksichtigung geeigneter Experimente". Daher müssen mindestens zwei Experimente beschrieben werden.*

Im Alter von 2 bis 7 Jahren befinden sich Kinder nach Jean Piaget im **voroperationalen Stadium**. Dieses lässt sich in zwei Unterstufen aufteilen. Zwischen 2 und 4 Jahren entwickelt sich die **Symbolfunktion**. Die Kinder sind in der Lage, (sprachliche) Symbole zu entwickeln und können im Spiel eigene Symbole kreieren. So wird beispielsweise ein Stock zu einem Schwert. Zwischen dem 4. und 7. Lebensjahr folgt das **anschauliche Denken**. Es entwickeln sich auf dieser Stufe zwar schon echte Begriffe, aber das Denken ist noch ganz an die Anschauung gebunden. Alles wird noch recht vereinfacht und absolut gebraucht.
Im voroperationalen Denken fehlen dem Kind **logische Operationen**. Somit kommt es häufig zu **Denkfehlern** wie beispielsweise beim **Umschüttversuch**. In diesem Versuch werden die Kinder gebeten, in zwei gleiche Gläser jeweils gleich viel Flüssigkeit zu schütten. Im Anschluss wird der Inhalt eines der beiden Gläser in ein höheres, aber schmaleres Glas umgeschüttet. Kinder im voroperationalen Stadium werden behaupten, dass in dem schmalen Glas nun mehr Flüssigkeit sei als in dem noch verbliebenen gefüllten Glas.
Dies ist dadurch zu erklären, dass das Denken der Kinder noch **stark an die Anschauung** gebunden ist. Sie zentrieren ihre Aufmerksamkeit oft nur auf einen Aspekt, z. B. den Vergleich der Höhe des Wasserstandes, vernachlässigen aber die Berücksichtigung des Durchmessers. Sie sind in ihrem Denken noch nicht reversibel, d. h. sie können die Umschüttversuche mental nicht rückgängig machen. Gleiches gilt neben der Flüssigkeit auch für weitere Erhaltungsbegriffe wie Zahlen, Gewicht usw.
Kinder sind im voroperationalen Stadium allerdings schon zu **mentalen Repräsentationen** fähig. Sie können ihre **Erfahrungen im Gedächtnis abbilden**. Ebenso ist bereits die **Objektpermanenz** entstanden, d. h., den Kindern ist bewusst, dass Gegenstände und Personen weiter existieren, auch wenn sie nicht direkt wahrgenommen werden können.
Von großer Bedeutung sind in diesem Alter auch der Egozentrismus und der kindliche Realismus. Unter **Egozentrismus** wird die Unfähigkeit verstanden, eine von der eigenen Person abweichende Perspektive einzunehmen. Piaget hat dies in seinem **Drei-Berge-Versuch** eindrucksvoll nachgewiesen. Dem Kind wird ein rechteckiges Landschaftsmodell mit drei Bergen gezeigt. Es darf sich das Modell zunächst von jeder der vier Seiten ansehen. Nun wird es gefragt, was es selbst aus einer bestimmten Perspektive sehen kann. Im Anschluss soll das Kind beschreiben, was Personen sehen können, die aus den anderen Perspektiven auf das Modell schauen. Im Egozentrismus gehen Kinder davon aus, dass diese Personen das gleiche sehen können wie sie selbst.

Der **kindliche Realismus** beschreibt das Phänomen, dass Kinder davon ausgehen, dass alles, was sie für real halten, z. B. Träume, auch wirklich existiert. Das Weltbild des Kindes lässt sich in dieser Phase durch den **Anthropomorphismus**, der Tendenz zur Vermenschlichung, beschreiben. Er ist unterteilt in den **Animismus**, also die Annahme, dass unbelebte Dinge beseelt sind, wie beispielsweise ein Tisch, dem es wehtut, wenn man auf diesen schlägt, und den **Artifizialismus**, also die Annahme, dass die Natur von Menschen oder anderen Wesen erschaffen wurde. Ebenso erklären sich Kinder häufig die Welt mithilfe des **Finalismus** oder des magischen Denkens. Im Finalismus gehen Kinder davon aus, dass alles zweckbestimmt ist, z. B. es regnet, weil die Blumen durstig sind. Beim magischen Denken erklären sich Kinder Phänomene durch das Einwirken von Hexen, Zauberern usw. So lässt sich z. B. das Verschwinden einer Hose dadurch erklären, dass ein Kobold im Zimmer war.

2.2 *Der Operator „**analysieren**" stammt aus dem Anforderungsbereich 2. Sie sollen hier die wichtigsten Eigenschaften kindlichen Denkens herausarbeiten.*

Das Kind Nain aus Beispiel 1 schreibt dem Mond menschliche Züge zu: „Er kommt mit mir, er folgt uns nach" (Z. 4). Der Mond ist also beseelt. Dies entspricht dem **Animismus**. Ebenso sind Argumente des **Egozentrismus** erkennbar: Das Kind ist der Meinung, dass es die Bewegung des Mondes selbst beeinflussen kann (vgl. Z. 3 f.). Der Mond folgt dem Kind beim Gehen. Alles was geschieht, dreht sich also um das Kind.
In Beispiel 2 ist ebenfalls der **Animismus** erkennbar. Das Kind schreibt der Sonne Bewusstsein zu: „Weil sie wusste, dass das Leben begonnen hat" (Z. 10). Die Sonne ist also mit Wissen ausgestattet. Auch der **Artifizialismus** ist erkennbar: Die Sonne ist von Gott gemacht. Sie ist also aus den Handlungen einer unabhängigen Person entstanden.

2.3 *Diese Aufgabe prüft das Textverständnis ab und kann mithilfe des Textes vollständig beantwortet werden. Nicht alle darin enthaltenen Methoden müssen Gegenstand des Unterrichts gewesen sein.*

Der Text beschreibt **vier wissenschaftliche Methoden:**

1. **Standardisierte Tests:** Der Vorteil standardisierter Tests ist die hohe Objektivität aufgrund der eindeutig definierten Fragen und Antwortmöglichkeiten (vgl. Z. 18–21). Sie sind in ihrer Aussagekraft jedoch begrenzt, da sie der Vielschichtigkeit und Reichhaltigkeit menschlichen Denkens nicht gerecht werden können (vgl. Z. 21 ff.).
2. Die **freie Beobachtung:** Der Vorteil der systematischen Beobachtung liegt darin, dass die mehr oder weniger systematischen Beobachtungsverfahren breit einsetzbar sind (vgl. Z. 25 ff.) Durch diese große Offenheit lässt sich aber auch die Gefahr der Beliebigkeit als Nachteil beschreiben (vgl. Z. 29 f.).

3. Die **klinische Methode** bietet den Vorteil, dass sie durch behutsames Nachfragen zur Offenlegung der Gedankenwelt animiert (vgl. Z. 33 f.). Jedoch berücksichtigt sie nicht ausreichend das teilweise mangelnde Vermögen der Kinder, ihre Gedanken zu verbalisieren (vgl. Z. 37 ff.).
4. Die **revidierte klinische Methode** bezieht nicht nur sprachliche Äußerungen, sondern auch Handlungen mit ein (vgl. Z. 39–44). Dies ist ein Vorteil gegenüber der klinischen Methode. Ein Nachteil dieser Methode wird im Text nicht aufgezeigt.

2.4 *Die Aufgabenstellung setzt eine Auseinandersetzung mit beiden Texten voraus – dem Beispiel 2 und dem Text 2.*

In Beispiel 2 kommt die **klinische Methode** zur Anwendung. Die Fragen des Erwachsenen regen das Kind zur Offenlegung seiner Gedankenwelt an. Durch den sensiblen Einsatz der klinischen Methode öffnet sich das Kind und berichtet über seine Auffassung zur Entstehung der Sonne. Jedoch können in dieser Methode die **Gütekriterien empirischer Forschung** nicht immer eingehalten werden. So kann die stark individualisierende Vorgehensweise des Erwachsenen das Kind auch manipulieren, z. B. durch den Einsatz von Suggestivfragen wie „Wie hat die Sonne angefangen?“ (Z. 8). Auch die **Interpretation** des Gesprächs ist zuweilen **subjektiv**, da die mangelnde Verbalisierungsfähigkeit vor allem von jüngeren Kindern die Ergebnisse verfälschen kann. Beides widerspricht dem Gütekriterium der Objektivität.

Abiturprüfung an den beruflichen Gymnasien (SGGS)
Profilfach Pädagogik/Psychologie 2017 – Aufgabe 3

Inhaltliche Schwerpunkte: Einstellungen, Sozial-kognitive Lerntheorie

Kamerad Aussteiger

Als Neonazi machte Manuel Bauer einst Jagd auf Menschen, die nicht seine Gesinnung oder Hautfarbe hatten. Heute jagen ihn seine einstigen Kumpel.

Er ist kleiner als im Fernsehen, kleiner als auf den Fotos, kleiner als in seinen Geschichten: Manuel Bauer, Ex-Nazi, Ex-Schläger und „Ex-Arschloch", wie er selbst sagt. […]

Bauer war zehn, als er in die Fänge der Nazis geriet. Die köderten ihn mit Musik; die lauten Gitarren, die gebrüllten Texte von Ruhm und Kampf imponierten dem Teenager im sächsischen Torgau. Dort, erzählt er, sei es im Trend gewesen, rechts zu sein. Mit 14 rasierte er sich zum ersten Mal den Kopf und fühlte sich als König des Schulhofs, wenn er breitbeinig mit Springerstiefeln und Bomberjacke durch die Straßen stolzierte, ein selbsternannter Verteidiger des Vaterlands.

„Ich habe mich als Ritter gesehen", sagt er, „in einer Zeit ohne Ritterlichkeit." Manuel Bauer schlug Männer, Frauen und Kinder.

Er glaubte, seine Gründe dafür zu haben. „Ich habe mir damals gesagt, das sind Menschen, die vom Feind geschickt wurden. Abfall. Das waren für mich dann keine Frauen, das waren Gebärmaschinen, die neue Ratten in die Welt setzen." Schnell verdiente er sich Respekt in der Szene. Seine Freunde nannten ihn irgendwann Pistole, weil er schnell zuschlug und hart traf. Er wurde Junggruppenführer, stellvertretender Anführer der Kameradschaft Dommitzsch. Mit 19 gründete er in Torgau den Bund Arischer Kämpfer und bereitete sich auf den Krieg vor. Man traf sich zu Geheimbesprechungen und fuhr in die Wälder, krabbelte durchs Unterholz und lernte, in der Natur zu überleben.

Manuel Bauer krempelt die Ärmel seines Pullovers nach oben, entblößt seine Tattoos. Auf dem linken Arm steht das Wort Pistole, auf dem rechten das Wort Sachsen.

Auf seiner Handfläche prangt ein Spinnennetz, das von fünf Fäden gehalten wird – jeder davon steht für einen Menschen, den er zusammengeschlagen hat, als er und seine Kameraden eine türkische Hochzeit überfielen.

„Ich war so selbstsicher", sagt er, „ich hatte das Gefühl: Ich kann machen, was ich will. Die erwischen mich nicht."

Im Jahr 2001 trieb er es schließlich doch zu weit. Er erpresste einen Ladenbesitzer, die Beweise reichten für eine Verurteilung. Kaum im Gefängnis, legte er sich mit den Gesinnungsgenossen an. Andere Nazis rauchten Marihuana, Bauer fand das undeutsch und fing Streit an. Ausgerechnet zwei Türken waren es, die ihn retteten – Kamerad Bauer musste erleben, dass ihm die einstigen Kumpane ans Leder wollten, während seine erklärten und verachteten Feinde ihm zur Seite sprangen. […]

[Bauer ging schließlich auf ein Angebot der Aussteigerorganisation Exit Deutschland] ein, wenn auch zunächst nur aus strategischen Gründen – er hoffte auf eine Verkürzung seiner Haftzeit. Doch die langen Gespräche hinter Gittern bewegten tatsächlich etwas in ihm. „Die Exit-Leute", sagt er, „haben mich nicht als Neonazi wahrgenommen. Sie haben mich als jungen Menschen im Gefängnis gesehen. Als Manuel Bauer." Bei Gesprächen mit potenziellen Aussteigern rede man vor allem über ein Thema, erklärt Exit-Chef [Ulrich K.] Wagner, über Bindungen. „Was hält mich geistig in der Szene, was ist der Magnetismus?" […] In der Szene, erklärt Wagner, seien die Mitglieder aber nur als „Rollensubjekte" anerkannt, nicht als Mensch, sondern nur als Nazi. „Diejenigen, die verkünden, dass sie aussteigen, werden sofort entkameradschaftlicht." […] Als er 2003 entlassen wurde, führte er zunächst zwei Leben – eines in der Szene, eines bei Exit. Er rang mit sich. Die alten Freunde waren es schließlich, die ihn zum Ausstieg zwangen: Sie fuhren bei ihm vorbei, bauten sich breitbeinig vor ihm auf. „Einer sagte: Wenn du Scheiße baust, wird man sich gegenüberstehen", erzählt Bauer. Er wusste: Sein Doppelspiel war zu Ende. […]

Patrik Müller: Kamerad Aussteiger, Badische Zeitung, 29. 11. 2011. Aus didaktischen Gründen gekürzt und verändert. Veränderungen durch eckige Klammern kenntlich gemacht.

Aufgabenstellung	Punkte
3.1 Erläutern Sie am Beispiel der rechtsextremen Einstellung von Manuel Bauer die Komponenten einer Einstellung und deren Wechselwirkung.	6
3.2 Erklären Sie die Entstehung der rechtsextremen Einstellung Manuel Bauers anhand der sozial-kognitiven Theorie Banduras. Stellen Sie dazu die Annahmen der Theorie umfassend dar und übertragen Sie diese auf den Fall Manuel Bauer.	15
3.3 Manuel Bauer änderte schließlich seine rechtsextreme Einstellung. Arbeiten Sie aus dem Text drei Gründe heraus, die Manuel Bauer dazu brachten, seine Einstellung und damit auch sein Verhalten zu ändern. Ordnen Sie dazu die im Text gefundenen Aussagen begründet je einem passenden psychologischen Erklärungsansatz zu. Hinweis: Eine ausführliche Darstellung der gewählten Erklärungsansätze wird nicht erwartet.	9
	30

Lösungsvorschläge

3.1 *Der Operator „**erläutern**" stammt aus dem Anforderungsbereich 2. Sie sollen die **Komponenten einer Einstellung** sowie deren **Wechselwirkung** erläutern, also durch zusätzliche Informationen veranschaulichen und verständlich machen.*

Soziale Einstellungen lassen sich in Einstellungskomponenten aufgliedern. Sie stehen in einer **Wechselwirkung** zueinander und bilden so eine **Einstellungsstruktur**.
Die erste Komponente sozialer Einstellungen wird als **kognitive Einstellungskomponente** bezeichnet. Sie zeigt sich in der Wahrnehmung, dem Wissen, der Meinung oder auch der Überzeugung in Bezug auf das Einstellungsobjekt. Manuel Bauer glaubte zu wissen, dass Ausländer vom Feind geschickt wurden (vgl. Z. 15).
Die zweite Einstellungskomponente ist die **affektive Komponente:** Hierbei geht es um die Emotionen, die mit dem Einstellungsobjekt verbunden werden. Manuel Bauer empfand eine tiefe Abneigung gegenüber Ausländern. Exemplarisch wird diese Gefühlskälte z. B. dadurch deutlich, dass er Ausländerinnen nicht als Frauen, sondern als „Gebärmaschinen" empfunden hat (vgl. Z. 15 f).
Die dritte Einstellungskomponente ist die **konative Komponente**. Sie bezieht sich auf das Verhalten bzw. die Verhaltensabsicht eines Individuums gegenüber dem Einstellungsobjekt. Bei Manuel Bauer äußerte sich dies, indem er Ausländer schlug und Funktionen in der Nazi-Szene übernahm (vgl. Z. 17–20).
Manuel Bauers „Wissen" über die „vom Feind geschickten Menschen" löste bei ihm das Gefühl der Wut und Abneigung aus, was sich schließlich in aggressivem Verhalten äußerte. Dies zeigt, dass alle drei Einstellungskomponenten miteinander in Verbindung stehen und sich gegenseitig beeinflussen. Man spricht auch vom **Systemcharakter von Einstellungen**. Verändert sich eine Komponente, beispielsweise das Gefühl, werden sich auch die Handlungen und Kognitionen verändern.

3.2 *Zur Bearbeitung sind zwei Vorgehensweisen denkbar: Sie können die sozial-kognitive Theorie nach Bandura zunächst allgemein darstellen und diese im Anschluss auf die rechtsextreme Einstellung Manuel Bauers beziehen oder Sie lassen den Bezug jeweils an den geeigneten Stellen direkt mit einfließen wie im folgenden Lösungsvorschlag.*

Bandura ging davon aus, dass eine Vielzahl von **Erlebens- und Verhaltensweisen durch Beobachtung** erlernt wird. Dieses Lernprinzip wird auch als **Lernen am Modell** bezeichnet. Sein Ansatz lässt sich auf die Entstehung von Einstellungen übertragen. Bandura unterteilt Lernvorgänge in zwei Phasen, die Aneignungs- und die Ausführungsphase. Die **Aneignungsphase** besteht aus dem **Aufmerksamkeits-** und dem **Gedächtnisprozess**. Im Aufmerksamkeitsprozess wird entschieden, was aus der Fülle der Beobachtungsmöglichkeiten tatsächlich beobachtet wird, beispielsweise die Musik mit Texten von Ruhm und Kampf (vgl. Z. 7). Dies wird im Gedächtnis so lange abgespeichert, bis sich der Beobachter einen

Nutzen von der erlernten Verhaltensweise verspricht, z. B., um sich Respekt zu verdienen (vgl. Z. 17). Bandura nennt dies den Gedächtnisprozess.
Die **Ausführungsphase** beinhaltet den **Reproduktions-** und den **Motivationsprozess**. Im Reproduktionsprozess wird die im Gedächtnis gespeicherte Handlung umgesetzt, wenn sich die passende Situation ergibt: „Manuel Bauer schlug Männer, Frauen und Kinder" (Z. 13). Natürlich spielt auch hier die **Motivation** eine große Rolle. Sie ist bei der Aneignungsphase genauso von Bedeutung wie bei der Ausführungsphase. Nur wenn sich der Jugendliche Erfolg in Form von Anerkennung verspricht, wird er das aggressive Verhalten nachahmen: „Seine Freunde nannten ihn irgendwann Pistole" (Z. 17). Bandura nennt dies den **Motivationsprozess**.
Ob Jugendliche Neonazis als Modell auswählen, hängt von verschiedenen Bedingungen ab. Die **Bedingungen der Aufmerksamkeit** lassen sich in die **Persönlichkeitsmerkmale** des Modells und des Beobachters, in die **Beziehung**, die Modell und Beobachter zueinander haben, sowie in gegebene **Situationsbedingungen** unterteilen.
Erfolgreiche Modelle besitzen Persönlichkeitsmerkmale wie soziale **Macht, hohes Ansehen, Sympathie und Attraktivität**. Im sächsischen Torgau war es im Trend, rechts zu sein (vgl. Z. 8 f.). Da auch die Persönlichkeitsmerkmale des Beobachters bei der Modellauswahl eine wichtige Rolle spielen, kann es passieren, dass Beobachter mit Persönlichkeitsmerkmalen wie **fehlendem Selbstvertrauen** und **geringer Selbstachtung** aufgrund ihrer erhöhten Aufmerksamkeit dem Modell gegenüber das Verhalten unreflektiert nachahmen. Manuel war zehn Jahre alt, als er sich den Nazis anschloss (vgl. Z. 6). In diesem Alter fehlt es häufig noch an Selbstsicherheit und man identifiziert sich nicht selten mit größeren und stärkeren gleichgeschlechtlichen Jugendlichen. Diese soziale Befindlichkeit eines Beobachters wirkt sich in den gegebenen Situationsbedingungen aus. Ist ein Jugendlicher wie hier gerade auf der Suche nach Identität, ist er in der Regel Modellen sehr zugänglich und rechtes Gedankengut kann als Teil der eigenen Identität übernommen werden.
Auch die Bedeutung der **Bekräftigung** spielt bei den Bedingungen des Modelllernens eine wesentliche Rolle. Bandura unterscheidet zwischen der **externen Bekräftigung**, bei der eine Person direkt bestärkt wird, der **stellvertretenden Bekräftigung**, bei der sie beobachtet, wie eine andere Person bestärkt wird, der **direkten Selbstbekräftigung**, bei der sich eine Person selbst belohnt, und der **stellvertretenden Selbstbekräftigung**, bei der beobachtet wird, wie sich eine andere Person belohnt. Bekräftigung spielt auch im Fall Manuel Bauer eine wesentliche Rolle. Das Stechen des Tattoos als Symbol seiner Taten (Z. 24–27) kann als direkte Selbstbekräftigung gesehen werden; auch sein Stolz – er „fühlte sich als König des Schulhofs" (Z. 9 f.) – ist eine direkte Selbstbekräftigung. Als externe Bekräftigung lässt sich Manuels Aufstieg in der internen Hierarchie beschreiben: „Er wurde Junggruppenführer, stellvertretender Anführer der Kameradschaft Dommitzsch" (Z. 18 f.).
Mit der Bekräftigung hängen die **Effekte des Modelllernens** eng zusammen. Beim **modellierenden Effekt** werden neue Verhaltensweisen übernommen, hier

das Gedankengut. Je nach Persönlichkeit des Beobachters kann rechtsextreme Gewalt zu **hemmenden** oder **enthemmenden Effekten** führen, also z. B. auf keinen Fall ein Nazi sein zu wollen oder eine Schlägerei einmal selbst ausprobieren zu wollen. Ebenso lässt sich auch ein **auslösender Effekt** vorstellen, z. B. die Gewalt gegen Ausländer unmittelbar zu imitieren.
Wie stark Modelle genutzt werden, hängt natürlich auch von der Motivation ab, die sich aus der **Ergebniserwartung** (Lohnt sich das?), der **Kompetenzerwartung** (Kann ich das?) und der **Aussicht auf Selbstbekräftigung** (Will ich das?) zusammensetzt. Vielleicht gelangen rechtsextreme Jugendliche durch ihre Ergebniserwartung zu der Überzeugung, dass ihnen ihr Leben besser gelingt, wenn sie sich gegen Ausländer zur Wehr setzen.

3.3 *Die Gründe der Einstellungsänderung ergeben sich unmittelbar aus dem Text. Zur Begründung lassen sich zahlreiche psychologische Erklärungsansätze heranziehen, sodass im vorliegenden Lösungsvorschlag nur eine exemplarische Auswahl getroffen werden konnte.*

Als einen Grund der Einstellungsänderung kann man die Erfahrung sehen, dass zwei Türken Manuel vor seinen ehemaligen Gesinnungsgenossen beschützten (vgl. Z. 33 ff.). Dies lässt sich mit der **Theorie der kognitiven Dissonanz** nach Festinger erklären. Manuels negative Einstellung gegenüber Ausländern ist mit der positiven Erfahrung, von ihnen unterstützt zu werden, unvereinbar und führt zu einer kognitiven Dissonanz. Um den **Dissonanzdruck** abzubauen und wieder ins Gleichgewicht zu kommen, erfolgt die **Einstellungsänderung**.
Ein weiterer Grund für die Einstellungsänderung könnte die Erfahrung gewesen sein, von den Exit-Mitarbeitern nicht als Neonazi, sondern als junger Mensch im Gefängnis wahrgenommen zu werden (vgl. Z. 39 f.). Dies lässt sich mit der **funktionalen Einstellungstheorie** nach Katz erklären. Demnach entstehen **Einstellungen**, wenn damit bestimmte **Funktionen** erfüllt werden. Sie werden wieder verworfen, wenn diese Funktionen nicht mehr oder durch andere Einstellungen besser erfüllt werden. Hier geht es konkret um die **Anpassungsfunktion**. Das Bedürfnis nach Anerkennung wird von den Exit-Mitarbeitern befriedigt, ohne dass Manuel Bauer hierfür eine Leistung erbringen muss. Bei den Neonazis bekam er Anerkennung hingegen nur für das Vollbringen von Gewalttaten.
Als letzter Grund für die Einstellungsänderung ist zu nennen, dass durch das Drohen der ehemaligen Freunde eine **Entscheidung notwendig** wurde (vgl. Z. 47–50). Dies lässt sich mithilfe der personenzentrierten Theorie nach Rogers erklären. Die ehemaligen Freunde machen deutlich, dass ihre Wertschätzung an Bedingungen geknüpft ist. So entsteht eine **Inkongruenz** zwischen Manuels organismischem Erleben und seinem Selbstkonzept. Bei Exit erfährt er eine bedingungslose Wertschätzung. Er entscheidet sich, sein Selbstkonzept zu ändern. Aus „Ich bin ein guter Nazi“ wird „Ich bin ein Aussteiger und akzeptiere die Konsequenzen“. Somit steht das organismische Erleben der Anfeindungen seiner alten Freunde wieder in Kongruenz zu seinem Selbstkonzept.

Abiturprüfung an den beruflichen Gymnasien (SGGS)
Profilfach Pädagogik/Psychologie 2017 – Aufgabe 4

Inhaltliche Schwerpunkte: Experiment, Gruppe, Kommunikation

Kleider machen Leute

Das Tragen weißer Laborkleidung kann zu besseren Ergebnissen in Aufmerksamkeitstests führen, wenn die Kleidung mit einem Arztkittel im Gegensatz zu einem Maleranzug assoziiert wird.

In vielen Berufen ist das Arbeiten in bestimmter Kleidung üblich. So tragen BänkerInnen oftmals dunkle Anzüge, ZugführerInnen eine Bahn-Uniform und ÄrztInnen einen weißen Kittel. Eine solche Berufskleidung kann stark beeinflussen, wie die Personen, welche selbige tragen, von außen wahrgenommen werden. Beispielsweise konnte bisherige Forschung zeigen, dass TherapeutInnen als erfahrener und kompetenter eingeschätzt werden, wenn sie in formeller im Gegensatz zu informeller Kleidung auftreten. Doch kann Kleidung auch die Wahrnehmung und das Verhalten der sie tragenden Personen beeinflussen? Und spielt es dabei eine Rolle, was diese Personen genau mit ihren Kleidern in Verbindung bringen? Machen Kleider also tatsächlich Leute, wie das alte Sprichwort so schön heißt?

Hajo Adam und Adam Galinsky untersuchten, ob Personen durch das Tragen von symbolischer Kleidung unterschiedliches Verhalten zeigen, je nachdem, welche Assoziationen zur Kleidung geweckt werden. So vermuteten die Forscher, dass das Tragen eines weißen Laborkittels zu aufmerksamerem Handeln führt, wenn dieser als Arztkittel im Gegensatz zu einem Maleranzug wahrgenommen wird. Denn ein Arztkittel sollte aufgrund der Assoziation zu ÄrztInnen und deren üblichen Arbeitsweise an fokussiertes und aufmerksames Arbeiten erinnern und somit entsprechendes Verhalten wahrscheinlicher machen. Ein Maleranzug sollte diese Assoziationen und das dazugehörige Verhalten dahingegen schwächer auslösen, da in der Berufsgruppe der MalerInnen Aufmerksamkeit und Konzentration weniger notwendig sind. Weiterhin war die Erwartung, dass der Einfluss der Kleidung insbesondere dann gegeben ist, wenn sie tatsächlich getragen und nicht nur betrachtet wird, da durch das „Erleben“ der Kleidung am eigenen Körper die Assoziation zu selbiger stärker ausgelöst werden sollte. Um diese Annahmen zu überprüfen, führten Adam und Galinsky [das folgende] Experiment durch, in dem [einige] Teilnehmende einen weißen Laborkittel trugen […]:

74 Studenten (47 weiblich) im Durchschnittsalter von knapp 20 Jahren wurden per Zufall in drei Gruppen aufgeteilt. Dabei wurde einem Teil dieser ProbandInnen mitgeteilt, dass der Kittel[, den sie trugen,] ein Arztkittel sei, während ein anderer Teil erfuhr, dass es sich [bei dem Kittel] um einen Maleranzug handele. Einer dritten Gruppe wurde ein weißer „Arztkittel“ nur zur Betrachtung vorgelegt. Nun sollten die Teilnehmenden Unterschiede zwischen zwei auf den ersten Blick gleich aussehenden Bildern finden [und so schnell wie möglich aufschreiben] – eine Aufgabe, die viel

Aufmerksamkeit fordert. [Insgesamt wurden vier solcher Suchbilder verwendet, bei denen sich jeweils vier Unterschiede identifizieren ließen.]

Es zeigte sich, dass die Teilnehmenden, die den „Arztkittel" trugen, im Durchschnitt mehr Fehler fanden, also aufmerksamer arbeiteten als diejenigen, die den „Maleranzug" anhatten oder den „Arztkittel" nur betrachteten. Zwischen den letzten beiden Gruppen gab es dagegen keine bedeutsamen Unterschiede. In einer weiteren Studie konnte dargelegt werden, dass auch schon die bloße Identifikation mit einem „Arztkittel" zu mehr Aufmerksamkeit führt als das Tragen eines „Maleranzuges", dass der Einfluss des „Arztkittels" aber am stärksten gegeben ist, wenn er sich am Körper befindet.

Die Ergebnisse der Forschung zeigen auf, dass insbesondere das Tragen symbolischer Kleidung bestimmte Assoziationen wecken kann, welche die Wahrnehmung und das Handeln der sie tragenden Personen zu leiten vermögen. Kleider machen Leute – das alte Sprichwort lässt sich also durchaus bestätigen.

Clara Heißler: Kleider machen Leute, 23. 7. 2014, http://www.forschung-erleben.uni-mannheim.de/node/1203. Aus didaktischen Gründen gekürzt und verändert. Veränderungen durch eckige Klammern kenntlich gemacht.
Eigene Zusammenstellung nach http://www.znl-ulm.de//Veroeffentlichungen/Geist_und_Gehirn/NHK15_Kleider_machen_Leute.pdf, Stand 1. 11. 2016

Aufgabenstellung

Punkte

4.1 Definieren Sie die Begriffe Hypothese, unabhängige Variable, abhängige Variable, repräsentative Stichprobe sowie intervenierende Variable[1] und bestimmen Sie diese am Experiment „Kleider machen Leute" von Adam und Galinsky. 7

4.2 Beschreiben Sie drei Gütekriterien, die empirisch vorgehende Wissenschaftler zu beachten haben, wenn sie zu überprüfbaren und allgemeingültigen Aussagen gelangen wollen. Zeigen Sie anhand der im Text vorliegenden Informationen, wie Adam und Galinsky vorgehen, um diese in ihrem Experiment zu erfüllen. 6

4.3 Philip G. Zimbardo führte Ende der 70er Jahre sein berühmtes „Stanford-Prison-Experiment" durch.

„[…] Viele Studierende aus der Wärter-Gruppe berichteten, dass sie überrascht waren, wie leicht es ihnen fiel, Freude an der Kontrolle über andere Menschen zu haben. Es reichte, einfach die Uniform anzuziehen, um sie von passiven Studierenden zu aggressiven Gefängniswärtern zu machen […]."

Philipp Zimbardo/Richard Gerrig: Psychologie. 16. Auflage. Übersetzt von Ralf Graf, Dagmar Mallet, Markus Nagler und Brigitte Ricker. München: Pearson 2004, S. 756

4.3.1 Vergleichen Sie das *„Stanford-Prison-Experiment"* mit dem Experiment *„Kleider machen Leute"* hinsichtlich der Wirkung des Tragens symbolischer Kleidung. 3

4.3.2 Das Tragen symbolischer Kleidung unterstützt die Bildung sozialer Rollen und sozialer Normen in Gruppenbeziehungen. Definieren Sie die Begriffe „soziale Rolle“ und „soziale Norm“. Erläutern Sie drei Arten von Rollenkonflikten, die im Stanford-Prison-Experiment hätten entstehen können. 8

4.4 Das Kommunikationsmodell „Vier Seiten einer Nachricht“ von Friedemann Schulz von Thun lässt sich auch auf nichtsprachliche Nachrichten anwenden[2].

Stellen Sie das Kommunikationsmodell dar. Formulieren Sie Botschaften, die die Wärter durch das Tragen der Uniform im Stanford-Prison-Experiment den Gefangenen senden könnten. 6

30

1 In der empirischen Forschung auch als Störvariable geläufig.
2 Vgl. Schulz von Thun, F.: Miteinander reden 1. Störungen und Klärungen. 1991, S. 34.

Lösungsvorschläge

4.1 *Der Operator „**definieren**" verlangt von Ihnen eine exakte Begriffsbestimmung. Zudem sollen Sie die Definitionen mithilfe des Experiments konkretisieren.*

Eine **wissenschaftliche Hypothese** beschreibt eine Beziehung zwischen zwei oder mehr Variablen, die für eine bestimmte Population bzw. Objekte oder Ereignisse gültig sein soll. Im konkreten Beispiel könnte die Hypothese lauten: Wenn Versuchspersonen einen weißen Laborkittel tragen, den sie mit einem Arztkittel assoziieren, dann schneiden sie bei einem Aufmerksamkeitstest besser ab als die Versuchspersonen der Vergleichsgruppen.
Die wissenschaftliche Hypothese setzt sich aus einer abhängigen und einer unabhängigen Variable zusammen. Die **unabhängige Variable** ist die Bedingung, die der Forscher festlegt. Sie findet sich meist im „Wenn"- bzw. „Je"-Teil einer Hypothese. Im vorliegenden Versuch ist dies der weiße Laborkittel, der einmal als Arztkittel und einmal als Malerkittel deklariert wird.
Die abhängige Variable beschreibt die von der **unabhängigen Variable** ausgehende Wirkung. Sie steht meist im „Dann"- bzw. „Desto"-Teil. Hier ist dies das Abschneiden der Versuchspersonen im Aufmerksamkeitstest, also die Anzahl der gefundenen Unterschiede.
Variablen, die gleichzeitig Ursache und Wirkung sind, werden als **intervenierende Variablen** bezeichnet. Dies könnten z. B. besonders positive oder negative Erfahrungen mit Ärzten oder Malern sein, die zu einer anderen Assoziation mit dem Laborkittel führen. Ebenso könnten bereits bestehende Aufmerksamkeitsstörungen der Versuchspersonen das Ergebnis verfälschen.
Eine **repräsentative Stichprobe** ist der ausgewählte Teil einer Population, an dem die Untersuchung durchgeführt werden soll. Sie setzt sich in Bezug auf die Faktoren Alter, Geschlecht usw. möglichst genauso zusammen wie die Population, die untersucht werden soll. Im vorliegenden Experiment bestand die Stichprobe aus 74 Studenten (47 weiblich) im Alter von knapp 20 Jahren (vgl. Z. 29).

4.2 *Der Operator „**beschreiben**" stammt aus den Anforderungsbereichen 1 bis 2. Hier wird eine strukturierte Wiedergabe der Theorie in eigenen Worten erwartet. Im Anschluss soll die Theorie mithilfe des Textes verdeutlicht werden.*

Validität bezieht sich auf die Gültigkeit der Messung. Validität gibt also die Genauigkeit an, mit der ein Verfahren das misst, was es zu messen vorgibt. In den drei Gruppen wird der Laborkittel eindeutig als Arzt- bzw. Malerkittel eingeführt. Somit ist sichergestellt, dass das Tragen des „Arztkittels" als ursächlicher Faktor fungiert.
Reliabilität beschreibt die Zuverlässigkeit bzw. Genauigkeit der Messung. Die Zeit und die Fehlerzahl können im beschriebenen Experiment genau gemessen und zuverlässig bestimmt werden.
Die **Objektivität** beinhaltet die Unabhängigkeit der Messung vom Forscher. Bei einer objektiven Messung erhalten alle Forscher unabhängig von ihrer Person

die gleichen Ergebnisse. Durch die Festlegung des Untersuchungsdesgins, wie z. B. vorgegebene Suchbilder und eine genaue Beschreibung des Ablaufs, ist die beschriebene Untersuchung auch von anderen Forschern durchführbar. Ebenso lassen sich die gewonnenen Daten so unabhängig von einzelnen Wissenschaftlern interpretieren.

4.3.1 *Der Operator „vergleichen" stammt aus dem Anforderungsbereich 2. Sie sollen Gemeinsamkeiten, Ähnlichkeiten und Unterschiede zwischen den beiden Experimenten ermitteln.*

In beiden Experimenten spielt die Kleidung eine große Rolle. Bei Adam und Galinsky führte das Tragen eines weißen Arztkittels zu **hoher Aufmerksamkeit**. Daraus lässt sich ableiten, dass das Tragen symbolischer Kleidung **Assoziationen** wecken kann, die die **Wahrnehmung** und das **Handeln** der Personen beeinflussen, die sie tragen. Das gleiche Phänomen findet sich auch im Stanford-Prison-Experiment. Auch hier wird symbolische Kleidung eingesetzt, um bei den Gefangenen und den Wärtern eine Wirkung zu erzielen. Die Versuchsteilnehmer, die die Rolle des Wärters übernahmen, identifizierten sich durch das Tragen der Uniform noch deutlicher mit ihrer Rolle, sodass ihre wahre Identität teilweise in Vergessenheit geriet.

4.3.2 *Der Operator „definieren" verlangt von Ihnen eine exakte Begriffsbestimmung. Der Operator „erläutern" stammt aus dem Anforderungsbereich 2. Sie sollen die Rollenkonflikte durch zusätzliche Informationen veranschaulichen und verständlich machen.*

Soziale Normen sind Verhaltensvorschriften, die bestimmen, wie man die Werte eines sozialen Gebildes umsetzen und befolgen soll. Dadurch werden die Handlungen der Mitglieder des entsprechenden sozialen Gebildes reguliert.
Der Begriff „**soziale Rolle**" bezieht sich auf alle Verhaltenserwartungen, die die soziale Umwelt an einen Menschen heranträgt.

Es lassen sich **drei Arten von Rollenkonflikten** unterscheiden:
Beim **Interrollenkonflikt** stehen zwischen den verschiedenen Rollen einer Person die unterschiedlichen Verhaltenserwartungen im Widerspruch. Im Stanford-Prison-Experiment könnte die Erwartung an die Rolle des Probanden sein, das Experiment entsprechend der Rollenzuweisung „Wärter" durchzuführen. Diese Rollenerwartung könnte im Widerspruch zu der Rolle des Bürgers stehen, der anderen Menschen nicht grundlos schaden will.
Beim **Intrarollenkonflikt** stehen die Verhaltenserwartungen innerhalb einer Rolle zueinander im Widerspruch. So erwarten die Wärter im Stanford-Prison-Experiment, dass sich die anderen Wärter ihnen gegenüber loyal verhalten und die Stufen der Eskalation mittragen. Die Gefangenen hingegen erwarten eine faire Behandlung von den Wärtern.

Ein **Personen-Rollen-Konflikt** liegt vor, wenn die Einstellungen und Bedürfnisse des Rollenträgers und die externen Rollenerwartungen zueinander im Widerspruch stehen. So wird von den Wärtern erwartet, dass sie Befehle und Bestrafungen ausführen, was wahrscheinlich bei den meisten Probanden gegen die eigene Überzeugung verstößt.

4.4 *Der Operator „darstellen" stammt aus dem Anforderungsbereich 2. Sie sollen die geforderte Theorie strukturiert wiedergeben und damit veranschaulichen und verständlich machen, welche Botschaften mit dem Tragen einer Uniform gesendet werden können.*

Nach dem Kommunikationsmodell nach Schulz von Thun enthält **jede Äußerung vier Botschaften:**

- eine **Sachinformation** (worüber ich informiere)
- eine **Selbstkundgabe** (was ich von mir zu erkennen gebe),
- einen **Beziehungshinweis** (was ich von dir halte und wie ich zu dir stehe) und
- einen **Appell** (was ich bei dir erreichen möchte).

Diese vier Seiten einer Nachricht des Senders treffen auf die „**vier Ohren**" des Empfängers. Sowohl Sender als auch Empfänger sind für die Qualität der Kommunikation verantwortlich, wobei die unmissverständliche Kommunikation der Idealfall ist und nicht die Regel. Der Sender transportiert diese Hinweise explizit oder implizit wie durch das Tragen einer Uniform im Stanford-Prison-Experiment. Folgende Botschaften könnten durch das Tragen der Uniform an die Gefangenen gesendet werden:

- **Sachinformation:** Ich trage als Wärter eine Uniform.
- **Selbstkundgabe:** Ich habe das Recht, zu strafen und Befehle zu erteilen.
- **Beziehungshinweis:** Ich stehe als Wärter über dir als Gefangener. Du bist mir untergeordnet.
- **Appell:** Du musst mich respektieren und meinen Befehlen Folge leisten.

Abiturprüfung an den beruflichen Gymnasien (SGGS) Profilfach Pädagogik/Psychologie 2018 – Aufgabe 1

Inhaltliche Schwerpunkte: Medienpädagogik, Erziehungsstile

Sicher ist sicher: Das grundsätzliche Gespräch

Kein Zweifel, das Internet ist für Kinder, Jugendliche und Erwachsene ein echter Gewinn. Alle können Wertvolles, Nützliches und Unterhaltsames aus dem Netz schöpfen, eigene Inhalte beitragen und die Vorzüge der digitalen Kommunikation genießen. Und zugegeben, der Nachwuchs kann mit Computer und Internet beeindruckend virtuos umgehen.

Aber das ist kein Grund, sich zurückzulehnen. Denn etwas fehlt mitunter: Unsere Aufmerksamkeit, unser Schutz und unser Interesse. Wie in allen Belangen des Lebens müssen Erwachsene für die Einordnung sorgen. Allein mit ihren durchaus beeindruckenden technischen Kenntnissen kommen Mädchen und Jungen in einer verzwickten Situation nicht weiter. Sie werden nicht nur mit einer neuen Technologie allein gelassen, schlimmer: Sie empfinden das auch so und nehmen es schließlich gezwungenermaßen hin. Damit wird ein Teil der Erziehungsverantwortung auf den Nachwuchs übertragen. Selbst wenn der seine Sache sehr gut macht, ist das auf ihm lastende Gewicht einfach zu schwer. So mancher Elternteil erliegt dem Trugschluss, nur weil Tochter oder Sohn zu Hause sind anstatt bei unbekannten Freunden oder in der Disco, dass sie sich deshalb automatisch in Sicherheit befinden. Dem ist nicht so. Im Internet gibt es eben auch schlechte und schlimme Dinge, die sehr verstörend wirken können. Unter Umständen geraten die Kinder auch mit Menschen in Kontakt, die entweder eine starke kriminelle Energie aufweisen oder ihnen auch sonst seelisch und körperlich Schaden zufügen. Es ist eben wie mit der ganz normalen Welt da draußen. Im wahren Leben helfen den Kindern auch keine Filter und keine Schutzsoftware, sondern ganz konkrete Regeln, damit sie ihrem Alter entsprechend unversehrt aufwachsen können. Für die Erziehung ganz allgemein bedarf es eben nicht nur der Liebe, Anerkennung und der Versorgung, sondern insbesondere des Schutzes. Das darf beim Internet oder auch bei Computerspielen nicht haltmachen. […]

Nehmen Sie sich Zeit, gemeinsam mit ihren Kindern über die Vorzüge und Gefahren des World Wide Web zu reden. Bieten Sie an, in allen erdenklichen Situationen Ansprechpartner zu bleiben. Schauen Sie in regelmäßigen Abständen zusammen mit den Kindern, wie ihr gegenwärtiger virtueller Aufenthaltsort aussieht. Reden Sie nicht um den heißen Brei herum, sondern ganz klar Tacheles[1]. Wer alt genug ist, ins Web zu gehen, ist auch alt genug für Tatsachen. Kinder empfinden das vielleicht als nervige

Kontrolle, aber tief in ihrem Inneren spüren Sie dahinter die Sorge und den Schutz. Geraten sie in eine verfängliche Situation, werden sie auf Sie zukommen und um Rat fragen. Nur darauf kommt es an.

Thomas Feibel: Kindheit 2.0. So können Eltern Medienkompetenz vermitteln. Berlin: Stiftung Warentest 2009, S. 174 f.

1 Tacheles reden (umgangssprachlich: unverhüllt, ohne falsche Rücksichtnahme seine Meinung sagen, ganz offen die Sachlage darstellen; ursprünglich = Zweckmäßiges reden; zur Sache kommen)
Quelle: http://www.duden.de/rechtschreibung/Tacheles, Stand: 26. 09. 2017

Aufgabenstellung		Punkte
1.1	Die Nutzung von Medien birgt für die Rezipienten Gefahren. Stellen Sie diese dar und gehen Sie dabei, ausgehend von Aussagen des Autors T. Feibel, besonders auf die genannten Gefahren kindlicher und jugendlicher Internetnutzung ein.	6
1.2	Neben den möglichen Gefahren bietet die Internetnutzung Kindern und Jugendlichen auch zahlreiche Möglichkeiten, die sie in ihrer Entwicklung fördern. Erläutern Sie diese Aussage anhand von selbstgewählten Beispielen.	6
1.3	Stellen Sie die Merkmale des Demokratischen Erziehungsstils nach Lewin dar und arbeiten Sie die Empfehlungen des Autors zum Thema Internetnutzung durch Kinder und Jugendliche heraus. Überprüfen Sie anschließend, ob sich diese Empfehlungen dem Demokratischen Erziehungsstil zuordnen lassen.	9
1.4	Erläutern Sie den Begriff „Mündiger Rezipient" und stellen Sie den Autoritären Erziehungsstil nach Lewin dar. Überprüfen Sie, ob der Autoritäre Erziehungsstil nach Lewin geeignet ist, Kinder und Jugendliche zu „Mündigen Rezipienten" zu erziehen.	9
		30

Lösungsvorschläge

1.1 *Die Aufgabe verlangt eine allgemeine Darstellung der Gefahren von Medien sowie einen Textbezug. Daher sind auch die Gefahren darzustellen, die nicht explizit im Text erwähnt werden.*

Mögliche Gefahren des Internets lassen sich auf vier übergeordneten Ebenen beschreiben: der kognitiven, der psychisch-emotionalen, der physischen und der sozialen Ebene. Die ersten beiden Ebenen werden im vorliegenden Text angesprochen.
Auf der **kognitiven Ebene** kann es durch Medieninhalte zu falschen und unrealistischen Weltbildern kommen, wenn beispielsweise „Fake News" als solche nicht erkannt werden bzw. nicht entsprechend eingeordnet werden können. Informiert man sich nur über diese Quellen, kann es zu einem Realitätsverlust kommen. Daher fordert Feibel in Z. 7 f., dass Erwachsene das Kind (Rezipient) bei der Einordnung der entsprechenden Inhalte unterstützen sollten.
Die zweite durch den Text angesprochene Ebene ist die **psychisch-emotionale Ebene**. Der Text beschreibt in Z. 16 f., dass Interneterfahrungen sehr verstörend wirken können, etwa wenn Gewaltdarstellungen nicht richtig verarbeitet werden. Dies kann zu Ängsten, aber auch zu Abstumpfungen und eigener Aggressivität führen. Der Autor merkt in Z. 18 f. zudem die Gefahr an, mit Menschen in Kontakt zu kommen, die eine starke kriminelle Energie aufweisen.
Auf der **physischen Ebene** sind häufig körperliche Schäden, Übergewicht, erhöhter Cholesterinspiegel, Nervosität usw. die Folge von Bewegungsmängeln und Reizüberflutungen, die durch exzessive Mediennutzung hervorgerufen werden können.
Auf der **sozialen Ebene** kommt es oft zu Isolation, Einsamkeit, Kontaktarmut usw., wenn sich die Internetnutzer zu stark in die künstliche Welt des World Wide Web zurückziehen.

1.2 *Aus der Aufgabenstellung geht nicht hervor, wie viele Beispiele angeführt werden sollen. In diesen Fällen bieten sich zwei alternative Vorgehensweisen an. Entweder werden anhand von wenigen Beispielen die Chancen für die Entwicklung ausführlich erläutert oder durch die Zuhilfenahme mehrerer Beispiele die Erläuterungen kürzer gehalten.*

Die Chancen der **Internetnutzung** für die Entwicklungsförderung werden nachfolgend anhand von drei Beispielen erläutert.
Nutzt man die richtigen Quellen, bietet das Internet eine breite Unterstützung beim **Wissenserwerb**. Zahlreiche Online-Kataloge von Bibliotheken, Fachzeitschriften und Nachrichtenmagazinen sorgen für eine schnelle Information und bieten Möglichkeiten zur Selbstbildung. Das Gleiche gilt für Lernvideos. Hierdurch können offene Fragen geklärt und Wissenslücken geschlossen werden.

Eng verbunden mit dem Wissenserwerb ist die **Meinungsbildung**. Durch die Vielzahl der Quellen werden unterschiedliche Argumente zu einer Thematik angeboten. Der Bürger kann sich z. B. bei einem umstrittenen Projekt einer Stadtverwaltung die Pro- und Kontraargumente auf den unterschiedlichen Plattformen aneignen und so seine eigene Meinung bilden. Ebenso hilft beispielsweise der Wahl-O-Mat bei der Meinungsbildung, da die Wahlprogramme der verschiedenen Parteien themenbezogen miteinander verglichen werden.
Als dritte Chance ist die **Aufnahme und Pflege sozialer Kontakte** zu nennen. Durch Kommunikationsplattformen kann auch zu weiter entfernten Bezugspersonen leicht Kontakt gehalten werden. Zu wissen, dass die Kommunikation mit einem guten Freund auch nach dessen Wegzug unkompliziert möglich ist, kann z. B. emotional entlastend wirken. Zudem können online auch neue Freundschaften entstehen, beispielsweise in Foren zum Austausch über ein bestimmtes Hobby oder über die Lieblingsband, und diese können in die reale Welt übertragen werden.

1.3 *In der Aufgabe sind drei Teilaufgaben integriert.*

1. *Der demokratische Erziehungsstil soll dargestellt werden.*
2. *Die Empfehlungen des Autors zur Internetnutzung sollen herausgearbeitet werden.*
3. *Die Zuordenbarkeit der Empfehlungen zum demokratischen Erziehungsstil soll überprüft werden.*

Der **demokratische Erziehungsstil** zeichnet sich dadurch aus, dass die Kinder bei wichtigen Entscheidungen mitbestimmen dürfen und an Planungsprozessen beteiligt werden. Die Erziehungsperson steht als Gesprächspartner zur Verfügung und unterstützt die Kinder aktiv. Nötige Ge- und Verbote werden sachlich begründet. Die Haltung des Erziehers ist durch Verstehen und hohe Wertschätzung gekennzeichnet. Diese Haltung begünstigt in der Regel eine positive Entwicklung der Kinder. Selbstvertrauen, Selbstständigkeit und differenziertes Denken werden gefördert. Durch die Möglichkeit der Mitsprache entstehen keine stummen Kinder, die Ermutigung und Unterstützung beugt freudlosen Kindern vor und durch die Förderung der Selbstständigkeit wird folgsamem passivem Gehorsam entgegengewirkt.
Einige Empfehlungen des Autors lassen sich dem demokratischen Erziehungsstil zuordnen. „Gemeinsam mit [den] Kindern über die Vorzüge und Gefahren des World Wide Web zu reden“ (Z. 26 f.) entspricht diesem beispielsweise unter der Voraussetzung, dass dabei notwendige Ge- und Verbote **sachlich begründet** werden. Gleiches gilt für das Erstellen **konkreter Regeln**, die das Ziel verfolgen, dass die Kinder unversehrt aufwachsen (vgl. Z. 22). Das Merkmal, als **Gesprächspartner zur Verfügung zu stehen**, erfüllt sich, wenn der Erzieher in „allen erdenklichen Situationen Ansprechpartner“ bleibt (Z. 27 f.). „Zusammen mit den Kindern“ zu schauen, „wie ihr gegenwärtiger virtueller Aufenthaltsort aussieht“

(Z. 28 f.), **beteiligt** die Kinder schließlich im Sinne des demokratischen Erziehungsstils **am Planungsprozess**.
Die Aussage „ganz klar Tacheles" (Z. 30) zu reden, könnte als autoritärer Stil interpretiert werden. Im Kontext des Gesamttextes ist aber nicht davon auszugehen, dass hiermit eine Machtdemonstration gemeint ist. Wahrscheinlicher ist, dass der Autor auch den geforderten Klartext als sachlich begründet verstanden wissen will.

1.4 *Auch diese Aufgabe enthält drei Teilaufgaben.*
1. Der Begriff „Mündiger Rezipient" ist zu erklären.
2. Der autoritäre Erziehungsstil soll dargestellt werden.
3. Die Eignung des autoritären Stils zur Erziehung zum mündigen Rezipienten soll überprüft werden.

Ein mündiger Rezipient besitzt die Fähigkeit, medienkompetent zu handeln. Laut Dieter Baacke setzt sich **Medienkompetenz** aus vier Dimensionen zusammen:

a) **Medienkunde** umfasst das Wissen über Medien und die Fähigkeit, mit ihnen umzugehen.
b) **Medienkritik** bedeutet, sich kritisch mit den Inhalten und Möglichkeiten der Medien auseinanderzusetzen.
c) **Mediennutzung** betrifft den Anwendungsbereich, also die Fähigkeit, Medien bewusst auszuwählen und einzusetzen.
d) **Mediengestaltung** meint die kreative Gestaltung und Weiterentwicklung von Medien.

Autorität bedeutet Macht und Einfluss. Dies kann in Beziehungen zu Anerkennung, Unterwerfung oder Unterordnung führen. Der **autoritäre Erziehungsstil** nach Kurt Lewin weist folgende Merkmale auf: Alle Maßnahmen werden von der Erziehungsperson bestimmt, sie teilt die Aufgaben zu, gibt Befehle und Kommandos, bestimmt die Arbeitsabläufe, verteilt persönlich gehaltenes Lob sowie Tadel und übernimmt die Verantwortung.
Dieser Stil führt unter anderem zu folgenden Auswirkungen:

- Es wird eine verminderte Vielfalt an Äußerungen und Verhaltensweisen gezeigt, was einer selbstständigen Auseinandersetzung mit Medieninhalten entgegensteht.
- Spontaneität und Kreativität werden eingeschränkt, was sich insbesondere bei Mediengestaltung hemmend auswirkt.
- Die Kinder sind auf die Erziehungsperson fixiert und warten auf Anweisungen. Dies steht im Widerspruch zu einem eigenständigen kritischen Umgang mit Medien.

Der autoritäre Stil lässt also kaum Raum für Gestaltung und Reflexion des eigenen Handelns und ist somit wenig geeignet, Kinder zu mündigen Rezipienten zu erziehen.

Abiturprüfung an den beruflichen Gymnasien (SGGS)
Profilfach Pädagogik/Psychologie 2018 – Aufgabe 2

Inhaltliche Schwerpunkte: Personenzentrierte Theorie, Experiment, Instanzenmodell

Die quälende Frage: Muss ich perfekt sein?

Technische Errungenschaften wie die Apple Watch oder Apps fürs Smartphone, die den Stresspegel unter Kontrolle halten, die Stimmung überprüfen oder den Alkoholkonsum überwachen, geben Experten inzwischen Anlass zur Sorge. Diese digitalen Helfer vermitteln die Illusion, ein besseres, gesünderes, fitteres, kurz: perfektes Leben sei machbar, und vergrößern damit die ohnehin schon weitverbreitete Bereitschaft, die eigenen Unvollkommenheiten und Schwächen zu bekämpfen. […]

Fehler sind nicht erlaubt! Perfektionisten glauben, sie seien in den Augen anderer nur dann etwas wert, wenn sie sich keinerlei Schnitzer erlauben. Misslingt ihnen etwas, sind sie am Boden zerstört. Sie haben keine Mechanismen zur Verfügung, wie sie mit Niederlagen und Misserfolgen fertigwerden können. So zeigen beispielsweise Studien, dass perfektionistische Gewinner von Silbermedaillen ihre Glücksgefühle auf einer 10-Punkte-Skala mit 4,8 einschätzten, wobei „1“ völlige Niedergeschlagenheit und „10“ extreme Glücksgefühle bedeuteten. Sie empfanden es als Versagen, keine 100-prozentige Leistung erbracht zu haben. Nichtperfektionisten dagegen halten das für normal und menschlich.

Andere sind besser! Wir alle neigen zu sozialen Vergleichen. Diese laufen ganz automatisch und permanent ab. In einem Experiment haben die Teilnehmer nur für einen Bruchteil einer Sekunde subliminal, also unterhalb der bewussten Wahrnehmungsschwelle, das Gesicht einer schönen Frau zu sehen bekommen. Danach bewerteten sie ihr eigenes Aussehen schlechter als Teilnehmer, denen man ein eher durchschnittliches Gesicht gezeigt hatte. Perfektionisten stellen diese sozialen Vergleiche ununterbrochen an – und schneiden dabei grundsätzlich schlecht ab.

Es gibt nur perfekt – oder schlecht! Weil sie davon überzeugt sind, dass das Optimum erreichbar ist, kennen Perfektionisten mit sich keine Gnade, wenn sie ihre eigenen hohen Erwartungen nicht erfüllen. Typische Gedanken sind: „Ich habe die Beförderung nicht bekommen, also bin ich ein Versager.“ […]

Obwohl inzwischen Erkenntnisse aus der Zwillingsforschung den Verdacht nahelegen, dass genetische Faktoren eine Rolle spielen könnten, sind sich die Experten einig: Man kommt nicht als Perfektionist zur Welt, sondern man wird dazu gemacht. So zeigen Umfragen, dass Perfektionisten fast immer Aussagen zustimmen wie „Meine Eltern erwarteten viel von mir, ich wollte sie nicht enttäuschen“, „Meine Eltern kritisierten mich, wenn ich ihre Erwartungen nicht erfüllte“ und „Meine Eltern waren sehr anspruchsvoll. Sie forderten viel von sich selbst“. […]

Wer von klein auf lernen musste, dass er nur durch Leistung die unendlich wichtige Aufmerksamkeit oder Anerkennung der Eltern bekommen konnte, wer die Enttäuschung in den Augen des Vaters sah, wenn eine Schularbeit mit der Note Zwei bewertet wurde, glaubt: Nur wenn ich Perfektes leiste, bin ich etwas wert. […]

Und wie das Kind lebt auch der Erwachsene in der Angst, „nicht zu genügen, nicht geliebt zu werden, nicht zu gefallen, abgelehnt zu werden. Angst, keine Existenzberechtigung zu haben, wenn man nicht pausenlos Tadelloses, Bewundernswertes und Außergewöhnliches leistet“, erklärt Raphael Bonelli. „Der Perfektionist ist ein liebenswerter Mensch, der nicht daran glauben kann, liebenswert zu sein … Er ist überzeugt, dass er sich die Liebe verdienen muss oder dass er zumindest sicherer ist, wenn er etwas vorzuweisen hat.“ […]

Ursula Nuber: Die quälende Frage: Muss ich perfekt sein? In: Psychologie heute 1/2015, S. 18

Aufgabenstellung	Punkte
2.1 Perfektionismus entsteht laut Ursula Nuber schon in der Kindheit. Auch Carl Rogers’ Theorie zufolge muss man hier mit der Erklärung ansetzen. Beschreiben Sie die Entstehung des Selbstkonzeptes nach Rogers und nehmen Sie dabei Bezug zum Text.	12
2.2 Auf Grundlage seiner Theorie entwickelte Rogers die Klientenzentrierte Psychotherapie, die auch unter dem Namen Gesprächspsychotherapie bekannt wurde. Beschreiben Sie diese und erklären Sie auf dieser Grundlage, wie der „Perfektionist“ sein Selbstbild verändern kann. Nehmen Sie dabei Bezug zu den Aussagen im Text Z. 41 f.	6
2.3 Im Text wird in den Zeilen 17–22 ein Experiment beschrieben. Stellen Sie zunächst das Experiment allgemein als Forschungsmethode dar. Arbeiten Sie anschließend die unabhängige und abhängige Variable aus dem im Text dargestellten Experiment heraus und formulieren Sie eine mögliche Hypothese, die diesem Experiment zugrunde gelegen haben könnte.	6
2.4 Das Instanzenmodell von Sigmund Freud beschreibt die Struktur der menschlichen Persönlichkeit. Stellen Sie auf der Grundlage des Instanzenmodells das dynamische Zusammenspiel der Persönlichkeitsinstanzen dar und verdeutlichen Sie diese Dynamik am Beispiel des im Text beschriebenen Perfektionisten.	6
	30

Lösungsvorschläge

2.1 *Der Operator „beschreiben“ stammt aus dem Anforderungsbereich I–II. Die Theorie soll strukturiert und unter Bezugnahme auf den Text in eigenen Worten wiedergegeben werden.*

Rogers’ Theorie lässt sich der **humanistischen Psychologie** zuordnen. Sie geht in ihrem Menschenbild davon aus, dass der Mensch im Kern gut ist. Auch der vorliegende Text stellt in Z. 41 f. diesen Bezug her: „Der Perfektionist ist ein liebenswerter Mensch, der nicht daran glauben kann, liebenswert zu sein.“
Nach **Rogers** verdichten sich die Erfahrungen und Wahrnehmungen, die ein Mensch macht, mit der Zeit zusammen mit seinen Meinungen und Urteilsbildungen zu einem **Selbstkonzept**. Dieses besteht aus dem **Realselbst**, dem Bild, das man von sich hat, und dem **Idealselbst**, dem Bild, wie man gerne sein möchte bzw. sein soll. Stimmen Ideal- und Realselbst überein, wird dies positiv erlebt, klaffen sie jedoch auseinander, kommt es zu inneren Spannungen, die bei längerer Dauer zu psychischen Problemen und Störungen führen können, z. B.: „Nur wenn ich Perfektes leiste, bin ich etwas wert“ (Z. 37). Ob Selbstkonzepte positiv oder negativ ausfallen, entscheidet sich durch die Erfahrungen, die ein Mensch insbesondere mit Bezugspersonen macht. Positive Beziehungsbotschaften führen zu einem positiven Selbstkonzept, negative Beziehungsbotschaften führen zu einem negativen Selbstkonzept.
Im Text werden einige negative Beziehungsbotschaften beschrieben. Anführen lassen sich die Enttäuschung des Vaters bei der Note Zwei (Z. 35–37), die Erfahrung, nur durch Leistung Anerkennung durch die Bezugsperson zu bekommen (Z. 34 f.), und die Kritik, wenn die Erwartungen nicht erfüllt wurden (Z. 31 f.).
Bedingungslose Wertschätzung sieht Rogers als Voraussetzung für eine seelisch gesunde Entwicklung. Ist Wertschätzung an Bedingungen geknüpft, werden diese Bewertungsbedingungen ins Selbstkonzept übernommen. Die Person verliert dadurch den Kontakt zu sich selbst. Das Vertrauen in den **organismischen Bewertungsprozess** wird gestört und die **Selbstaktualisierungstendenz** beschnitten.
Personen mit positivem Selbstkonzept haben eine hohe **Selbstachtung**. Sie können neue Erfahrungen in ihr Selbstkonzept aufnehmen und integrieren. Es ist flexibel. Die Übereinstimmung des Selbstkonzepts mit den aktuellen Erfahrungen wird als **Kongruenz** bezeichnet. Personen mit einem negativen Selbstkonzept haben eine geringe Achtung vor sich selbst. Sie können aktuelle Erfahrungen nicht ohne Weiteres in ihr Selbstkonzept integrieren, da diese durch Verleugnung oder Verzerrung abgewehrt werden. Man spricht hier von einem **starren Selbstkonzept**. Wenn die aktuellen Erfahrungen nicht mit dem Selbstkonzept übereinstimmen, wird dies als **Inkongruenz** bezeichnet.
Bezogen auf den vorliegenden Text lässt sich sagen: Kein Mensch kann dauerhaft perfekt sein. So entsteht eine Diskrepanz zwischen Realselbst („Ich bin nicht perfekt.“) und Idealselbst („Ich möchte perfekt sein.“). Dies führt zu einer geringen Selbstachtung und damit einhergehend zu einem starren negativen Selbstkonzept.

2.2 *Der Operator „beschreiben" stammt aus dem Anforderungsbereich I–II. Die Theorie soll strukturiert und unter Bezugnahme auf die Aussagen im Text (Z. 41 f.) in eigenen Worten wiedergegeben werden.*

In der **Klientenzentrierten Psychotherapie** ist die Haltung des Therapeuten gegenüber dem Klienten von großer Bedeutung. Rogers beschreibt die Grundhaltungen **Wertschätzung**, **Empathie** und **Echtheit** (**Kongruenz**). Sind diese gegeben, kommt es zu Beziehungsbotschaften, in denen die Personen getrennt von der Sache gesehen werden. Es entsteht eine Gesprächsatmosphäre, in der der Klient bedingungslose Anerkennung erfährt, unabhängig von seinen Leistungen oder Taten. So macht er die Erfahrung, liebenswert zu sein, ohne dafür etwas leisten zu müssen. Dies ermöglicht ihm, an seine eigene Liebenswürdigkeit glauben zu können, was davor noch infrage stand (vgl. Z. 41 f.).
Durch das Verfahren des **aktiven Zuhörens**, in dem sich der Therapeut verbal an dem Gespräch beteiligt, ohne es an sich zu reißen (etwa durch **Paraphrasieren** und **Verbalisieren**), können die Selbstexploration des Klienten ermöglicht sowie Entwicklungsmöglichkeiten und Autonomie entfaltet werden. Der „Perfektionist" beginnt durch das wertschätzende Widerspiegeln der persönlich-emotionalen Erlebniswelt mithilfe des Verbalisierens oder durch die Wiederholung seiner wichtigsten Aussagen durch den Therapeuten beim Paraphrasieren möglicherweise selbst daran zu glauben, liebenswert zu sein. Der inkongruente Zustand zwischen Real- und Idealselbst könnte so aufgehoben und die Frage „Muss ich perfekt sein?" vielleicht sogar verneint werden.

2.3 *Die Frage beinhaltet drei Teilaufgaben.*
1. *Das Experiment als Forschungsmethode soll dargestellt werden.*
2. *Die abhängige und die unabhängige Variable des Experiments aus dem Text sollen herausgearbeitet werden.*
3. *Eine wissenschaftliche Hypothese soll formuliert werden.*

Unter einem **Experiment** wird eine absichtliche und planmäßige Herbeiführung eines Vorgangs verstanden, um diesen gezielt untersuchen zu können. Hierzu legt der Forscher ein Untersuchungsdesign entsprechend seinen Bedingungen an. Ein Experiment muss die Gütekriterien wissenschaftlicher Forschung **Validität**, **Reliabilität** und **Objektivität** erfüllen.
Einem Experiment liegt immer eine Hypothese zugrunde. Eine **Hypothese** ist eine Annahme, die durch ein Experiment bestätigt oder widerlegt wird. Die Hypothese macht eine Aussage über das Verhältnis der unabhängigen zur abhängigen Variable.
Die **unabhängige Variable** ist ein Faktor in einem zu untersuchenden Wirkungszusammenhang, der der Kontrolle des Versuchsleiters unterliegt. Sie ist dabei die Ursache für das „Verhalten" der abhängigen Variable im Experiment. Im vorliegenden Fall ist die unabhängige Variable das subliminale Sehen der Gesichter.

Von der **abhängigen Variable** wird angenommen, dass sie von der unabhängigen Variable beeinflusst wird und sich in Abhängigkeit von ihr verändert. Die abhängige Variable ist hier demnach die Bewertung des eigenen Aussehens.
Die Hypothese könnte folglich lauten: Nach der subliminalen Wahrnehmung des Gesichts einer schönen Frau fällt die Eigenbewertung schlechter aus als nach der subliminalen Wahrnehmung eines durchschnittlichen Gesichts.

2.4 *Zur Bearbeitung sind zwei Vorgehensweisen denkbar. Sie können die Dynamik der Persönlichkeit zunächst allgemein darstellen und diese im Anschluss auf den Perfektionismus beziehen oder Sie lassen den Bezug jeweils an den geeigneten Stellen direkt einfließen.*

Freud beschreibt in seinem **Instanzenmodell** drei Persönlichkeitsinstanzen, die das Erleben und Verhalten einer Person erklären sollen. Das **ES** ist dabei die Instanz der Triebe, Wünsche und Bedürfnisse. Das **ICH** leistet die bewusste Auseinandersetzung mit der Realität und das **ÜBER-ICH** beinhaltet als moralische Instanz die Wert- und Normvorstellungen.
Die drei Instanzen stehen in einer ständigen Wechselbeziehung zueinander. Das ES kündigt seine Wünsche beim ICH an, wobei die Wünsche durch das ÜBER-ICH bewertet werden. Je nach Bewertung erhält das ICH die Anweisung, dass die Wünsche des ES zugelassen werden können oder nicht.
Beim Perfektionisten kann von einer ICH-Schwäche ausgegangen werden, bei der das ÜBER-ICH mit seinen Ansprüchen gegenüber dem ES und dem ICH dominiert. Das ÜBER-ICH entsteht durch Erziehung und Sozialisation. Hier könnten die ab Z. 34 im Text erwähnten hohen Bewertungsbedingungen an die Person wie z. B. „nur bei Leistung bin ich etwas wert" zur Ausprägung eines dominanten ÜBER-ICH geführt haben. Ebenso könnten gesellschaftliche Wert- und Normvorstellungen eine Rolle bei der Ausbildung gespielt haben, etwa die in Z. 1–6 erwähnten technischen Errungenschaften, die die Illusion vermitteln, dass ein perfektes Leben machbar sei.

Abiturprüfung an den beruflichen Gymnasien (SGGS)
Profilfach Pädagogik/Psychologie 2018 – Aufgabe 3

Inhaltliche Schwerpunkte: Kognitive Entwicklung nach Piaget, Sozial-kognitive Lerntheorie

„Piaget" im Straßenverkehr

Die Teilnahme am Straßenverkehr fordert Kinder mit allen Sinnen. Sie sehen, nehmen wahr, hören, kommunizieren, geben Zeichen, beurteilen, reflektieren und treffen Entscheidungen. Oft sind sie noch überfordert, weil Verkehrssituationen ihnen Fähigkeiten abverlangen, die sie noch gar nicht besitzen. Die Kompetenzen eines jungen Menschen sind nicht zuletzt abhängig von seiner entwicklungspsychologischen Reife. […] Piagets Thesen markieren einen Meilenstein in der Geschichte der Entwicklungspsychologie. Niemand, der sich intensiver mit der Entwicklung kindlichen Denkens beschäftigt, kommt an der Auseinandersetzung mit Piaget vorbei. […] Welche Schlussfolgerungen ergeben sich also aus dem Stufenmodell der kognitiven Entwicklung für das Verkehrsverhalten von Kindern? Auf die ersten beiden Lebensjahre brauchen wir nicht einzugehen, in den folgenden Jahren allerdings wird es interessant. Die Kinder wachsen immer mehr in die Rolle von selbständigen Verkehrsteilnehmern hinein, zunächst als Fußgänger, dann auch als Tretroller- oder Radfahrer, Skater oder Benutzer von Bus und Bahn. Sicheres Verkehrsverhalten hängt von vielen Voraussetzungen ab, die kognitiven Fähigkeiten spielen dabei eine wichtige Rolle […].

Konkret ließe sich zum Beispiel die folgende Verkehrssituation beobachten: Ein paar Kinder spielen mit dem Ball. Der Ball rollt auf die Straße. Ein Junge läuft sofort hinterher, das herankommende Auto kann gerade noch eine Vollbremsung machen. Beurteilt man hierzu die folgenden Aussagen, wird deutlich, dass Kindern im Vorschulalter und ersten Schuljahr noch keine sichere und selbständige Verkehrsteilnahme möglich ist:

LISA (6 Jahre): „Ich kann stehen bleiben, dann kann das Auto das doch auch."

MARKUS (4 Jahre): „Der liebe Gott hat mir einen Schutzengel gemacht, der auf mich aufpasst, wenn ich über die Straße laufe."

[…] Folgende kindliche Überlegungen sind ebenfalls typisch:

MARTHA (5 Jahre): „Ich habe das Auto gesehen, also hat mich der Autofahrer auch gesehen."

RONNY (5 Jahre): „Ich sehe kein Auto, also ist auch keins da." […]

ANNE-MARIE (6 Jahre): „Die Straße ist da, damit ich rüberrennen kann."

Werden die Kinder älter, hat dies zur Folge, dass sie Gefahren besser einschätzen können.

MAX (12 Jahre) erzählt Folgendes: „Ich versteh das nicht, wenn mein kleiner Bruder Paul (5,1 Jahre) unsere Oma auf der anderen Straßenseite sieht, läuft er einfach los und springt ihr freudig entgegen, ganz egal ob ein Auto kommt oder nicht … Das ist doch gefährlich!“

https://www.verkehrswacht-medien-service.de/fileadmin/vms/images/content/pdf/Grundschule/Entwicklung/piaget_im_strassenverkehr.pdf. Letzter Zugriff 28. 10. 17. Aus didaktischen Gründen verändert und verkürzt.

Aufgabenstellung

Punkte

3.1 Der vorliegende Text beschreibt, wie Kinder alterstypisch am Verkehr teilnehmen. Beschreiben Sie die Besonderheiten der kindlichen Wirklichkeitsauffassung von Vorschulkindern nach Jean Piaget und ordnen Sie die Aussagen der Kinder über ihre Verkehrsteilnahme (Z. 22–29) diesen entsprechend zu. 10

3.2 Paul und Max beurteilen die Gefährlichkeit der beschriebenen Verkehrssituation (Z. 32 f.) unterschiedlich. Erläutern Sie diesen Sachverhalt auf Grundlage der altersbedingten kognitiven Fähigkeiten der beiden Kinder unter Beachtung möglicher Grenzen in der jeweiligen Stufe der Denkentwicklung nach Piaget. 8

3.3 Entwickeln Sie auf Grundlage der sozial-kognitiven Theorie nach Albert Bandura Empfehlungen für die Verkehrserziehung von Kindergartenkindern. 12

30

Lösungsvorschläge

3.1 *Der Operator „beschreiben“ stammt aus dem Anforderungsbereich I–II. Die Theorie soll strukturiert in eigenen Worten wiedergegeben werden. An den entsprechenden Stellen soll eine Zuordnung der kindlichen Aussagen aus dem Text erfolgen, die begründet werden muss.*

Kinder im Vorschulalter befinden sich nach **Jean Piaget** im **voroperationalen Stadium der Denkentwicklung**. Voroperational bedeutet, dass dem Kind noch keine logischen Operationen möglich sind, d. h., es kann sich Vorgänge und Zusammenhänge noch nicht rein gedanklich bewusst machen. Sein Denken ist laut Piaget durch einige typische Tendenzen charakterisiert. Zum einen ist es noch immer stark an die unmittelbare Wahrnehmung gekoppelt, man spricht deshalb auch vom **anschaulichen Denken**. Zum anderen geht das Kind davon aus, dass die Welt so ist, wie es selbst sie erlebt. Es kann sich noch nicht vorstellen, dass sie sich einem anderen Menschen ganz anders darstellen kann. Piaget nennt diese Tendenz „**Egozentrismus**“, d. h., das Kind ist auf seine eigene Perspektive zentriert, wie in Z. 26 f. zu erkennen ist: „Ich habe das Auto gesehen, also hat mich der Autofahrer auch gesehen.“ Das Zitat zeigt zusätzlich, dass das Vorschulkind auch den gegenständlichen Dingen seiner Umgebung die gleichen Eigenschaften zuschreibt wie sich selbst. Es ist noch nicht in der Lage, zwischen Lebendigem und Leblosem zu unterscheiden. Das wird in Z. 22 ebenfalls deutlich: „Ich kann stehen bleiben, dann kann das Auto das doch auch.“ Man nennt diese Tendenz zur Vermenschlichung **Anthropomorphismus**.
Eine Form des Anthropomorphismus ist das **animistische Denken**. Das Kind nimmt hierbei an, dass unbelebte Dinge mit Gefühlen, Wünschen, Absichten und Gedanken erfüllt sind. Damit verknüpft ist der **Artifizialismus**, der das Magische im Denken des Vorschulkindes beschreibt. So berichtet Markus in Z. 23 f.: „Der liebe Gott hat mir einen Schutzengel gemacht, der auf mich aufpasst, wenn ich über die Straße laufe.“
Zudem ist das Denken von Vorschulkindern durch die Annahme geprägt, dass alles in der Welt zweckbestimmt ist. Piaget nennt dies **Finalismus**. Anne-Marie geht dementsprechend in Z. 29 davon aus, dass die Straße den Zweck hat, über sie rennen zu können.
Letztlich existiert für das Kind nur das, was in der äußeren Welt wahrnehmbar ist. Es unterscheidet nicht zwischen der „objektiven“ Realität und der Realität der Bewusstseinsinhalte. „Ich sehe kein Auto, also ist auch keins da“, sagt Ronny in Z. 28. Dieses Phänomen nennt Piaget den **kindlichen Realismus**.

3.2 *Der Operator „erläutern“ stammt aus dem Anforderungsbereich II. Sie sollen die unterschiedlichen kognitiven Fähigkeiten der Kinder auf der Grundlage von Piagets Theorie erläutern, also veranschaulichen und verständlich machen.*

Paul sind noch keine logischen Operationen möglich, somit kann er sich Vorgänge und Zusammenhänge noch nicht rein gedanklich bewusst machen. Trotzdem

besitzt er in seinem Alter schon die Fähigkeit, über Dinge nachzudenken, indem er sie in Wörtern, Bildern, Klängen und Vorstellungen mental repräsentiert.
Pauls gefährliches Vorgehen lässt sich mit der **Zentrierung auf ein Merkmal** erklären, einem Phänomen, das Piaget bei seinen Experimenten zur **Mengeninvarianz** (z. B. Umschüttversuch) beschrieben hat. Zentrierung auf ein Merkmal bedeutet, dass sich nach Piaget Vorschulkinder nur auf einen Aspekt einer Situation konzentrieren können und ggf. andere wichtige Merkmale vernachlässigen. Paul konzentriert sich in der vorliegenden Situation nur auf die Oma auf der gegenüberliegenden Straßenseite. Der Aspekt, dass nicht nur die Oma, sondern auch Autos unterwegs sind, entgeht ihm dabei. Er hat aufgrund seiner noch fehlenden Beweglichkeit des Denkens die Gesamtsituation nicht im Blick.
Max hingegen befindet sich bereits im **formal-operationalen Stadium** des Denkens (ca. ab dem 12. Lebensjahr). Er ist in der Lage, mit Operationen zu operieren. Er ist dazu fähig, abstrakt zu denken und logische Schlussfolgerungen aus den vorhandenen Informationen zu ziehen. Durch seine größere Beweglichkeit im Denken abstrahiert er aus Beobachtungen und Aussagen mögliche weitere Einflussvariablen und kombiniert diese miteinander. Somit kann er die komplexe Verkehrssituation wahrnehmen und als gefährlich erkennen. Er kann seine Handlungen auf die gegebene Situation anpassen und wird erst über die Straße gehen, wenn es die Verkehrslage erlaubt.
Hierzu ist **hypothetisch-deduktives Denken** notwendig. Bei einer Problemlösung werden dabei Hypothesen gebildet, die alle möglichen Einflussfaktoren berücksichtigen. Werde ich schnell genug sein, wenn ich jetzt losrenne? Entsteht gleich eine Lücke im Verkehr, die ich zur Überquerung der Straße nutzen kann? Gibt es eine Ampel? Usw. Anschließend werden diese Annahmen in der Realität getestet. Das Denken wird systematisch.

3.3 *Hier stehen die Empfehlungen für die Verkehrserziehung im Vordergrund, die mit der sozial-kognitiven Theorie begründet werden.*

Bandura ging davon aus, dass eine Vielzahl von Erlebens- und Verhaltensweisen durch Beobachtung erlernt werden. Dieses Lernprinzip wird auch als **Lernen am Modell** bezeichnet. Bandura unterteilt Lernvorgänge in zwei Phasen: die Aneignungs- und die Ausführungsphase. Die **Aneignungsphase** besteht aus dem Aufmerksamkeits- und dem Gedächtnisprozess. Im **Aufmerksamkeitsprozess** wird entschieden, was aus der Fülle der Beobachtungsmöglichkeiten tatsächlich beobachtet wird, beispielsweise das Verhalten anderer Personen im Straßenverkehr. Diese Verhaltensweisen werden dann im Gedächtnis abgespeichert. Bandura nennt dies den **Gedächtnisprozess**.
Demnach wäre die erste Empfehlung, sich im Straßenverkehr selbst als **Vorbild** zu präsentieren und sein eigenes Modellverhalten immer wieder kritisch zu reflektieren. Nehme ich es z. B. in Kauf, notfalls eine Straßenbahn zu verpassen, wenn es die Verkehrssituation nicht zulässt, diese den Verkehrsregeln entsprechend zu erreichen, oder laufe ich mit meinem Kind schnell zwischen den Autos hindurch?

Ebenso kann es sinnvoll sein, Kinder auf gute Modelle aufmerksam zu machen, z. B.: „Schau mal, der Junge wartet geduldig an der roten Ampel."

Die **Ausführungsphase** beinhaltet den **Reproduktions-** und den **Motivationsprozess**. Im Reproduktionsprozess wird die im Gedächtnis gespeicherte Handlung umgesetzt, wenn sich die passende Situation ergibt. Somit ist es wichtig, das Verhalten im Straßenverkehr mit den Kindern zu üben und erfolgreiches Verhalten zu bekräftigen. Dies kann beispielsweise durch Spaziergänge, Bilderbücher, Verkehrsspiele usw. geschehen. Wenn sich das Kind Erfolg in Form von Anerkennung verspricht, wird es das gewünschte Verhalten nachahmen und beispielsweise an roten Ampeln freiwillig stehen bleiben. Bandura nennt dies den Motivationsprozess.

Wen Kinder als Modell für den Straßenverkehr auswählen, hängt von verschiedenen Bedingungen ab. Die **Bedingungen** der Aufmerksamkeit lassen sich in die Persönlichkeitsmerkmale des Modells und des Beobachters, in die Beziehung, die Modell und Beobachter zueinander haben, sowie in gegebene Situationsbedingungen unterteilen.

Erfolgreiche Modelle besitzen **Persönlichkeitsmerkmale** wie soziale Macht, hohes Ansehen, Sympathie und Attraktivität. Als Modelle kommen also insbesondere Bezugspersonen wie Eltern, Geschwister, Erzieherinnen usw. in Betracht. Aber auch durch Verkehrspolizisten oder symbolische Modelle wie beispielsweise einen „Verkehrskasper" kann es gelingen, im Kindergarten die Aufmerksamkeit der Kinder für das Thema Straßenverkehr zu gewinnen.

Natürlich spielt auch die **Bekräftigung** beim Modelllernen eine wesentliche Rolle. So wird das Kind bei der externen Bekräftigung direkt bestärkt, beispielsweise mittels Lob durch die Erzieherin, wenn es sich in einer Verkehrssituation richtig verhält. Bei der stellvertretenden Bekräftigung beobachtet es, wie eine andere Person bestärkt wird. Dementsprechend wirkt sich z. B. Anerkennung für den Verkehrskasper, der vorausschauend gehandelt hat, bestärkend aus.

Mit der Bekräftigung hängen die **Effekte des Modelllernens** eng zusammen. Beim modellierenden Effekt werden neue Verhaltensweisen übernommen, z. B. nach rechts und links zu schauen, bevor man über die Straße geht. Je nach Verhalten lassen sich aber auch hemmende und enthemmende Effekte provozieren. So könnte beispielsweise der Abbruch eines Spaziergangs bei unangemessenem Verkehrsverhalten einen hemmenden Effekt darstellen, sich künftig wieder so zu verhalten. Anerkennung für richtiges Verhalten könnte dazu führen, dass Mitläuferverhalten enthemmt wird.

Wie stark die für die Verkehrserziehung eingesetzten Modelle genutzt werden, hängt von der Motivation des Kindes ab, die sich aus der Ergebniserwartung (Lohnt sich das?), der Kompetenzerwartung (Kann ich das?) und der Aussicht auf Selbstbekräftigung (Will ich das?) zusammensetzt. Positive Bekräftigungsprozesse stärken den Selbstwert der Kinder und wirken motivierend.

Abiturprüfung an den beruflichen Gymnasien (SGGS)
Profilfach Pädagogik / Psychologie 2018 – Aufgabe 4

Inhaltliche Schwerpunkte: Systemtheorie, Kommunikation

„Niemand ist allein krank“
Der Fall Familie Z. – „Mama, was machst du ohne mich?“

Aus einem Therapiebericht:
Die 16-jährige Jana ist das einzige Kind der Familie Z. und steht kurz vor dem Realschulabschluss. Die Mutter von Jana, Frau Z., leidet unter einer Angsterkrankung. Ihr Vermeidungsverhalten ist stark ausgeprägt, wobei sie angstauslösende Situationen gut in Begleitung anderer Familienmitglieder – vorwiegend ihrer Tochter Jana – aufsuchen kann. Frau Z. vermeidet öffentliche Verkehrsmittel und weitere Entfernungen von der Wohnung. Herr Z. ist im Baugewerbe tätig und häufig nicht zu Hause.

Die Familie macht sich Sorgen, da sie an der Tochter Verhaltensweisen bemerkt, die denen der Mutter ähneln und die der Beginn einer Angsterkrankung sein könnten. Ziel der Therapie ist, dass es der Tochter Jana wieder besser geht. In der Therapie fragt der Therapeut die Angehörigen: „Woran wäre erkennbar, dass dieses Ziel erreicht sei?“ Worauf diese antworten: „Wenn sie ohne die Mutter etwas unternehme, sich wieder mit ihren Freunden treffe, häufiger lache und lebenslustiger sei.“

Im Prozess der Familiengespräche wird deutlich, dass Jana sich aktuell in einer schwierigen Vermittlerposition zwischen Vater und Mutter oder auch zwischen den Großeltern mütterlicherseits und den Eltern befindet. Frau Z. fühlt sich vor allem ihrer Mutter gegenüber, der Großmutter von Jana, noch stark verbunden, was zu häufigen Konflikten zwischen Herrn und Frau Z. führt, in denen Jana vermittelt.

Im weiteren Therapieverlauf stellt sich bei der Aufarbeitung der Familiengeschichte heraus, dass in beiden Familien Kinder vor den Eltern an Herzinfarkten verstorben sind. Jana leidet in diesem Zusammenhang unter angstauslösenden Gedanken wie „Ich könnte sterben. Ich könnte einen Herzinfarkt bekommen“. Die Tochter wird angeregt, ein Testament zu schreiben, um ihre materielle und immaterielle Hinterlassenschaft zu regeln. In der nächsten Sitzung berichtet Jana, dass sie beschlossen habe, kein Testament zu schreiben: „Ich bin viel zu jung zum Sterben und brauche mich daher nicht damit auseinandersetzen!“

Während der Sitzungen wird spielerisch mit dem Thema „Jana leidet auch an einer Angsterkrankung“ umgegangen. Immer wieder wird danach gefragt, was anders wäre, wenn dies keine Erkrankung, sondern „normale Wachstumsschmerzen“ seien. Jana äußert sich zudem besorgt über die Beziehung der Eltern. Was würde mit der Partnerschaft passieren – besonders mit der Mutter –, wenn Jana sich auf den Weg in ihr eigenes Leben machen würde.

Die Angstsymptomatik könnte der „Klebstoff" zwischen den Eltern sein – und so gesehen ginge es um eine Ablösethematik der Tochter im therapeutischen Familiengespräch. Andererseits ginge es in die Richtung, dass Frauen in diesem Familiensystem dann liebenswert sind, wenn sie schwach, ängstlich und hilflos sind. Dann wären die Parallelen zwischen Mutter und Tochter bezüglich der Angstsymptomatik eine Form der weiblichen Identifikation mit der Mutter.

In Anlehnung an Schweitzer, J., v. Schlippe, A.: Lehrbuch der systemischen Therapie und Beratung II. 2015, S. 97 f. Aus didaktischen Gründen gekürzt und verändert.

Aufgabenstellung		Punkte
4.1	Stellen Sie dar, was man in der systemischen Arbeit unter einem System, der Rekursivität bzw. dem System als Regelkreis versteht, und wenden Sie diese auf das Fallbeispiel Familie Z. an. Erläutern Sie in diesem Zusammenhang die Aussage *„Niemand ist allein krank"*.	9
4.2	Im Fallbeispiel wird die Arbeitsmethode des systemisch arbeitenden Therapeuten deutlich. Erläutern Sie die Vorgehensweisen Zirkuläres Fragen, Hypothetisieren und Verstörung am Fallbeispiel Familie Z.	9
4.3	*„Veränderung ist […] nur als Eigenleistung des zu verändernden Systems möglich!" (2005, S. 88; vgl. Wimmer, 2010).* Erklären Sie dieses Zitat unter Bezugnahme relevanter Begriffe der Systemtheorie und verdeutlichen Sie in diesem Zusammenhang, welche Rolle der Therapeut in der systemischen Therapie übernehmen kann.	6
4.4	Stellen Sie das Kommunikationsmodell „Vier Seiten einer Nachricht" von Friedemann Schulz von Thun dar. Interpretieren Sie Janas Aussage *„Mama, was machst du ohne mich?"* auf Grundlage dieses Modells, indem Sie Botschaften formulieren, die sie ihrer Mutter gesendet haben könnte.	6
		30

Lösungsvorschläge

4.1 *Zur Bearbeitung sind zwei Vorgehensweisen denkbar. Sie können die Systemtheorie zunächst allgemein darstellen und im Anschluss den Bezug zur Familie Z. herstellen oder Sie lassen dies bereits bei der Darstellung der Theorie einfließen.*

In der **systemischen Arbeit** ist ein System als der ganzheitliche Zusammenhang von Teilen definiert, wobei die Beziehung der Teile untereinander qualitativ produktiver und quantitativ intensiver ist als ihre Beziehung zu anderen Elementen. Systemgrenzen trennen Systeme von der Umwelt.
In einem sozialen System sind alle Elemente des Systems wechselseitig abhängig voneinander, es herrscht also **Interdependenz**. Die Ordnung und Regelmäßigkeit in den Beziehungen zwischen den Systemelementen sowie die Abgrenzung zu anderen Systemen, die dem eigenen System Identität geben, charakterisieren das soziale System.
Das Verhalten der Elemente in einem System kann als ein **Regelkreis** beschrieben werden. Die Beziehungen sind kreisförmig. Es geht nicht um lineare Ursache-Wirkungs-Zusammenhänge, sondern um wechselseitige Einflussnahme. Diese kreisförmige Sichtweise, bei der jedes Element zugleich Ausgangs- und Endpunkt ist, wird als **Rekursivität** bezeichnet.
Im vorliegenden Fall bildet Familie Z. ein System, mit den Systemelementen Vater, Mutter, Tochter und Großeltern, die in wechselseitiger Abhängigkeit zueinander stehen. Ihre wechselseitige Beziehung zeigt sich z. B. darin, dass Jana die Mutter bei der Bewältigung der eigenen Angsterkrankung unterstützt. Die Mutter kann z. B. angstauslösenden Situationen gut im Beisein der Tochter begegnen (vgl. Z. 4–6). Auch die Beziehungskonflikte zwischen den Eheleuten, in denen Jana vermittelt (Z. 14–18), zeigen eine Rekursivität.
Die Aussage „Niemand ist allein krank" verdeutlicht diese systemische Sichtweise. Sie geht davon aus, dass durch wechselseitig eingespielte Verhaltensweisen das Krankheitssymptom bestehen bleibt und Klienten daher nur Symptomträger sind. Janas Angstproblematik wird durch eingefahrene Beziehungsmuster in der Familie einerseits erzeugt, andererseits aber auch aufrechterhalten.

4.2 *Der Operator „erläutern" stammt aus dem Anforderungsbereich II. Sie sollen die Techniken zirkuläres Fragen, Hypothetisieren und Verstören am Beispiel der Familie Z. erläutern, also veranschaulichen und verständlich machen.*

In sozialen Systemen ist jedes Verhaltenselement in den gesamten Kreislaufprozess des Systems, dem es angehört, eingebunden. Um diese Zirkularität aufzudecken, werden **zirkuläre Fragen** verwendet. Dies tut der Therapeut beispielsweise in Z. 11: „Woran wäre erkennbar, dass dieses Ziel erreicht sei?" „Was würde mit der Partnerschaft passieren […], wenn Jana sich auf den Weg in ihr eigenes Leben machen würde?" (Z. 30–32) wird ebenfalls in den Sitzungen

thematisiert. Mit diesen Fragen deckt der Therapeut Beziehungsmuster innerhalb der Familie auf, die das problematische Verhalten von Jana aufrechterhalten.
Im Verlauf der Therapie geht es darum, immer wieder Hypothesen über Zusammenhänge zu formulieren, sprich zu **Hypothetisieren**. Hypothesen sind vorläufige Annahmen, die der Therapeut aufgrund von gesammelten Informationen aufstellt. Im vorliegenden Fall nimmt er z. B. an, dass die Angstproblematik „der Klebstoff zwischen den Eltern" sein könnte (Z. 33) oder dass „Frauen in diesem Familiensystem dann liebenswert sind, wenn sie schwach, ängstlich und hilflos sind" (Z. 35 f.). Diese Hypothesen sollen zum einen die vielen Informationen, die ein System liefert, für den Therapeuten ordnen, zum anderen sollen sie ihm und dem System neue Sichtweisen liefern und das System zu Veränderungen anregen.
Durch Verschreibungen wird versucht, sich ständig wiederholende Verhaltensmuster in einem System zu verändern bzw. zu verstören. So erhält z. B. Jana, die Angst vor Erkrankungen und frühzeitigem Tod durch einen Herzinfarkt hat, die Aufgabe, ihr Testament zu schreiben (vgl. Z. 22 f.). Diese **Verstörung** des Systems zeigt ihre Wirkung. Jana berichtet in der nächsten Sitzung: „Ich bin viel zu jung zum Sterben und brauche mich daher nicht damit auseinandersetzen!" (Z. 25 f.) Der Versuch des Therapeuten, die destruktiven Gedanken Janas zu unterbrechen, scheint funktioniert zu haben.

4.3 *Der Operator „erklären" stammt aus dem Anforderungsbereich II. Sie sollen das Zitat mithilfe relevanter Begriffe der Systemtheorie erklären, also veranschaulichen und verständlich machen.*

Ein System kann sich nur selbst verändern, da es sich um eine **sich selbst erzeugende, autopoietische Organisation** handelt. Es kann sich somit nur aus sich selbst heraus gestalten, organisieren sowie einen neuen Zustand einnehmen. Dies geschieht ohne einen Einfluss von außen. Durch die wechselseitigen Beziehungen in einem System ändern sich die Elemente ständig und damit auch das System selbst. Dies wird als **Selbstorganisation** bezeichnet.
Ein System ist von seiner aktuellen Struktur her festgelegt und somit geschlossen. Geschlossenheit meint in diesem Zusammenhang, dass sich ein System grundsätzlich in Abhängigkeit von seinen aktuellen internen Strukturen verhält. Es ist der Umwelt gegenüber für die Aufnahme von Informationen durchaus offen („**energetisch offen**"), aber was es aus den Informationen macht, bestimmt es selbst („**operational geschlossen**"). Es ist somit durch seine Strukturdeterminiertheit „autonom" und Veränderung wird zur Eigenleistung.
Daher sind Therapeuten nur in der Lage, das System anzustoßen, anzuregen, zu „verstören" und in Eigenschwingung zu versetzen. Übertragen auf die Therapie bedeutet dies, dass der Therapeut lediglich Impulse setzen kann in der Hoffnung, dadurch im System Dialoge und Prozesse in Gang zu bringen. Er versucht, durch Verstörungen das System aus seinem Gleichgewicht der Homöostase zu bringen, um zu erreichen, dass das System seine Fähigkeit zur Selbstorganisation nutzt und sich verändert.

4.4 *Der Operator „darstellen“ stammt aus dem Anforderungsbereich II. Sie sollen die geforderte Theorie strukturiert wiedergeben und damit veranschaulichen und verständlich machen, welche Botschaften Jana ihrer Mutter gesendet haben könnte.*

Laut dem **Kommunikationsmodell** von **Schulz von Thun** enthält jede Äußerung vier Botschaften:

- eine Sachinformation (worüber ich informiere)
- eine Selbstkundgabe (was ich von mir zu erkennen gebe)
- einen Beziehungshinweis (was ich von dir halte und wie ich zu dir stehe)
- einen Appell (was ich bei dir erreichen möchte)

Diese vier Seiten einer Nachricht des Senders treffen auf die „vier Ohren“ des Empfängers. Dieser muss nun die vier Ebenen der Botschaft aus seiner Perspektive entschlüsseln:

- eine Sachinformation (Worüber soll ich informiert werden?)
- eine Selbstkundgabe (Was sagt der Sender mit der Botschaft über sich aus?)
- einen Beziehungshinweis (Wie denkt der Sender über mich?)
- einen Appell (Was erwartet der Sender von mir?)

Sowohl Sender als auch Empfänger sind für die Qualität der Kommunikation verantwortlich, wobei die unmissverständliche Kommunikation der Idealfall ist und nicht die Regel.
Janas Frage „Mama, was machst du ohne mich?“ lässt sich vonseiten des Senders folgendermaßen interpretieren:

- Sachinformation: „Mama, was machst du ohne mich?“ ist auf dieser Ebene eine neutrale Frage.
- Selbstkundgabe: Hier kann die Frage als Mitteilung der eigenen Befindlichkeit gesehen werden im Sinne von: „Mama, ich bin besorgt um dich.“
- Beziehungshinweis: Als Feststellung auf der Beziehungsebene kann die Botschaft lauten: „Mama, du brauchst mich. Du bist von mir abhängig.“
- Appell: Zuletzt kann die Aussage auch eine Aufforderung zur Verhaltensänderung sein: „Mama, du musst das jetzt auch mal selbst schaffen.“

Abiturprüfung an den beruflichen Gymnasien (SGGS)
Profilfach Pädagogik/Psychologie 2019 – Aufgabe 1

Inhaltliche Schwerpunkte: Pädagogik, Erziehung, Identitätsbildung, wissenschaftliche Methoden, höheres Erwachsenenalter

Erfülltes Leben

Geboren bin ich 1948. Die Kindheit verbrachte ich im Allgäu. Ich blieb ein Einzelkind, meine Familie war sehr gläubig und meine Mutter bestand früh darauf, dass ich sie zur Kirche begleite. Die Atmosphäre in der Kirche beeindruckte von Anfang an: die Stille, der Klang der Orgel, die Erhabenheit der sakralen Architektur, die wortgewaltigen Predigten unseres Pfarrers. So wollte ich bereits als Kind auch Pfarrer werden und wurde ein begeisterter Ministrant. Ich schleppte Messbücher und schwang Weihrauchfässer. Als Kind hatte ich kaum Berührungsängste mit fremden Menschen und stellte schnell Kontakt sowohl zu Jung und Alt her.

Während meiner Schulzeit probierte ich Vieles aus. Neben dem Lesen zahlreicher Bücher spielte ich ein wenig Klavier, interessierte mich für Kunst sowie Sprachen und fremde Kulturen. Nichts von alledem blieb in dieser Zeit jedoch von Dauer interessant.

Schließlich machte ich Abitur. Ich studierte Theologie an der Uni München, wie es seit jeher in meiner Familie üblich war. Mein damaliger WG-Mitbewohner entpuppte sich als großer Anhänger der zu dieser Zeit allgegenwärtigen Studentenbewegung. Durch die nach und nach entstandene Freundschaft zu ihm begann eine aufregende Zeit für mich. Inspiriert durch die 68er-Bewegung, setzte ich mich immer intensiver mit den vorherrschenden politischen Verhältnissen in unserer Gesellschaft auseinander. Neben der Forderung nach mehr Demokratie und persönlicher Freiheit richtete sich meine persönliche Kritik vor allem an die vorherrschenden Bildungs- und Erziehungsvorstellungen der Gesellschaft. Vor diesem Hintergrund stellte ich auch meine eigene religiöse Sozialisation in Frage. Das Ergebnis dieses Prozesses war der Austritt aus der Kirche und der Wechsel des Studiums, von der Theologie zu den Kulturwissenschaften.

Hier entdeckte ich ganz neue Horizonte und meine Leidenschaft für anthropologische Fragestellungen und Expeditionen. Viele Reisen zu den entlegensten Orten dieser Welt haben mich in den vielen Jahren der Forschung auf diesem Gebiet in meinem Denken und meinen Vorstellungen über das Leben geprägt und beeinflusst. Mein Horizont und meine Toleranz gegenüber anderen Kulturen und Lebensweisen erweiterten sich ständig. Hierüber habe ich zahlreiche Bücher veröffentlicht und mehr als 100 Vorträge in der ganzen Welt gehalten. Die Vorträge halte ich inzwischen nicht mehr vor Ort, sondern nur noch per Videokonferenz, da das Fernreisen altersbedingt zunehmend beschwerlicher wurde. Ich beschäftige mich zudem gerade mit dem Schreiben meiner Biografie. Der damit verbundene Rückblick auf mein erfülltes Leben macht mich glücklich und zufrieden.

Aus einem unveröffentlichten Manuskript.

Aufgabenstellung Punkte

1.1 Die Entwicklung der Identität gilt als zentrale Aufgabe der Entwicklungspsychologie. Stellen Sie die Identitätszustände nach James E. Marcia dar. Überprüfen Sie, welche der Identitätszustände sich der Biografie, die im Text beschrieben wird, zuordnen lassen. 10

1.2 Neben Marcias Konzept können zur Erklärung der Entwicklung der Identität auch die Entwicklungsfaktoren herangezogen werden.
Beschreiben Sie diese Faktoren. Ordnen Sie entsprechende Aussagen der Biografie des Autors den passenden Faktoren zu und zeigen Sie deren Wechselwirkung auf. 4

1.3 Ein Psychologe möchte herausbekommen, wie sich das Ausmaß der Religiosität der Menschen mit zunehmendem Alter verändert.
Erläutern Sie, wie er diese Fragestellung durch eine Querschnittuntersuchung und wie durch eine Längsschnittuntersuchung klären könnte.
Beurteilen Sie hierbei jeweils Vor- und Nachteile dieser beiden Forschungsmethoden im Hinblick auf die oben genannte Fragestellung. 10

1.4 Stellen Sie die wesentlichen Merkmale von zwei Theorien des Alterns dar. Entscheiden Sie begründet, mit welcher dieser Theorien sich die aktuelle Lebenssituation des Autors (Z. 30 f.) am besten erklären ließe. 6

30

Lösungsvorschläge

1.1 *Zur Bearbeitung sind zwei Vorgehensweisen denkbar. Sie können zunächst die Identitätszustände darstellen und dann die im Text beschriebenen Identitätszustände zuordnen oder Sie nehmen die Zuordnung schon während der Beschreibung vor.*

James Marcia beschreibt vier Identitätszustände: die übernommene Identität, das Identitätsmoratorium, die erarbeitete und die diffuse Identität.
Menschen mit einer **übernommenen Identität** haben ihre Wert- und Zielvorstellungen erworben, ohne vorher Alternativen exploriert zu haben. Sie nehmen eine vorgefertigte Identität an, die sie meist von einer anderen, ihnen nahestehenden Autoritätsperson, z. B. Vater, Mutter, Lehrer kopieren. Auch im Beispiel „Erfülltes Leben" hat der Autor als Kind einer religiösen Familie selbstverständlich die Rolle des Ministranten übernommen und den Berufswunsch Pfarrer ins Auge gefasst (Z. 5 f.). Dass sich auch die Aufnahme des Theologiestudiums der übernommenen Identität zuordnen lässt, wird in Zeile 12 f. durch die Bemerkung „wie es seit jeher in meiner Familie üblich war" deutlich.
Menschen im **Identitätsmoratorium** schieben ihre Entscheidungen auf und haben sich noch nicht endgültig festgelegt. Sie testen unterschiedliche Werte und Ziele aus, die als Richtlinie für das eigene Leben passen könnten. Grundsätzlich sind sie jedoch bereit, diese Entscheidungen mittelfristig für sich zu treffen. So beschreibt auch der Autor in Zeile 9 ff., dass er in seiner Schulzeit Lesen und Klavierspielen ausprobiert habe, sich für Kunst, Sprachen und fremde Kulturen interessierte, aber sich für nichts von dem auf Dauer begeistern konnte.
Menschen mit einer **erarbeiteten Identität** haben sich selbstständig eigene Wert- und Zielvorstellungen angeeignet. Sie haben zuvor Alternativen sondiert und verpflichten sich nun ihren eigenen Werten und Normen. Sie fühlen sich psychisch wohl, sind selbstsicher, beziehen eigene Standpunkte und wissen, wie sie ihre Zukunft gestalten wollen. Diesen Zustand erreicht der Autor in Zeile 16 ff. Angeregt durch seinen WG-Mitbewohner setzt er sich „immer intensiver mit den vorherrschenden politischen Verhältnissen in unserer Gesellschaft auseinander", stellt seine „eigene religiöse Sozialisation in Frage", tritt schließlich aus der Kirche aus und nimmt einen Studienwechsel vor. Ebenso entdeckt er in Zeile 24 ff. seine Leidenschaft für die Anthropologie, unternimmt Reisen, veröffentlicht Bücher und hält Vorträge zu diesem Thema.
Menschen mit **diffuser Identität** fehlt eine klare Richtung in ihrem Sein. Sie haben weder konkrete Wert- und Zielvorstellungen noch streben sie danach. Sie reflektieren keine alternativen Lebensentwürfe, sind oft desorientiert und entscheidungsunfähig. Der Prozess der Identitätserarbeitung wird häufig als zu bedrohlich oder überfordernd wahrgenommen. Dieser Identitätszustand ist im vorliegenden Text jedoch nicht beschrieben.

1.2 *Zur Bearbeitung sind zwei Vorgehensweisen denkbar. Sie können zunächst die Entwicklungsfaktoren beschreiben und dann die entsprechenden Textaussagen zuordnen oder Sie nehmen die Zuordnung schon während der Beschreibung vor.*

Die **Entwicklungsfaktoren** unterteilen sich in endogene, exogene und autogene Faktoren.
Die **endogenen Faktoren** stellen die genetische Ausstattung einer Person dar. Hierbei wird auch von „Anlage" gesprochen. Dem Autor fiel es von jeher leicht, auf andere Menschen zuzugehen. „Als Kind hatte ich kaum Berührungsängste mit fremden Menschen und stellte schnell Kontakt sowohl zu Jung und Alt her" (Z. 7 f.). Diese Persönlichkeitszüge liegen in der Anlage des Autors.
Die **exogenen Faktoren** sind die Umwelteinflüsse, die von außen auf das Individuum wirken. Sie lösen Entwicklungsprozesse aus, fördern oder hemmen sie. So hatte die Herkunftsfamilie des Autors maßgeblichen Einfluss auf seinen anfänglich religiösen Werdegang. Ebenso wurde sein Persönlichkeitswandel durch den WG-Mitbewohner von außen inspiriert.
Die **autogenen Faktoren** repräsentieren die Selbststeuerung des Menschen. Als aktives Wesen setzt er sich selbstständig mit seiner Umwelt auseinander. So erweitert der Autor seinen Horizont durch Forschungsreisen. Ebenso sind seine Vorträge und Autorentätigkeiten intrinsisch motiviert.
Durch sein offenes Wesen (endogener Faktor) zeigt er also früh Interesse an anderen Menschen (autogener Faktor). Seine exogenen Faktoren wie Mutter, WG-Freund, Studium usw. entsprechen diesem Bedürfnis, sodass er aufgrund dieser Wechselwirkungen auf ein erfülltes Leben zurückschauen kann.

1.3 *Die Aufgabenstellung enthält die beiden Operatoren „erläutern" (Anforderungsbereich 2) und „beurteilen" (Anforderungsbereich 3). Sie sollen deutlich machen, wie im Rahmen der beiden Studienformen der Fragestellung nachgegangen werden könnte. Darauf bezogen, soll im Anschluss die Beurteilung der beiden Studienformen erfolgen.*

Beide Studien könnten ihre Ergebnisse mit der empirischen Methode der **wissenschaftlichen Befragung** generieren. Die **Items** könnten **Skalierungsfragen** enthalten, beispielsweise: „Bewerten Sie Ihre Zustimmung zur Aussage ‚Ich bin ein religiöser Mensch' auf einer Skala von 0 (stimme gar nicht zu) bis 7 (stimme vollständig zu)." Bei der Auswertung nach Alter könnte man überprüfen, ob sich die durchschnittlichen Zustimmungswerte zwischen den einzelnen Altersgruppen unterscheiden.
Bei einer **Querschnittstudie** würde diese Befragung zeitgleich mit Menschen unterschiedlicher Altersgruppen durchgeführt werden. Dies hätte den **Vorteil**, dass mit einer einzigen Untersuchung alle Altersgruppen erfasst werden könnten und die Ergebnisse somit schnell vorlägen. Der **Nachteil** wäre, dass die Befragten zu unterschiedlichen Zeiten sozialisiert wurden. So hatte durch den gesellschaftlichen Wandel Religion beispielsweise vor 40 Jahren eine andere Bedeutung als heute. Diese unterschiedlichen Sozialisationseinflüsse könnten das Ergebnis als

intervenierende Variable verfälschen, da ein Kausalzusammenhang zwischen Alter und Religiosität nur bedingt hergestellt werden könnte.
Bei einer **Längsschnittstudie** würde eine Stichprobe an Probanden über einen längeren Zeitraum hinweg untersucht. So könnte man die Befragung beispielsweise mit Grundschulkindern starten und diese im 10-Jahres-Rhythmus immer wieder zu ihrer Religiosität befragen. Dies hätte den **Vorteil**, dass Veränderungen in der Religiosität eindeutiger als Auswirkung der Altersveränderung angesehen werden könnten. Als **Nachteil** wäre allerdings der extrem hohe Zeitaufwand zu nennen. Die Ergebnisse liegen eventuell sogar erst in der nächsten Forschergeneration vor. Ebenso wäre mit einer kontinuierlichen Verkleinerung der Stichprobe z. B. durch Wegzug, Ausstieg aus der Studie oder Tod zu rechnen.

1.4 *Im nachfolgenden Lösungsvorschlag werden das Defizitmodell sowie das Kompetenzmodell gewählt. Die Darstellung der kognitiven Theorie des Alterns nach Thomae wäre jedoch ebenfalls denkbar.*

Das **Defizitmodell** beschreibt Altern als einen unumkehrbaren Prozess des Verlustes körperlicher, kognitiver, emotionaler und sozialer Fähigkeiten. Altern ist nach diesem Modell eine pathologische Variante des nur bis zum frühen Erwachsenenalter auftretenden normalen menschlichen Verhaltens. Es orientiert sich an biologischen Alternstheorien, die von der Annahme ausgehen, dass Altern im Wesentlichen durch den Abbau wichtiger Funktionen gekennzeichnet ist.
Das **Kompetenzmodell** geht hingegen davon aus, dass Altern durch ein erhebliches Ausmaß an verbleibenden Kompetenzen gekennzeichnet ist. Unter Kompetenz werden dabei die Fähigkeiten und Fertigkeiten des Menschen verstanden, die zur Aufrechterhaltung oder Wiedererlangung eines selbstständigen, aufgabenbezogenen und sinnerfüllten Lebens in einer gegebenen räumlichen, sozialen und infrastrukturellen Umwelt nötig sind.
Erfolgreiches Altern lässt sich nach diesem Modell durch die Interaktion der drei Prozesse **Selektion, Optimierung und Kompensation** beschreiben. **Selektion** bedeutet in diesem Zusammenhang die Auswahl von Funktions- und Verhaltensbereichen. Durch die Selektion wird eine Bündelung noch vorhandener Potenziale und Ressourcen erreicht. Dies wird im Text ab Zeile 30 ff. beschrieben. Der Autor kann zwar keine Fernreisen mehr wahrnehmen, will aber dennoch weiter Vorträge halten. Unter **Optimierung** wird die Wahrung oder Verbesserung der Kompetenzen in spezifischen Funktionsbereichen verstanden, zum Beispiel, dass er diese Vorträge nun per Videokonferenz hält (Z. 31). **Kompensation** schließlich meint den Ausgleich verminderter Potenziale und Ressourcen. Neben den Vorträgen verfolgt der Autor auch das Herausgeben von Büchern und schreibt gerade an seiner Biografie (Z. 32 f.).

Abiturprüfung an den beruflichen Gymnasien (SGGS)
Profilfach Pädagogik/Psychologie 2019 – Aufgabe 2

Inhaltliche Schwerpunkte: Personenzentrierte Theorie, Konformität, Erziehungsziele

Der Mut, aus der Reihe zu tanzen

Zivilcourage zu zeigen fällt oft schwer. Im entscheidenden Augenblick fehlt der Mut zum Widerspruch. Viele Menschen würden sich gerne einmischen [...]. Aus Angst schweigen sie oder passen sich an; das macht sie unzufrieden mit sich selbst.

Die Menschenwürde zu verteidigen ist im Kleinen oft schwieriger als auf großen Protestveranstaltungen oder Demonstrationen: sich mit einem Vorgesetzten auseinanderzusetzen, weil er Mitarbeiter schlecht behandelt; als Schülermutter für sein Kind einzutreten, weil ein Lehrer es gedemütigt hat; mit Nachbarn über deren umweltschädliches Verhalten zu debattieren. „Tapferkeit vor dem Freund" nennt Ingeborg Bachmann jenen Mut, in der eigenen Gruppe „aus der Reihe zu tanzen".

Manche Menschen konnten im Verlauf ihrer Lebensgeschichte wenig Widerspruchsmut entwickeln, weil sie stark reglementiert wurden. [...]

Viele Menschen neigen dazu, sich in der Beziehung zu Vorgesetzten oder anderen als „mächtig" empfundenen Menschen reaktiv zu verhalten: Man wartet ab, wie sich der andere verhält, wonach er fragt, was er für Vorstellungen hat, um dann darauf zu reagieren. Dadurch vermindern sich die Chancen, sich selbst lebendig zu vertreten. Es kommt zu Rechtfertigungsreden statt zum Ausdruck eigener Wünsche und persönlicher Ansichten. Aus früher Autoritätsabhängigkeit heraus machen sich Menschen leicht zu Untergebenen. Sie sehen in einem anderen den mächtigen Erwachsenen, gegen den sie keine Chance haben. Oft bieten sie die Rolle des braven Kindes geradezu an. Nicht, was sie tun, ist von Belang, sondern ob sie es dem Gegenüber recht machen können.

Kurt Singer: Der Mut, aus der Reihe zu tanzen. In: Psychologie Heute. Heft 33/2013, S. 17f. Aus didaktischen Gründen gekürzt.

Aufgabenstellung

		Punkte
2.1	Stellen Sie die personenzentrierte Theorie nach Rogers ausführlich dar und erklären Sie auf dieser Grundlage den laut Text oft fehlenden Mut, aus der Reihe zu tanzen, obwohl man gerne eingreifen würde.	12
2.2	Definieren Sie den Begriff Konformität und erläutern Sie, wie Konformität das Zeigen von Zivilcourage begünstigen kann.	6

2.3 Beschreiben Sie mögliche Probleme bei der Setzung pädagogischer Ziele. Nehmen Sie außerdem Bezug zum Text. 6

2.4 Begründen Sie das im Text genannte Erziehungsziel der Zivilcourage aus drei verschiedenen Perspektiven. 6

30

Lösungsvorschläge

2.1 *Die Operatoren „darstellen" und „erklären" stammen aus dem Anforderungsbereich 2. Sie sollen die geforderte Theorie strukturiert wiedergeben und damit veranschaulichen bzw. verständlich machen, warum oft der Mut fehlt, aus der Reihe zu tanzen, obwohl man gerne eingreifen würde.*

Jeder Mensch besitzt nach Rogers eine angeborene **Tendenz zur Selbstverwirklichung**, die auch **Aktualisierungstendenz** genannt wird. Das bedeutet, dass jeder Mensch danach strebt, all seine Entwicklungsmöglichkeiten zu erhalten und entfalten zu können sowie Unabhängigkeit und Selbstbestimmung zu erlangen. Rogers spricht von der Erhaltung und Entfaltung des **Organismus**, wobei Organismus nicht rein biologisch zu verstehen ist. Vielmehr meint der Begriff hier die Lebenskraft, die auch durch Gefühle, sinnliche Wahrnehmungen und Körperempfindungen bedingt wird. Erfahrungen, die eine Aktualisierung ermöglichen, werden positiv, Erfahrungen, die sie beschränken oder verhindern, negativ bewertet. Diese Bewertung des **organismischen Erlebens** wird als organismischer Bewertungsprozess bezeichnet.
Die Erfahrungen und Wahrnehmungen, die ein Mensch macht, verdichten sich mit der Zeit zusammen mit seinen Meinungen und Urteilsbildungen zu einem **Selbstkonzept**. Dieses besteht aus dem **Realselbst**, also dem Bild, das man von sich hat, und dem **Idealselbst**, also dem Bild, wie man gerne sein möchte bzw. sein soll. Stimmen Ideal- und Realselbst überein, wird dies positiv erlebt, klaffen sie jedoch auseinander, kommt es zu inneren Spannungen, die bei längerer Dauer zu psychischen Problemen und Störungen führen können. Ob Selbstkonzepte positiv oder negativ ausfallen, entscheidet sich durch die Erfahrungen, die ein Mensch insbesondere mit Bezugspersonen macht. Positive **Beziehungsbotschaften** führen zu einem positiven Selbstkonzept. Negative Beziehungsbotschaften führen zu einem negativen Selbstkonzept.
Bedingungslose Wertschätzung sieht Rogers als Voraussetzung für eine seelisch gesunde Entwicklung. Ist Wertschätzung an Bedingungen geknüpft, werden diese ins Selbstkonzept übernommen. Die Person verliert durch diese **Bewertungsbedingungen** den Kontakt zu sich selbst. Das Vertrauen in den organismischen Bewertungsprozess wird gestört. Die Selbstaktualisierungstendenz wird beschnitten. Personen mit positivem Selbstkonzept haben eine hohe Selbstachtung. Sie können neue Erfahrungen in ihr Selbstkonzept aufnehmen und integrieren. Ihr Selbstkonzept ist flexibel. Die Übereinstimmung des Selbstkonzepts mit den aktuellen Erfahrungen wird als **Kongruenz** bezeichnet. Personen mit einem negativen Selbstkonzept haben eine geringe Achtung vor sich selbst. Sie können aktuelle Erfahrungen nicht ohne Weiteres in ihr Selbstkonzept integrieren, da diese durch Verleugnung oder Verzerrung abgewehrt werden. Man spricht hier von einem starren Selbstkonzept. Wenn die aktuellen Erfahrungen nicht mit dem Selbstkonzept übereinstimmen, wird dies als **Inkongruenz** bezeichnet.

Zusammenfassend lässt sich sagen, dass nach Rogers psychische Störungen entstehen können, wenn eine Diskrepanz zwischen Realselbst und Idealselbst vorliegt oder eine geringe Selbstachtung besteht und damit einhergehend ein starres Selbstkonzept, welches organismisches Erleben nicht integrieren kann.
Im Text wird beschrieben, dass die **Selbstaktualisierungstendenz** oft nicht stattfindet. „Es kommt zu Rechtfertigungsreden statt zum Ausdruck eigener Wünsche und persönlicher Ansichten" (Z. 15 ff.). Auch die Diskrepanz zwischen **Realselbst**, z. B. der Angst, sich einzumischen, und dem **Idealselbst**, sich einmischen zu wollen (Z. 2 f.), wird im Text deutlich. Es entsteht also eine Inkongruenz zwischen dem **organismischen Erleben**, sich einmischen zu wollen, und dem **Selbstkonzept**, zu schwach dafür zu sein. Diese Schwäche kann durch die Verinnerlichung von **Bewertungsbedingungen** einer restriktiven Erziehung entstanden sein. „Manche Menschen konnten im Verlauf ihrer Lebensgeschichte wenig Widerspruchsmut entwickeln, weil sie stark reglementiert wurden" (Z. 10 f.). Somit entstehen eine Geringschätzung der eigenen Person und damit eine **geringe Selbstachtung**. „Nicht, was sie tun, ist von Belang, sondern ob sie es dem Gegenüber recht machen können" (Z. 20 f.). Dies führt unweigerlich zu einem **starren Selbstkonzept**, in dem sich Menschen leicht zu Untergebenen machen und die Rolle des braven Kindes geradezu anbieten (Z. 19 f.). Infolgedessen kann es zu **Verzerrungen und Verleugnungen** kommen.

2.2 *Der Operator „erläutern" stammt aus dem Anforderungsbereich 2. Sie sollen veranschaulichen und verständlich machen, wie Konformität das Zeigen von Zivilcourage begünstigen kann.*

Als **Konformität** wird die Übereinstimmung eines Menschen mit den sozialen **Werten und Normen** des sozialen Gebildes bezeichnet, in dem er selbst lebt. Es handelt sich um eine soziale Anpassung.
Wird Zivilcourage beispielsweise im sozialen Umfeld einer Person positiv bewertet, wird diese eventuell praktiziert, um **Anerkennung** von der Bezugsgruppe zu erlangen und sich dieser zugehörig zu fühlen. Ebenso gibt es ein Gefühl von Sicherheit, sich an den Werten und Normen der Gruppe orientieren zu können und ebenfalls Zivilcourage zu zeigen. Protestieren beispielsweise mehrere Schüler gegen die Ungleichbehandlung einer Mitschülerin, fällt es oft leichter, ebenfalls das Wort zu ergreifen, als ohne die Unterstützung der Klasse. Hinzu kommt die Gefahr, die Anerkennung der Gruppe zu verlieren, wenn Wegschauen dort nicht akzeptiert wird. So könnte es zu **Sanktionen** oder **Ausgrenzungen** aus der Gruppe kommen, wenn ein Gruppenmitglied die Wertvorstellung der Zivilcourage dauerhaft verletzt.

2.3 *Die Aufgabenstellung gibt nicht vor, wie viele Probleme pädagogischer Zielsetzungen zu beschreiben sind. Es empfiehlt sich, diejenigen auszuwählen, zu denen ein konkreter Textbezug möglich ist.*

Erziehungsziele erfüllen wichtige Funktionen, bringen jedoch auch Probleme mit sich. So kann es beispielsweise zu einem **Normenkonflikt** kommen, bei dem zwei oder mehrere bewusst gesetzte Erziehungsziele im Widerspruch zueinander stehen. Beim Mut zum Widerspruch könnte beispielsweise ein Konflikt zwischen den beiden Erziehungszielen „Sich in Angelegenheiten anderer nicht einmischen" und „Anderen in Problemsituationen helfen" entstehen.
Des Weiteren ist das Problem zu nennen, dass sich Erziehungsziele oft an **unrealistischen, unerreichbaren Idealen** ausrichten. So ist es in unserer komplexen Gesellschaft nahezu unmöglich, alle Ungerechtigkeiten zu erkennen und engagiert einzugreifen. Es muss also immer eine Auswahl getroffen werden, um sich durch die eigene Zivilcourage nicht selbst zu überfordern.
Als letzte Problematik soll der **Werte- und Normenpluralismus** unserer Gesellschaft beschrieben werden, der besagt, dass es zu einem Sachverhalt widersprüchliche Wert- und Normvorstellungen gibt. „Manche Menschen konnten im Verlauf ihrer Lebensgeschichte wenig Widerspruchsmut entwickeln, weil sie stark reglementiert wurden" (Z. 10 f.). Ihren Eltern war daher vielleicht Gehorsam wichtiger als Zivilcourage.

2.4 *Der Operator „begründen" stammt aus dem Anforderungsbereich 3. Sie sollen das Erziehungsziel Zivilcourage auf kausale Ursachen zurückführen.*

Das Erziehungsziel Zivilcourage lässt sich anthropologisch, normativ und pragmatisch begründen.
Die **anthropologische Begründung** geht davon aus, dass sich Erziehungsziele an der Würde des Menschen orientieren müssen. Die Menschenwürde muss gewahrt bleiben. Deshalb entspricht es dem Wesen eines selbstbestimmten Menschen, sich gegen Ungerechtigkeiten aufzulehnen und Zivilcourage zu zeigen.
Die **normative Begründung** geht davon aus, dass sich Erziehungsziele an den für das Zusammenleben notwendigen Werten und Normen orientieren müssen. So entspricht es in unserem Kulturkreis der Norm, anderen zu helfen und für Minderheiten einzustehen.
Die **pragmatische Begründung** geht davon aus, dass sich Erziehungsziele an den anstehenden Aufgaben und Problemen der Zeit orientieren müssen. Die Aufnahme und Integration einer großen Anzahl von Flüchtlingen ab 2015 hat beispielsweise zu einer problematischen Zunahme von Rassismus geführt, gegen den im Sinne eines friedlichen Zusammenlebens mit Zivilcourage eingestanden werden sollte.

Abiturprüfung an den beruflichen Gymnasien (SGGS)
Profilfach Pädagogik/Psychologie 2019 – Aufgabe 3

Inhaltliche Schwerpunkte: Einstellungen, operantes Konditionieren, Systemtheorie

Jugendlicher Alkoholiker – „Mit 14 war ich ständig besoffen"

[…] Als Fabian*[1] das erste Mal betrunken in einer Ecke lag, war er zwölf Jahre alt. Er taumelte nach Hause, versuchte das Schlüsselloch zu treffen, fiel durch die Tür in die Wohnung. „Irgendwann musste es ja passieren", sagte sein Vater damals. Er wird darüber hinwegkommen, dachten die Eltern.

Sie dachten falsch. Das erste Mal wurde zum Dauerzustand. „Mit 14 war ich praktisch ständig besoffen" – heute mit 16 ist Fabian, ein Jugendlicher aus Sachsen, Alkoholiker. Der Exzess ist sein einziger Lebensinhalt: in den Pausen, zwischen den Schulstunden, nach der Schule und am Wochenende.

Fabian ist an einem Punkt angekommen, an dem es nicht mehr weitergeht. Er weiß das. Bis zu viermal pro Woche ist er betrunken. […]

Fabian ist tief gefallen – und keiner hat ihn aufgefangen. Seine Freunde haben applaudiert, die Eltern hilflos zugeschaut, die Politik hat diskutiert, der Verkäufer hat sein Geld verdient. Und Fabian hat einfach weitergemacht. Alkohol zu trinken, das sei doch normal bei Jugendlichen, sagt er. Und seine Eltern würden doch das Gleiche machen.

„In meiner Schule wissen alle, dass ich ein Alkoholproblem habe." Er sei beliebt bei den Schülern; sie haben ihn zu ihrem Schulsprecher gewählt. Ein alkoholsüchtiger 16-Jähriger vertritt eine ganze Schule. Viele Lehrer ahnen es. Glaubt man Fabian, unternehmen sie dennoch nichts. […]

Der Psychologe Dieter Kleiber von der Freien Universität Berlin nennt mehrere Gründe, die Jugendliche zur Flasche greifen lassen. „Manche Jugendlichen suchen Anschluss in einer Gruppe, wollen sich beweisen oder ausprobieren, andere suchen einen Kick und veranstalten Trinkspiele oder Trinkwetten. Sie wollen ihre Probleme wegtrinken." Besonders gefährdet seien Jugendliche, „in deren Elternhäusern oder in deren Gleichaltrigengruppen ebenfalls viel getrunken wird".

Fabian ist besonders gefährdet: Seine Eltern trinken, seine Freunde trinken. „Meine Freunde waren alle schon 14, als ich noch zwölf Jahre alt war. Ich war der Jüngste in meiner Klasse. Da habe ich halt mit denen mitgetrunken." Was zählte, war cool zu sein. Mit 14 hätte Fabian die Kurve kriegen müssen, sagt er. Das war der Punkt, an dem ihm sein Leben aus der Hand gerutscht ist. Er hätte aufhören sollen. Aber Fabian hat weitergetrunken. […]

Fabian erzählt stolz von ganz besonderen Höhepunkten in seinem Leben, wie er auf einer Kühlerhaube lag und dieses Mädchen geküsst hat, wie er auf der von ihm organisierten Schulparty betrunken in einer Ecke lag – das alles erzählten ihm seine Freunde im Nachhinein.

Und dann gesteht er überraschend: „Ich werde wohl demnächst eine Therapie machen müssen.“ Er hat seit zwei Monaten eine Freundin. Sie trinkt zwar genauso viel wie Fabian. Aber er hat inzwischen selbst begriffen: Es muss sich etwas ändern. „Spätestens wenn mein bester Freund es nicht mehr lustig findet, wie ich betrunken in der Ecke liege, dann höre ich auf!“

Der Freund, von dem Fabian seine Zukunft abhängig macht, sieht die Situation gelassen. „Fabian merkt doch selbst, dass es langsam zu viel Alkohol ist“, sagt Max. Es sei „schon blöd“, wenn Fabian betrunken „nur Scheiße labert“. In letzter Zeit sei es aber weniger geworden; er ist jetzt manchmal nur noch drei- statt viermal in der Woche betrunken.

Ob Max sagen wird, wenn er Fabians Suff nicht mehr lustig findet, ist zweifelhaft.

Spiegel Online vom 21. 08. 2009 von Rick Noack.
http://www.spiegel.de/lebenundlernen/schule/jugendlicher-alkoholiker-mit-14-war-ich-staendig-besoffen-a-637381.html, Stand: 31. 10. 2017. Aus didaktischen Gründen gekürzt.

1 *Name von der Redaktion geändert

Aufgabenstellung

Aufgabe		Punkte
3.1	Erläutern Sie die Merkmale und Komponenten einer sozialen Einstellung am Beispiel von Fabians Einstellung: *„Alkohol zu trinken, das sei doch normal bei Jugendlichen […]“.* (Z. 13 f.)	8
3.2	Stellen Sie die funktionale Einstellungstheorie nach Daniel Katz dar. Ordnen Sie Aussagen des Psychologen Dieter Kleiber und die von Fabian möglichen Funktionen der in 3.1 zitierten Einstellung zu.	8
3.3	*„Spätestens wenn mein bester Freund es nicht mehr lustig findet, wie ich betrunken in der Ecke liege, dann höre ich auf!“* (Z. 38 f.) Erklären Sie diese Aussage Fabians zur Änderung seines Verhaltens auf der Grundlage des operanten Konditionierens nach B. F. Skinner. (Eine umfassende Darstellung des operanten Konditionierens nach B. F. Skinner wird nicht erwartet.)	6
3.4	Diskutieren Sie am Beispiel von Fabian den Erklärungswert systemischer Theorien für die Entstehung und Aufrechterhaltung seiner Alkoholsucht.	8
		30

Lösungsvorschläge

3.1 *Der Operator „erläutern" stammt aus dem Anforderungsbereich 2. Sie sollen die Merkmale und Komponenten einer sozialen Einstellung an Fabians positiver Einstellung zu Alkohol veranschaulichen und verständlich machen.*

Soziale Einstellungen haben wie alle Einstellungen immer einen **Objektbezug**, d. h., sie sind immer auf bestimmte Einstellungsobjekte bezogen. Im vorliegenden Fall ist Alkohol das Objekt der Einstellung. Außerdem sind soziale Einstellungen **hypothetische Konstrukte**, also gedanklich konstruierte Modelle, die mit der Zeit erlernt wurden. Wie Fabian zum Umgang mit Alkohol steht, dass er also eine bestimmte Einstellung dazu hat, zeigen seine Berichte über seinen Alkoholkonsum. Das Merkmal der **Erworbenheit** wird durch das Umfeld von Fabian deutlich. Auch seine Eltern trinken und haben somit eine positive Einstellung zu Alkohol (Z. 13 ff., Z. 26). Fabian hat diese vermutlich von ihnen übernommen.
Zudem zeichnen sich soziale Einstellungen durch **Dauerhaftigkeit** aus. Das bedeutet, dass sie anders als kurzfristige Meinungen über einen längeren Zeitraum konstant bestehen bleiben. Fabians Einstellung zu Alkohol begann mit 12 Jahren (Z. 1) und hält bis heute an. Dadurch, dass das Thema für Fabian ein fester Bestandteil seines Alltags ist, ist auch das Merkmal der **Bedeutsamkeit** erfüllt.
Soziale Einstellungen setzen sich strukturell aus der kognitiven, affektiven und konativen Einstellungskomponente zusammen. Diese drei Komponenten wirken zusammen. Man spricht auch von einem **Systemcharakter**.
Die **kognitive Einstellungskomponente** bezieht sich auf das Wissen, die Überzeugung und die Vorstellung hinsichtlich des Einstellungsobjekts. Fabian ist davon überzeugt, dass der Konsum von Alkohol bei Jugendlichen normal ist (Z. 13 f.).
Die **affektive Einstellungskomponente** äußert sich im mit dem Einstellungsobjekt verbundene Gefühl. Im Fall Fabian also „cool" zu sein und anerkannt zu werden (Z. 28 f.).
Die **konative Einstellungskomponente** meint die Verhaltensabsicht des Individuums, die das Einstellungsobjekt hervorruft. Fabian möchte Alkohol konsumieren und regelmäßige Exzesse im Alltag erleben (Z. 5 ff.).

3.2 *Zur Bearbeitung sind zwei Vorgehensweisen denkbar. Sie können die Theorie nach Katz zunächst allgemein darstellen und im Anschluss den Aussagen Dieter Kleibers und Fabians zuordnen oder die Zuordnung bereits bei der Darstellung der Theorie vornehmen.*

Daniel Katz beschreibt in seiner Theorie vier Funktionen der Einstellung. Zu Einstellungsänderungen kommt es dann, wenn die bisherigen Einstellungen diese Funktionen nicht mehr erfüllen können oder wenn durch neu erworbene Einstellungen eine bessere Erfüllung der Funktionen erwartet wird.
Die erste Funktion ist die **Anpassungsfunktion**. Manche Einstellungen haben im sozialen Umfeld positive Konsequenzen, beispielsweise Anerkennung. Eine

Änderung der Einstellung könnte zum Entzug dieser Anerkennung führen. Die Anpassungsfunktion dient auch dazu, über seine Einstellung kundzutun, dass man einer bestimmten Gruppe angehört. Sie sorgt für ein Wir-Gefühl und den sozialen Status innerhalb der Gruppe. In Zeile 21 f. beschreibt Kleiber, dass Jugendliche Anschluss in einer Gruppe suchen. Fabian erhält durch seine Einstellung zum Alkohol Anerkennung. Seine Freunde finden es „cool", wenn er betrunken in der Ecke liegt (Z. 28 ff.).
Die zweite Funktion ist die **Selbstverwirklichungsfunktion**. Diese Funktion stellt einen Teil der Identität dar. Einstellungen sind Ausdruck des Standpunktes und der eigenen Überzeugung. Sie dienen dazu, sich von anderen abzuheben sowie das eigene Selbstwertgefühl und die Individualität zu stärken. Kleiber erklärt, dass Jugendliche sich durch Alkoholkonsum beweisen und ausprobieren wollen oder den Kick durch Trinkspiele und Trinkwetten suchen (Z. 21 ff.). Fabian findet sich „cool" und hebt sich durch seine Exzesse vom üblichen Trinkverhalten ab (Z. 28 ff.).
Die dritte Funktion ist die **Wissensfunktion**, die auch **Orientierungsfunktion** genannt wird. Das Leben ist hochkomplex. Einstellungen vereinfachen diese Komplexität, indem sie Kategorien wie z. B. Richtig und Falsch, Gut und Böse bilden. Damit entsteht ein schnelles Gefühl des Orientiertseins, der Sicherheit und der Handlungsfähigkeit. Fabian hält es für normal, dass Jugendliche Alkohol trinken. Er kennt dies durch sein Elternhaus und seinen Freundeskreis nicht anders (Z. 26). Somit gibt ihm diese Einstellung auch Orientierung und er könnte eher Jugendliche, die keinen Alkohol trinken, für „nicht normal" halten.
Die vierte Funktion ist die **Abwehrfunktion**. Einstellungen können unerwünschte Gefühle, Wünsche und Bedürfnisse rechtfertigen und verteidigen. Gleiches gilt für unangenehme Erfahrungen. Dadurch lassen sich externe Faktoren für die eigenen Probleme verantwortlich machen. Kleiber erklärt, dass eine verharmlosende Einstellung zu Alkohol dazu führen kann, dass Jugendliche ihre Probleme wegtrinken wollen (Z. 23 f.). Auch Fabian bagatellisiert seine Alkoholsucht stellenweise, indem er sie als normal einschätzt.

3.3 *Der Operator „erklären" stammt aus dem Anforderungsbereich 2. Sie sollen Fabians Aussage mithilfe des operanten Konditionierens nach B. F. Skinner veranschaulichen und verständlich machen.*

Verstärkung meint nach Skinner den Prozess, der dazu führt, dass ein Verhalten vermehrt auftritt. Es wird zwischen positiver und negativer Verstärkung unterschieden. Bei einer **positiven Verstärkung** wird ein Verhalten gezeigt, weil dadurch angenehme Konsequenzen herbeigeführt oder aufrechterhalten werden können. Fabian erlebt die Anerkennung seines Alkoholkonsums durch sein Umfeld als positive Verstärkung seines Verhaltens. Dabei spielt die Beziehung zwischen dem Verhalten (Alkoholkonsum) und der nachfolgenden Konsequenz (Anerkennung), die als **Kontingenz** bezeichnet wird, eine wichtige Rolle. Man spricht

in diesem Zusammenhang auch von **Belohnung erster Art**, da ein positiver Reiz dargeboten wird.
Würde die Anerkennung entzogen werden, weil Fabians bester Freund das Trinkverhalten nicht mehr lustig fände, bliebe diese positive Verstärkung aus. Diese Wegnahme eines angenehmen Reizes wird als **Bestrafung zweiter Art** bezeichnet. Fabian könnte auf diese negative Verstärkung reagieren und mit dem Trinken aufhören, um wieder Anerkennung zu bekommen. Bei der **negativen Verstärkung** wird ein Verhalten gezeigt, weil dadurch unangenehme Konsequenzen verringert, vermieden oder beendet werden können. Die Auftretenswahrscheinlichkeit von Fabians Alkoholexzessen würde sinken oder das Verhalten würde sogar gelöscht werden, was Skinner als **Extinktion** bezeichnet. So könnte Fabian die Anerkennung seines Freundes Max wiedererlangen. Man spricht von einer **Belohnung zweiter Art**.

3.4 *Die Aufgabe verlangt die Diskussion des Erklärwertes der Theorie für Fabians Alkoholsucht. Eine strukturierte Darstellung der Theorie ist daher nicht nötig.*

Aus systemischer Sicht werden Probleme nicht nur dem einzelnen Individuum zugeschrieben, sondern auch die wechselseitigen Beziehungen seines Bezugsystems in den Blick genommen. Bei Fabian ist dies seine Familie sowie sein Freundeskreis. Fabian ist mit seinem Alkoholproblem nur der **Symptomträger**. Krank ist demnach das gesamte System, in dem er lebt. Er wächst in einem Umfeld auf, in dem das Trinken von Alkohol zum Alltag gehört. Sowohl seine Eltern als auch seine Freunde sprechen dem Alkohol zu und halten dies für normal.
Die Reaktion des Vaters auf Fabians ersten Absturz mit 12 Jahren in Zeile 3 f. verdeutlicht die **Selbstreferenz** dieses Familiensystems: „Irgendwann musste es ja passieren." Durch die Interpretation als „Normalität" bringt sich die Familie selbst wieder ins Lot.
Die **Strukturdeterminiertheit** wird durch den folgenden Satz deutlich: „Spätestens wenn mein Freund es nicht mehr lustig findet, wie ich betrunken in der Ecke liege, dann höre ich auf" (Z. 38 ff.). Fabian ist energetisch offen für Ratschläge von Max, dem Therapeuten, den Lehrkräften usw. Ob er diese allerdings annimmt, entscheidet er aufgrund seiner **operationalen Geschlossenheit** selbst. Verstörungen müssen zu einem System passen. Fabian hat für sich definiert, dass er nur auf seinen Freund Max hören wird. Da dieser jedoch auf die **Selbstorganisation** von Fabian setzt, ist von einer solchen Verstörung aktuell nicht auszugehen („Fabian merkt doch selbst, dass es langsam zu viel Alkohol ist" (Z. 42)). Im Gegenteil: In Fabians Subsystem „Freundeskreis" bringen ihm seine Alkoholexzesse sogar Anerkennung und in der Schule bleiben Reaktionen der Lehrkräfte aus.
Kritisch zu sehen ist beim Erklärwert systemischer Theorien, dass diese die Fähigkeit eines Individuums, unabhängig von seinem System zu reagieren, in Abrede stellen. Fabian begreift aber trotz der beschriebenen systemerhaltenden Faktoren, dass sich etwas ändern muss (Z. 38). Er hat seine Alkoholsucht erkannt und ist zumindest vage bereit, etwas dagegen zu unternehmen.

Abiturprüfung an den beruflichen Gymnasien (SGGS)
Profilfach Pädagogik/Psychologie 2019 – Aufgabe 4

Inhaltliche Schwerpunkte: Erziehungsmaßnahmen, Erziehungsstile, Kommunikation

„Es geht um Wut, Trauer, Schmerz"

Die Pädagogin Katharina Saalfrank plädiert für eine Erziehung ohne Strafen […]

SPIEGEL: Frau Saalfrank, laut einer Umfrage brüllen über 80 Prozent der Eltern ihre Kinder auch mal an oder sprechen Verbote aus. Weitere übliche Strafen: „eine Auszeit verordnen", „auf den Tisch hauen und das Kind kräftig anfassen oder festhalten". Welcher Art von Sanktion begegnen Sie am häufigsten?

SAALFRANK: Allen. Zu mir kommen Eltern, die nicht mehr weiterwissen. Und solche, die sich mit der Art, wie sie ihre Kinder erziehen, nicht mehr wohlfühlen und es anders machen wollen. Sie mögen nicht mehr kämpfen, laut werden oder ständig meckern.

SPIEGEL: Was bringen Strafen?

SAALFRANK: Strafen wirken auf verschiedene Art und Weise. Vor allem schädigen sie den Selbstwert der Kinder, das Vertrauen zueinander, und sie belasten die Beziehung zwischen Eltern und Kind. Wenn wir das auf Erwachsene übertragen – können Sie sich vorstellen, was passieren würde, wenn Sie zu Ihrem Partner abends sagten: „Du hast immer noch nicht mit der Steuererklärung angefangen, also ist das Champions-League-Spiel heute Abend für dich gestrichen"?

SPIEGEL: In etwa.

SAALFRANK: Das fühlt sich schräg an, oder? Zu unseren Kindern sagen wir jedoch solche Sachen. Wir wollen Konflikte schnell lösen und nutzen dafür oft unbewusst unsere Macht aus. Wir versuchen es auch über Erklärungen und hoffen auf Einsicht unserer Kinder. Nur klappt das leider häufig nicht. Ich kann einer Vierjährigen erklären, dass sie kein Eis mehr bekommt, weil es gleich Abendessen gibt. Sie wird nicht antworten: „Ach so, ja, das hab ich vergessen, dann verzichte ich natürlich." Unbewusst ist das oft die Erwartung.

SPIEGEL: Am Ende läuft es aufs Gleiche heraus: ein Verbot.

SAALFRANK: Frustrationen können wir nicht immer verhindern. Es ist für mich die Art und Weise, wie wir mit Kindern umgehen. Eltern versuchen häufig, ihre Kinder auf der Vernunftebene zu überzeugen. Dabei wissen wir aus der Hirnforschung, dass die dafür wichtigen Strukturen erst später im Gehirn vollends heranreifen. Die Kinder fühlen sich gar nicht angesprochen, sie sind noch vorwiegend von Emotionen bestimmt. Über die Gefühle können wir Kinder aber gut erreichen: „Mensch, du ärgerst dich gerade gewaltig." Damit ermöglichen wir ihnen die wichtige Erkenntnis: Das, was ich gerade fühle, ist also Ärger. Das macht die Sache noch nicht besser, unterstützt die

Kinder jedoch dabei, langfristig ihre emotionale Landkarte kennenzulernen. Irgendwann schaffen sie es, sich selbstständig zu regulieren. Strafen unterbrechen diesen Lernprozess, die Kinder erfahren nichts über ihre Gefühle. Im Gegenteil, sie lernen eher sie zu unterdrücken.

SPIEGEL: Zum Repertoire vieler Eltern gehören die berühmten Wenn-dann-Sätze: Wenn du dein Zimmer nicht aufräumst, dann darfst du heute kein Fernsehen gucken. Ist das für Sie eine unzulässige Erpressung oder klare Kante?

SAALFRANK: Natürlich ist das eine Nötigung, die Kinder oft massiv unter Druck setzt. Solche Erpressungsversuche wirken allerdings schnell und sind deshalb beliebt. […]

Der Spiegel, 41/2017, S. 134/135. Aus didaktischen Gründen gekürzt.

Aufgabenstellung

		Punkte
4.1	Im Text werden verschiedene erzieherische Einflussmöglichkeiten angesprochen. Erläutern Sie, was man unter unterstützenden und gegenwirkenden Einflussmöglichkeiten (Erziehungsmaßnahmen) versteht und ordnen Sie die im Text (Z. 2–4) beschriebenen jeweils begründet zu.	4
4.2	Saalfrank spricht in ihren Ausführungen von der negativen Wirkung von Strafe, deshalb fordert sie eine *„Erziehung ohne Strafen"* (Z. 1). Stellen Sie den autoritativen Erziehungsstil dar und diskutieren Sie, ob eine *„Erziehung ohne Strafen"* mit diesem Erziehungsstil umgesetzt werden kann.	8
4.3	Stellen Sie das dimensionsorientierte Konzept nach Tausch und Tausch dar. Ordnen Sie das in Zeile 4 beschriebene Erzieherverhalten *„auf den Tisch hauen"* und *„das Kind kräftig anfassen oder festhalten"* begründet in das Konzept ein.	6
4.4	Kommunikation spielt in der Erziehung eine bedeutende Rolle. Kinder lernen dadurch, ihre Gefühle auszudrücken, und, nach Saalfrank, ihre *„emotionale Landkarte"* (Z. 33) kennen.	
4.4.1	Stellen Sie am Beispiel *„Mensch, du ärgerst dich gerade gewaltig"* (Z. 30 f.) dar, was man unter aktivem Zuhören versteht, und zeigen Sie, dass durch aktives Zuhören das Kennenlernen der *„emotionale[n] Landkarte"* (Z. 33) unterstützt werden kann.	6
4.4.2	Erläutern Sie Ich-Botschaften als eine Form der förderlichen Kommunikation, gehen Sie dabei auch auf die Vorteile von Ich-Botschaften ein. Formulieren Sie den Satz *„Wenn du dein Zimmer nicht aufräumst, dann darfst du heute kein Fernsehen gucken"* (Z. 38) in eine Ich-Botschaft um.	6
		30

Lösungsvorschläge

4.1 *Zur Bearbeitung sind zwei Vorgehensweisen denkbar. Sie können unterstützende und gegenwirkende Erziehungsmaßnahmen zunächst allgemein erläutern und im Anschluss dem Text zuordnen oder die Zuordnung bereits bei der Erläuterung vornehmen.*

Als **unterstützende Erziehungsmaßnahmen** werden erzieherische Handlungen bezeichnet, durch die ein angenehmer Zustand eintritt (**Belohnung erster Art**) oder ein unangenehmer Zustand entfernt wird (**Belohnung zweiter Art**), um damit eine Verhaltensweise bei den zu Erziehenden aufzubauen. Als Formen lassen sich **Lob, Belohnung und Erfolg** nennen. Der zu untersuchende Textabschnitt führt diese Formen jedoch nicht an.
Als **gegenwirkende Erziehungsmaßnahmen** werden erzieherische Handlungen beschrieben, durch die ein unangenehmer Zustand eintritt (**Bestrafung erster Art**) oder ein angenehmer Zustand beendet wird (**Bestrafung zweiter Art**), um damit Verhaltensweisen bei den zu Erziehenden abzubauen. Als Formen lassen sich **Strafe, Wiedergutmachung und sachliche Folge** nennen. Die Kinder anbrüllen, Verbote aussprechen, auf den Tisch hauen und das Kind kräftig anfassen (Z. 2 ff.) sind Strafen erster Art, da dadurch ein unangenehmer Zustand erzeugt wird. Eine Auszeit verordnen (Z. 3 f.) lässt sich auch der Bestrafung zweiter Art zuordnen, da dadurch ein angenehmer Zustand beendet wird.

4.2 *Der Operator „diskutieren" stammt aus dem Anforderungsbereich 2 bis 3. Sie sollen Argumente gegenüberstellen und somit abwägen, ob Erziehung ohne Strafen mit diesem Erziehungsstil umgesetzt werden kann.*

Die **autoritative Erziehung** basiert auf klaren Regeln und realistischen Anforderungen, die in einer wertschätzenden Atmosphäre an die zu Erziehenden gestellt werden. Im Gegensatz zur autoritären Erziehung sind diese aber begründet und dienen der Persönlichkeitsentfaltung der Kinder. Die Einhaltung der Regeln wird zwar auch hier eingefordert, allerdings nur um einen pädagogisch sinnvollen Rahmen vorzugeben, in dem die zu Erziehenden selbstständig und autonom handeln können. Die Grundhaltung des autoritativen Erziehungsstils zeichnet sich durch Wertschätzung und altersgerechte Lenkung aus. Dies führt zu erhöhtem explorativem Verhalten. Wie zahlreiche Untersuchungen gezeigt haben, begünstigt autoritative Erziehung die Entwicklung von Verantwortungsbewusstsein, prosozialem Verhalten, Selbstkontrolle, erhöhter Selbstwirksamkeit, Leistungssteigerung usw.
Ob dieser Erziehungsstil jedoch ganz ohne Strafen auskommt, ist fraglich. Werden Regeln nicht eingehalten, können auch beim autoritativen Stil Konsequenzen in Form von Strafen folgen. Diese sind allerdings sachlich begründet. Sie dienen nicht der Machtdemonstration, sondern der Abwendung von Schaden und zur Weiterentwicklung der Persönlichkeit. Eine Erziehung ganz ohne Strafe erscheint daher auch bei diesem Stil nicht realistisch.

4.3 *Es wird eine begründete Einordnung des Erziehungsverhaltens in das dimensionsorientierte Konzept verlangt. Eine einfache Zuordnung ist nicht ausreichend.*

Tausch und Tausch gehen anders als beispielsweise Kurt Lewin nicht mehr von Haupttypen bei Erziehungsstilen aus. Vielmehr haben sie Dimensionen des Erziehungsverhaltens identifiziert (dimensionsorientiertes Erziehungsstilkonzept). Je nach Ausprägung lässt sich nun das Muster der Erziehungshandlung in diesen Dimensionen beschreiben. Grundlegend sind die **Dimensionen der Wertschätzung und der Lenkung**, die jeweils in zwei entgegengesetzten Richtungen unterschiedlich stark ausgeprägt sein können. Erziehung spielt sich in diesem Konstrukt zwischen den Polen maximaler und minimaler Lenkung sowie maximaler und minimaler Wertschätzung ab.
Das Erziehungshandeln „auf den Tisch hauen" und „das Kind kräftig anfassen oder festhalten" lässt sich mithilfe dieser Dimensionen einordnen. Beide Verhaltensweisen sprechen für eine hohe Lenkung. Es wird Gehorsam eingefordert. Ein Mitspracherecht wird nicht akzeptiert. Es wird erwartet, dass das Kind sich beugt. Auf der Skala der Wertschätzung lassen sich die beiden Verhaltensweisen im Bereich der minimalen Wertschätzung (Geringschätzung) einordnen. Beide Verhaltensweisen können Ängste auslösen und sich negativ auf die Eltern-Kind-Beziehung auswirken. Die Einordnung auf die Dimensionen ist graduell zu verstehen. Dennoch stehen beide Dimensionen in einem engen Zusammenhang.

4.4.1 *Der Operator „darstellen" stammt aus dem Anforderungsbereich 2. Sie sollen strukturiert wiedergeben, was unter aktivem Zuhören zu verstehen ist und dass damit die emotionale Landkarte des Kindes unterstützt werden kann.*

Das **aktive Zuhören** wird auch als Königsweg der Kommunikation beschrieben. Der Zuhörer widmet sich ganz dem Gesprächspartner und stellt eigene Wünsche, Meinungen und Ziele zurück.
Ziel des aktiven Zuhörens ist es, die Welt durch die Augen des Gesprächspartners zu sehen. Es geht also nicht darum, nur das Gesagte, sondern vielmehr auch das Gemeinte herauszuhören. Eine Möglichkeit des Vorgehens ist hierbei das **Paraphrasieren**, bei dem die Aussagen des Gesprächspartners mit den eigenen Worten wiederholt werden. Dadurch fühlt sich das Gegenüber verstanden und wird ermutigt weiterzusprechen. Beim **Verbalisieren** wird die wahrgenommene persönlich-emotionale Erlebniswelt des Gesprächspartners widergespiegelt. Oft werden Gefühle nur indirekt ausgedrückt. Durch das Verbalisieren teilt der Zuhörer mit, welche Emotionen er wahrgenommen hat. Diese werden von ihm akzeptiert und nicht infrage gestellt.
Der Satz „Mensch, du ärgerst dich gerade gewaltig" ist ein Beispiel für aktives Zuhören. Der Elternteil verbalisiert, dass er das Gefühl „Ärger" beim Kind wahrgenommen hat und dieses versteht. Er kann sich in das Kind einfühlen und dessen Gefühle spiegeln. Dadurch lernt das Kind seine emotionale Landkarte

besser kennen. Es lernt, dass das, was es gerade fühlt, Ärger ist. Über seine Gefühle sprechen zu können und dabei verstanden zu werden, wirkt meistens erleichternd und verbessert die seelische Stabilität.

4.4.2 *Die Aufgabe enthält drei Teilaufgaben. Die Ich-Botschaft soll erläutert werden, Vorteile aufgezeigt und der angegebene Satz entsprechend umformuliert werden.*

Ich-Botschaften sind kommunikationsförderlich, da sie nicht werten, sondern aus der Selbstkundgabe des Senders bestehen oder sich auf Tatsachen beziehen. Sie fördern Ich-Botschaften des anderen und sind angriffsarm formuliert. Ihr Vorteil liegt darin, dass der **Empfänger** erfährt, dass sein Verhalten eine möglicherweise ungewollte Wirkung hatte, selbst entscheiden kann, ob er sein Verhalten ändern möchte, und somit weiterhin die Verantwortung für sein Handeln behält.

Eine wirksame Ich-Botschaft besteht nach Thomas Gordon aus drei Teilen:
1. der Beschreibung des nicht akzeptablen Verhaltens (Was stört mich?)
2. dem Gefühl, das bei mir dadurch entsteht
3. einer schlüssigen Begründung (Warum geht das nicht?)

„Wenn du dein Zimmer nicht aufräumst, dann darfst du heute kein Fernsehen gucken“ könnte als Ich-Botschaft demnach lauten: „Dass du dein Zimmer nicht aufräumst (nicht akzeptables Verhalten), ärgert mich (Gefühl), da ich ja auch mithelfe, unser Haus sauber zu halten (Begründung).“

Abiturprüfung an den beruflichen Gymnasien (SGGS)
Profilfach Pädagogik/Psychologie 2020 – Aufgabe 1

Inhaltliche Schwerpunkte: Personenzentrierte Theorie, Psychoanalyse

„Lieber Dr. Rogers,

ich [Susan] habe soeben Ihr Buch *On Becoming a Person*, (deutsch: Entwicklung der Persönlichkeit) gelesen und bin davon sehr beeindruckt. […] Das war eine Art glückliche Fügung, denn ich brauche gerade im Augenblick etwas, das mir dabei hilft, *mich selbst* zu finden. […]

Ich glaube, ich habe auf der High-School angefangen, mich zu verlieren. Ich wollte immer einen Beruf ausüben, in dem ich anderen Menschen helfen kann, aber meine Familie war dagegen, und ich nahm an, dass sie recht hatten. So lief alles vier oder fünf Jahre lang zur Zufriedenheit der andern, bis vor etwa zwei Jahren. Da lernte ich einen Mann kennen, den ich für vollkommen hielt. Vor ungefähr einem Jahr nahm ich dann uns und unsere Beziehung etwas genauer unter die Lupe und stellte fest, dass ich alles war, was *er* wollte, und nichts, das *ich* war.

Ich war immer sehr emotional gewesen und hatte viele Gefühlsregungen. Ich konnte sie nie auseinanderhalten und identifizieren. Mein Verlobter pflegte mir zu erklären, dass ich eben einfach durcheinander oder einfach glücklich sei, und ich stimmte ihm immer zu und beließ es dabei. Als ich dann unsere Beziehung genauer untersuchte, merkte ich, dass ich wütend war, weil ich meinen wirklichen Regungen nicht folgte.

Ich zog mich mit Grazie aus dieser Beziehung zurück und versuchte herauszufinden, wo alle die Stücke geblieben waren, die ich verloren hatte. Nach einigen Monaten des Suchens merkte ich, dass es viel zu viele Stücke waren, mit denen ich nichts anzufangen wusste und die ich nicht einordnen konnte. Ich begann einen Psychologen aufzusuchen, zu dem ich noch heute gehe. Er hat mir geholfen, Teile von mir zu entdecken, deren ich mir vorher nicht bewusst war. Einige davon gelten nach den Maßstäben unserer Gesellschaft als schlecht, aber ich habe erkannt, dass sie für mich sehr gut sind. Seit ich zu ihm gehe, habe ich noch mehr Bedrohung und Verwirrung erlebt, aber ich habe auch mehr Erleichterung gefunden und bin selbstsicherer geworden.

Ich erinnere mich besonders an einen Abend. Ich hatte an dem Tag meine regelmäßige Stunde bei dem Psychologen gehabt und war wütend nach Hause gekommen. Ich war wütend, weil ich über etwas sprechen wollte, das ich aber nicht zu fassen bekam. Um acht Uhr abends war ich so durcheinander, dass ich große Angst hatte. Ich rief ihn an, und er sagte mir, ich solle […] in seine Praxis kommen. Ich ging hin und weinte dort mindestens eine Stunde lang, und dann kamen die Worte heraus. Ich weiß noch immer nicht genau, was ich alles sagte, ich weiß nur, dass aus mir so *viel Schmerz* und *Wut* herausbrachen, *von deren Existenz ich nie richtig gewusst* hatte. […]

Seit jenem Abend habe ich bemerkt, dass mir die Menschen nicht mehr so fremd vorkommen. Ich habe das Gefühl, dass das Leben für mich gerade erst anfängt. Ich bin im Augenblick zwar allein, aber ich habe keine Angst und muss nicht unbedingt etwas tun. Ich bin mit mir zusammen und freunde mich mit meinen Gedanken und Empfindungen an. […] Unter anderem wird mir deutlich, dass ich nie viel Selbstachtung besessen habe. Und jetzt, da ich lerne, mich wirklich selbst zu mögen, finde ich endlich Frieden in mir selbst. Dank für den Anteil, den Sie daran gehabt haben."

Rogers, Carl R.: Therapeut und Klient. Grundlagen der Gesprächspsychotherapie. Frankfurt: Fischer Verlag, 20. Auflage, 2010, S. 46–48. Übersetzt von Ute Seesslen
Aus didaktischen Gründen gekürzt und verändert. Veränderungen sind durch eine andere Schriftart hervorgehoben. Kursive Hervorhebungen des Originaltextes wurden beibehalten.

Aufgabenstellung	Punkte
1.1 Erklären Sie auf der Grundlage der personenzentrierten Theorie von Carl R. Rogers die Entstehung und die Auswirkungen eines starren Selbstkonzepts. Verdeutlichen Sie Ihre Ausführungen anhand von Susans Brief.	12
1.2 Stellen Sie die therapeutischen Kerneigenschaften (Grundhaltungen) und Verfahren bzw. Vorgehensweisen in Carl R. Rogers klientenzentrierter Gesprächspsychotherapie dar. Erläutern Sie am Beispiel von Susans Brief, wie sich diese Grundhaltungen und Verfahren auf das Selbstkonzept auswirken können.	8
1.3 Das Unbewusste spielt in der Theorie der Psychoanalyse nach Sigmund Freud eine bedeutsame Rolle. Stellen Sie das Schichtenmodell dar und ordnen Sie passende Beispiele aus dem Brief von Susan zu.	6
1.4 Vergleichen Sie das Menschenbild der Psychoanalyse nach Sigmund Freud mit dem der personenzentrierten Theorie nach Carl R. Rogers. Gehen Sie dabei auf zwei Aspekte ein.	4
	30

Lösungsvorschläge

1.1 *Der Operator „**erklären**" stammt aus dem Anforderungsbereich 2. Sie sollen die geforderte Theorie anhand von Susans Brief nachvollziehbar und verständlich machen.*

Der Mensch besitzt nach Rogers eine angeborene **Tendenz zur Selbstverwirklichung**, die auch **Aktualisierungstendenz** genannt wird. Er strebt danach, all seine Entwicklungsmöglichkeiten entfalten zu können sowie Unabhängigkeit und **Selbstbestimmung** zu erlangen. Bei Susan war dies der Wunsch danach, einen Beruf aufnehmen zu können, in dem man anderen Menschen helfen kann (vgl. Z. 6). Erfahrungen, die eine Aktualisierung ermöglichen, werden positiv, Erfahrungen, die sie beschränken oder verhindern, als negativ bewertet. Diese Bewertung des **organismischen Erlebens** wird als **organismischer Bewertungsprozess** bezeichnet. Susan machte die Erfahrung, dass ihre Eltern ihren Berufswunsch negativ bewerteten (vgl. Z. 7 f.). Wie sehr sie in ihrer **Aktualisierungstendenz** beschränkt ist, wird im weiteren Verlauf ihrer Schilderungen deutlich, denn sie „stellte fest, dass [sie] alles war, was er wollte, und nichts, das [sie] war" (Z. 10 f.). Die Erfahrungen und Wahrnehmungen, die ein Mensch macht, verdichten sich mit der Zeit zusammen mit seinen Meinungen und Urteilsbildungen zu einem **Selbstkonzept**. Dieses besteht aus dem **Realselbst**, also dem Bild, das man von sich hat. Susans Realselbst zeigt sich daran, dass sie „immer sehr emotional gewesen und […] viele Gefühlsregungen [hatte]" (Z. 12). Ein weiterer Teil des Selbstkonzepts ist das **Idealselbst**, also das Bild, wie man gerne sein möchte oder sein soll. Susans Idealselbst manifestiert sich darin, dass sie „immer einen Beruf ausüben [wollte], in dem [sie] anderen Menschen helfen kann" (Z. 5 f.). Stimmen **Ideal- und Realselbst** überein, wird dies positiv erlebt, klaffen sie jedoch auseinanderkommt es zu inneren Spannungen, die bei längerer Dauer zu psychischen Problemen und Störungen führen können.
Bedingungslose Wertschätzung sieht Rogers als Voraussetzung für eine seelisch gesunde Entwicklung. Ist diese an Bedingungen geknüpft, werden die Bewertungsbedingungen ins Selbstkonzept übernommen, wodurch die Person den Kontakt zu sich selbst verliert. Das Vertrauen in den organismischen Bewertungsprozess wird gestört, die Selbstaktualisierungstendenz wird beschnitten. Bei Susan ist anzunehmen, dass sie ihr **Selbstkonzept** durch äußere **Bewertungsbedingungen** entwickelt hat. Sie hat z. B. ihren Berufswunsch verworfen aufgrund der Intervention ihrer Familie, die mit ihrem beruflichen Vorhaben nicht einverstanden war (vgl. Z. 6 f.).
Personen mit **positivem Selbstkonzept** weisen eine **hohe Selbstachtung** auf. Sie könne neue Erfahrungen in ihr Selbstkonzept aufnehmen und integrieren. **Es ist flexibel.** Die Übereinstimmung des Selbstkonzepts mit den aktuellen Erfahrungen wird als **Kongruenz** bezeichnet. Personen mit einem **negativen Selbstkonzept**, wie Susan, haben eine geringe Achtung vor sich selbst. Sie schreibt, dass sie „nie viel Selbstachtung besessen habe" (Z. 38 f.). Menschen mit negativem Selbstkon-

zept können aktuelle Erfahrungen nicht ohne Weiteres in ihr bestehendes Selbstkonzept integrieren. Die Ursache liegt in ihrem starren Selbstkonzept. Wenn die aktuellen Erfahrungen nicht mit dem Selbstkonzept übereinstimmen, spricht man von **Inkongruenz**. Diese wird bei Susan gleich zu Beginn deutlich, denn sie hat den Eindruck, dass sie auf der High-School begonnen hat, sich „zu verlieren" (Z. 5). Susans Inkongruenz wird auch daran erkennbar, dass sie verärgert darüber war, dass sie ihren „wirklichen Regungen nicht folgte" (Z. 16).
Dass sie sich durch ihren Verlobten sagen ließ, was sie empfindet (vgl. Z. 13 f.), zeigt die starke Abwehr, die sie aufgrund ihres starren Selbstkonzeptes hatte. Sie konnte ihr eigenes Erleben nicht mehr auseinanderhalten und identifizieren, denn sie „stimmte ihm immer zu" (Z. 14 f.).
Susan hatte sich demzufolge soweit von ihrem eigenen Selbstkonzept entfernt, dass sie therapeutische Hilfe in Anspruch nehmen musste.

1.2 *Die Operatoren „**darstellen**" und „**erläutern**" stammen aus dem Anforderungsbereich 2. Sie sollen die geforderte Theorie strukturiert wiedergeben und anhand von Susans Brief veranschaulichen und verständlich machen.*

Die therapeutischen Kerneigenschaften nach Rogers sind **Kongruenz, Empathie und bedingungslose Wertschätzung**. Rogers versteht darunter eine positive Haltung gegenüber einer Person, ohne dass diese eine Bedingung erfüllen muss, um Achtung, Anerkennung, Respekt, Akzeptanz, Zugewandtheit, Freundlichkeit usw. zu erfahren. Dies bedeutet nicht, dass keine unterschiedlichen Positionen problematisiert werden können, verschiedene Auffassungen in einer Sache dürfen lediglich keine Abwertung der Person zur Folge haben. Da Susan diese Erfahrungen in der Therapie macht, ist sie nicht mehr abhängig von äußeren Bewertungsbedingungen. Sie kann nun ihre Erfahrungen und ihr Erleben selbst bewerten und diese als sehr gut für sich empfinden (vgl. Z. 23 f.).
Die Kerneigenschaft der **Kongruenz** stellen Echtheit, Authentizität und Nicht-Fassadenhaftigkeit dar. Der Therapeut ist bei seinem Tun in Übereinstimmung mit sich selbst und wendet nicht nur Techniken an. Ist der Therapeut kongruent in seinem Handeln, kann auch der Klient Kongruenz erleben. Susan konnte dadurch Anteile von sich entdecken, die ihr vorher nicht bewusst waren und Teile ihres Erlebens, die sie zuvor aufgrund gesellschaftlicher Bewertungsbedingungen ablehnte, in ihr Selbstkonzept integrieren (vgl. Z. 22 f.).
Empathie, also Einfühlungsvermögen, ist die dritte therapeutische Kerneigenschaft nach Rogers. Hierbei geht es um einfühlendes Verstehen, Reflektieren von Gefühlen sowie die Verbalisierung emotionaler Ergebnisinhalte. Dadurch hat Susan einen besseren Zugang zu ihrem widersprüchlichen Erleben bekommen. Sie empfindet „mehr Bedrohung und Verwirrung" (Z. 24) aber auch „mehr Erleichterung" (Z. 24) und Selbstsicherheit.

Die Techniken des **Paraphrasierens und Verbalisierens** emotionaler Therapieinhalte leiten sich aus diesen Grundhaltungen ab und fördern die **Selbstexploration**. Gedanken und Gefühle lassen sich dadurch ordnen und es fällt leichter, mit ihnen umzugehen.
So erlebte Susan im therapeutischen Setting z. B. Schmerz und Wut. Solche Empfindungen waren ihr zuvor nicht bewusst (vgl. Z. 33 f.).
Durch diese therapeutischen Kerneigenschaften und Verfahren entsteht ein Setting in einer positiven Atmosphäre. Dies ist förderlich für den Beziehungsaufbau zwischen Therapeut und Klient. In einem solch vertrauensvollen Klima fällt es den Klienten meist leichter, sich zu öffnen und in sich hineinzuhorchen, da sie keine Bewertung ihres Selbst befürchten müssen. So wird nach und nach auch eine Auseinandersetzung mit geleugneten und verzerrt wahrgenommenen Seiten des Selbst möglich. Susan beschreibt diese Erfahrung, dass sie nun mit sich zusammen ist und sich mit ihren Überlegungen und Gefühlen vertraut macht (vgl. Z. 37 f.). Dadurch, dass sie lernt, sich zu mögen, erreicht sie „endlich Frieden in [sich] selbst (Z. 39 f.).

1.3 *Die Operatoren „**darstellen**" und „**zuordnen**" stammen aus dem Anforderungsbereich 2. Sie sollen die Theorie strukturiert wiedergeben und anhand von Susans Brief veranschaulichen und verständlich machen.*

Freud unterteilt in seinem **Schichtenmodell** seelische Zustände in **Bewusstes, Vorbewusstes und Unbewusstes**. Dabei geht er davon aus, dass nur ein geringer Teil der seelischen Vorgänge im Menschen **bewusst** ablaufen. Der Großteil menschlichen Verhaltens und Erlebens geschieht demnach **unbewusst**.
Als **Bewusstes** betrachtet Freud den kleinen Teil des Seelenlebens, den wir in einem gegenwärtigen Augenblick wahrnehmen und erkennen.
Als **Vorbewusstsein** bezeichnet er Inhalte oder Gedanken, die augenblicklich nicht bewusst sind, aber jederzeit bewusst gemacht werden können.
Der Bereich des **Unbewussten** umfasst alle Triebe und Wünsche, die unsere Handlungen bestimmen, ohne dass wir einen Zugang dazu haben. Anders als vorbewusste Inhalte können sie nicht ohne Weiteres **bewusstwerden**, da eine **Überwachungsinstanz (Zensur)** dazwischensteht. Verdrängtes lässt sich aber im **Unbewusstsein** nicht einfach abstellen, sie drängen danach, an der Zensur vorbei wieder ins **Bewusstsein** zu gelangen.
Übertragen auf Susan lässt sich feststellen, dass ihr bestimmte Aspekte wie ihr Berufswunsch (vgl. Z. 5 f.) oder das Eingehen einer Partnerschaft (vgl. Z. 8 f.) durchaus bewusst waren. Ihre Wut bemerkte sie jedoch erst nach genauerer Untersuchung ihrer Beziehung (vgl. Z. 15 f.). Dies weist auf das Vorbewusste hin. Erst durch ihre Auseinandersetzung mit der Beziehung wurde ihr das Gefühl der Wut bewusst. Sie spricht auch darüber, wie ihr Therapeut ihr geholfen hat, unbewusste Seelenvorgänge aufzuspüren (vgl. Z. 21 f.).

1.4 *Es sollen bezüglich der unterschiedlichen Menschenbilder* ***zwei Aspekte*** *miteinander verglichen werden. Dazu sollen Sie Gemeinsamkeiten, Ähnlichkeiten und/oder Unterschiede herausarbeiten und nachvollziehbar darlegen. Es können auch andere Aspekte, als die hier dargestellten für die Beantwortung der Frage ausgewählt werden.*

Die Psychoanalyse geht von einem **pessimistischen Menschenbild** aus. Sie sieht den Menschen als triebhaftes Wesen, der von seinen Instinkten abhängig ist. Menschliches Erleben und Verhalten wird von **Trieben gesteuert**; es wird somit durch den **Selbsterhaltungstrieb (Eros)** und den **Todestrieb (Thanatos)** bestimmt. Diese Prozesse regulieren den Menschen meist unbewusst.
Die humanistische Psychologie hingegen geht von einem **optimistischen Menschenbild** aus. Der Mensch ist im Kern gut. Er wird als ein **autonomes, aktives Wesen** gesehen, das sich durch seine Selbststeuerung regulieren, beeinflussen aber auch ändern kann. Er ist weder durch seine Triebhaftigkeit noch durch seine Erfahrungen festgelegt und kann sich jederzeit frei entscheiden.

Abiturprüfung an den beruflichen Gymnasien (SGGS)
Profilfach Pädagogik / Psychologie 2020 – Aufgabe 2

Inhaltliche Schwerpunkte: Einstellungen, kognitive Dissonanztheorie, Konformität

Im Kaufrausch

Pestizide und Hungerlöhne: Viele Verbraucher kennen die ökologischen und sozialen Folgen von Billigmode. Doch dieses Wissen beeinflusst ihr Konsumverhalten nicht. Lässt sich das ändern?

Die junge Frau schwenkt ein rosa Hemdchen vor der Kamera. „Und dann habe ich noch dieses mega-mega-mega-süße Top gefunden, drei Euro fünfundneunzig“, flötet sie und kramt schon das nächste Teil aus ihrer Tasche. Unzählige Jugendliche abonnieren YouTube-Kanäle, auf denen Shopping Queens vorführen, was sie bei ihrem letzten Beutezug – neudeutsch „Haul“ – durch Billigläden erworben haben. Das öffentliche Auspacken von Einkaufstüten beeinflusst das Kaufverhalten junger Menschen stärker als alle Informationen über die problematischen Aspekte der Billigmode: die riesigen Mengen von Pestiziden, die auf Baumwollfeldern verteilt werden zum Beispiel, oder die erbärmlichen Arbeitsbedingungen, unter denen kurzlebige Klamotten in China oder Bangladesh produziert werden. Warum ist das so? Und lässt sich das irgendwie ändern?

Informiert über den schmutzigen Hintergrund der „Fast Fashion“ sind junge Konsumenten durchaus, wie eine repräsentative Umfrage von Greenpeace im vergangenen Jahr gezeigt hat. Von gut 500 Jugendlichen zwischen 12 und 19 Jahren wussten 75 Prozent über Umweltprobleme Bescheid. Spätestens seit dem Einsturz des Fabrikgebäudes Rana Plaza in Bangladesh im Jahr 2013 sind auch schlechte Arbeitsbedingungen ein bekanntes Thema – 96 Prozent der Jugendlichen wussten darum.

Doch ihre Kaufentscheidung im Laden oder im Onlineshop beeinflusst das kaum: Für mehr als 80 Prozent der Befragten steht stattdessen das modische Design im Vordergrund, den Preis findet etwa die Hälfte „wichtig“ oder „sehr wichtig“. Zu ganz ähnlichen Ergebnissen kam das Umweltbundesamt (USA) 2015 in einer Studie zum Umweltverhalten junger Menschen: Modische Kleidung als Statussymbol oder als Ausdruck eines eigenen Stils hat demnach Priorität vor Umweltbedenken und ethischen Erwägungen.

„Punktuelle Informationen über Umweltschäden und miserable Arbeitsbedingungen alleine helfen nicht“, sagt der Wirtschaftswissenschaftler Gerhard Schewe von der Universität Münster. „Die Kunden sind zwar vielfach betroffen von den Arbeitsbedingungen der Beschäftigten in der Bekleidungsindustrie. Aber sie ändern deshalb ihr Konsumverhalten noch lange nicht.“

In ihrem Projekt „Fast Fashion – eine verbraucherorientierte Analyse zur Verringerung des Massenkonsums“ wollen die Münsteraner Forscher nun andere Handlungsansätze erproben, um dem hohen Klamottenverbrauch entgegenzuwirken, damit sich Jugendliche mehr ihrer umweltfreundlichen Einstellung gemäß verhalten. Zum einen setzten sie auf längerfristige Bildungsprojekte in den Schulen und zum anderen will man Jugendliche da erreichen, wo diese sich vorzugsweise über Mode informieren – über Social-Media-Kanäle. „Vorbilder spielen eine enorme Rolle", sagt Gerhard Schewe. YouTube-Stars könnten daher das Konsumverhalten eher beeinflussen als Vorträge und Broschüren. Ökologische Videobotschaften statt modischer Neuigkeiten also? „Grüne Labels gelten einfach nicht als hip und cool bei Jugendlichen. Man sollte zeigen, dass ein cooler eigener Style auch anders zu erreichen ist als mit immer neuen Kleidungsstücken. Mode kann auch Spaß machen, wenn man nicht ständig etwas Neues kauft." Noch aber gilt die Devise: Immer mehr, immer billiger.

Rögener, Wiebke: Im Kaufrausch in: Süddeutsche Zeitung, 07. 07. 2016
Aus didaktischen Gründen gekürzt und verändert.

Aufgabenstellung	Punkte
2.1 Erläutern Sie am Beispiel einer umweltfreundlichen Einstellung die Merkmale und die Komponenten einer Einstellung sowie deren Systemcharakter (Wechselwirkungen).	8
2.2 Stellen Sie die kognitive Dissonanztheorie nach Leon Festinger dar und nehmen Sie Bezug zu dem im Text beschriebenen Verhalten der Konsumenten. Erklären Sie dabei auch, weshalb viele Jugendliche mit einer umweltfreundlichen Einstellung, trotz ihres Wissens um die ökologischen und sozialen Folgen von Billigmode, ihr Konsumverhalten beibehalten.	12
2.3 Erläutern Sie, unabhängig von Festingers Theorie, zwei weitere Gründe für die Unstimmigkeit von Einstellungen und Verhalten am Beispiel des Konsumverhaltens von Billigmode. Nehmen Sie dabei auch Bezug zum Text.	5
2.4 Stellen Sie dar, was man unter dem Begriff Konformität versteht und erläutern Sie drei mögliche Gründe, weshalb Jugendliche sich hinsichtlich des Kleidungsstils oft der Gruppe anpassen.	5
	30

Lösungsvorschläge

2.1 *Der Operator „**erläutern**" stammt aus dem Anforderungsbereich 2. Es sollen die Merkmale einer Einstellung am Beispiel einer umweltfreundlichen Einstellung nachvollziehbar und verständlich gemacht werden.*

Einstellungen haben immer einen **Objektbezug**, d. h. sie sind stets auf bestimmte Einstellungsobjekte, z. B. gesellschaftliche Themen, Personen, Gegenstände usw. bezogen. Im vorliegenden Beispiel wäre dies der Sachverhalt Umwelt. Eine Einstellung zeichnet sich durch **Dauerhaftigkeit** aus und besitzt eine **Einstellungsstruktur**. Das bedeutet, dass Einstellungen anders als kurzfristige Meinungen über einen längeren Zeitraum konstant bestehen bleiben und sich strukturell aus den Komponenten Kognition, Gefühl und Verhalten zusammensetzen. In der Regel entstehen umweltfreundliche Einstellungen durch eine intensive Auseinandersetzung mit der Thematik und sind daher entsprechend dauerhaft. Die drei Komponenten wirken auf das Beispiel bezogen wie folgt zusammen:

- **Kognitive Komponente:** Es besteht ein Bewusstsein darüber, dass Billigmode unter problematischen Umweltbedingungen produziert wird.
- **Affektive Komponente:** Aus diesem Wissen heraus entsteht die Sorge um die Umwelt.
- **Konnotative Komponente:** Die Verhaltenskonsequenz ist der Verzicht auf den Kauf von Billigkleidung.

Man spricht in diesem Zusammenhang auch von einem **Systemcharakter**. Zudem sind Einstellungen **hypothetische Konstrukte (Bereitschaften)**, also gedanklich konstruierte Modelle, die nicht beobachtbar sind. So lässt Umweltschutzverhalten nur indirekt auf eine positive Einstellung zur Umwelt schließen. Auch das Merkmal der **Bedeutsamkeit** ist zu nennen. Hat die Einstellung eine hohe Bedeutsamkeit für das Individuum, ist zudem mit persönlichem Engagement für den Umweltschutz zu rechnen, etwa bei „Fridays for Future" oder umweltbewusstem Kaufverhalten.

2.2 *Zur Bearbeitung sind zwei Vorgehensweisen denkbar. Sie können die Theorie nach Festinger zunächst allgemein darstellen und im Anschluss auf das Konsumverhalten beziehen, oder Sie lassen den Bezug bereits bei der Darstellung der Theorie mit einfließen.*

Festinger geht in seiner Theorie davon aus, dass Einstellungen ein System bilden. Die Grundlage jeder Einstellung sind dabei **kognitive Elemente**. Diese können zueinander in einer **relevanten** oder auch **irrelevanten** Beziehung stehen. Von **relevanten Einstellungselementen** spricht man, wenn zwischen ihnen ein Zusammenhang besteht, von **irrelevanten**, wenn ein Zusammenhang fehlt.
Stehen zwei Elemente in relevanter Beziehung zueinander, kann ihr Verhältnis dissonant oder **konsonant** sein. Folgt ein Element auf das andere, spricht man von **konsonant**, widersprechen sich die beiden Elemente, spricht man von **dissonant**.

Wandelt sich nun ein Einstellungselement, hat dies eine Veränderung der gesamten Einstellung zur Folge, da Einstellungssysteme nach Gleichgewicht streben und versuchen, es zu halten. Dies nennt man das Prinzip der **Homöostase**.
Konsonante Systeme sind stabil und relativ resistent gegenüber Veränderungen, da sie als angenehm erlebt werden. Daher bedeutet dies, dass ein Einstellungssystem erst ins Ungleichgewicht, also eine **Dissonanz,** gebracht werden muss, damit sich Einstellungsänderungen vollziehen können. Je stärker die **Dissonanz**, desto größer ist die Motivation, diesen Spannungszustand zu beseitigen, da sie als unangenehm, disharmonisch und konfliktreich erlebt werden. Dies kann durch Veränderung kognitiver Elemente, der Suche nach neuen Informationen oder durch Einstellungsänderungen geschehen. Zunächst wird das System aber versuchen, sein Gleichgewicht durch Ignorieren, Vergessen, Verdrängen usw. des dissonanten Einstellungselements wieder zu erlangen. Dies ist insbesondere dann der Fall, wenn das betroffene Einstellungselement mit zu vielen relevanten Einstellungselementen in einer Dissonanz steht, man also viele Einstellungen ändern müsste. Wird der psychische Aufwand hierfür jedoch zu groß, kommt es meist zur Einstellungsänderung.
Bezug nehmend auf den Text steht hier das **kognitive Element** „Wissen über Umwelt- und andere Probleme in Verbindung mit Fast Fashion (Herstellungsbedingungen)“ in relevanter Beziehung zur Kaufentscheidung im Laden oder Onlineshop. Bei einer umweltfreundlichen Einstellung entsteht eine Dissonanz zwischen beiden Elementen. Bei vielen Jugendlichen könnte diese Dissonanz durch Medienberichte erzeugt worden sein. Dennoch beschreibt der Text, dass sich das Kaufverhalten dadurch kaum geändert habe (vgl. Z. 21). Demzufolge ist davon auszugehen, dass eine **Dissonanzreduktion** vorliegt. Diese kann z. B. dadurch erfolgen, dass beim Kauf die kognitiven Elemente zu den Herstellungsbedingungen **verdrängt oder ignoriert** werden. Das kognitive Element „Herstellungsbedingungen“ kann allerdings **verändert** werden, indem ihm andere Ursachen als das eigene Kaufverhalten, etwa „die Politik“ zugeschrieben werden. Auch das **Hinzufügen eines kognitiven Elements**, z. B. „Mein Kaufverhalten ändert die Situation sowieso nicht“, kann Dissonanz reduzieren.

2.3 *Es sollen zwei weitere Gründe erläutert werden. Es können auch andere Gründe als die hier dargestellten für die Beantwortung der Frage ausgewählt werden.*

Ökologisch und fair produzierte Mode ist in der Regel deutlich teurer als die im Text beschriebene „Fast Fashion“. Je geringer das finanzielle Budget, desto stärker ist man, unabhängig von der persönlichen Einstellung, auf den Preis des Produkts angewiesen. Dies manifestiert sich auch im Text, denn „den Preis finden etwa die Hälfte ‘wichtig’ oder ‘sehr wichtig’“ (Z. 23). In diesem Fall können also **Faktoren**, die **außerhalb der Einstellung** anzusiedeln sind, zugrunde liegen.
Ebenso können auch **Wert- und Normvorstellungen** vorliegen, die im direkten Vergleich höher bewertet werden als Umweltschutz, beispielsweise der eigene Status. Der Text geht auf dieses Phänomen gleich an zwei Stellen ein, wenn der

Vorrang von „modischer Kleidung als Statussymbol oder als Ausdruck eines eigenen Stils [...] vor Umweltgedanken und ethischen Erwägungen" (Z. 25 f.) hervorgehoben wird und daher „grüne Labels [...] einfach nicht als hip und cool bei Jugendlichen" (Z. 42) bewertet werden.

2.4 *Die Operatoren „**darstellen**" und „**erläutern**" stammen aus dem Anforderungsbereich 2. Sie sollen anhand von **drei Gründen** veranschaulichen, weshalb sich Jugendliche hinsichtlich des Kleidungsstils oft der Gruppe anpassen.*

Als **Konformität** wird die Übereinstimmung eines Menschen mit den **Werten und Normen** des sozialen Gebildes bezeichnet, in dem er selbst lebt. Es handelt sich um eine soziale Anpassung.
So könnte beispielsweise die Sorge entstehen, aufzufallen, wenn man sich nicht gruppenkonform kleidet und somit einen niedrigeren Rang in der Gruppe zu erhalten.
Im Extremfall könnte sogar befürchtet werden, aus der Gruppe ausgeschlossen zu werden, wenn man sich vom Kleidungsstil zu sehr von dieser unterscheidet.
Zudem kann das Bedürfnis, eine mehrheitsfähige Meinung zu vertreten eine Rolle spielen, getreu dem Motto: „Wenn die Mehrheit der Freunde sich so kleidet, wird es wohl angemessen sein". Ein Hinweis hierfür findet sich im vorliegenden Text, indem thematisiert wird, dass „unzählige Jugendliche [...] YouTube-Kanäle [abonnieren], auf denen Shopping Queens vorführen, was sie bei ihrem letzten Beutezug – neudeutsch „Haul" – durch Billigläden erworben haben" (Z. 6 ff.).

Abiturprüfung an den beruflichen Gymnasien (SGGS)
Profilfach Pädagogik/Psychologie 2020 – Aufgabe 3

Inhaltliche Schwerpunkte: Erziehungszeile, pädagogische Mündigkeit, Medienwirkungstheorien

Das überwachte Kind

„Angst ist die Stimmung der Stunde und wird nur noch übertroffen von der Beharrlichkeit, ihr nicht auf den Grund zu gehen", so der Kommentar eines Redakteurs zur Messe für Sicherheitstechnik 2018. Ja, die Angst geht um in Deutschland, die Welt wird als gefährlich erlebt, 4 Mrd € wurden 2017 in Deutschland für elektronische Sicherheitstechnik ausgegeben, in einem Land, das heute so sicher ist wie seit 30 Jahren nicht mehr. Sicherheit steht auf Platz 1 der Themen, die den Menschen in Deutschland besonders wichtig sind.

Fakt ist allerdings, dass es zunehmend weniger Gewaltdelikte, weniger Überfälle, weniger Entführungen gibt. Auch die Menschen, die aus anderen Ländern bei uns Schutz gesucht haben, haben an dieser Zahl nichts geändert, obwohl das die landläufige Meinung ist. Kontinuierlich nehmen die Gefahren ab, Jahr für Jahr. […] Aber Fakten helfen nicht – das subjektive Empfinden, geschürt durch die Medien („bad news are good news") ist ein anderes. Welche Auswirkungen das auf die Kinder hat, sei an einem kleinen Beispiel verdeutlicht: Nach einer Umfrage in England durften 1971 80 % der 7- bis 8-jährigen Kinder allein zur Schule gehen, 1990 waren es nur noch 9 %. Heute, fast 20 Jahre später dürfte das Sicherheitsnetz, das um die Kinder gespannt wurde, noch enger sein. […]

Die neue Überwachungskultur

Ein Gefühl von Unsicherheit und Ausgeliefertsein schlägt sich auch in der Erziehung nieder. In keiner Zeit wurden Kinder in diesem Ausmaße überwacht. Und nicht nur, weil es früher diese Möglichkeiten durch Handys, Kameras über dem Kinderbettchen und in den Kinderzimmern und GPS-Tracking-Systemen, gar nicht gab. In keiner Zeit waren Kinder so wenig ohne Aufsicht von Erwachsenen. Die Angst der Erwachsenen, dass ihren Kindern etwas zustoßen könnte, hat deutlich zugenommen.

Die größte Angst, neben der vor dem Straßenverkehr, ist die Angst vor Entführung und Vergewaltigung. […] Nun kann jeder, der selbst Kinder hat, das Sicherheitsbedürfnis der Eltern verstehen. Wer möchte schon, dass seinem Kind etwas zustößt? Aber ist die Totalüberwachung das richtige Mittel? […] Ist das Kind einmal ausgerückt und dabei, eine gefährliche Straße zu überqueren, kann man nur darauf vertrauen, dass es das, was es geübt hat (Zebrastreifen benutzen, nach rechts und links schauen etc.), auch anwenden kann.

Angst ist ein schlechter Ratgeber

Und das Kind selbst? Offen und interessiert gehen Kinder von klein auf auf die Welt zu – vertrauensvoll dem Leben und anderen Menschen gegenüber. Sie glauben, dass die Welt es gut mit ihnen meint. Kinder lernen im Tun, vorsichtig zu sein, sie können sich, wenn sie gelernt haben, auf ihre eigenen Gefühle zu vertrauen, dann wenn es brenzlig wird, in den allermeisten Fällen richtig verhalten: Nein sagen, weglaufen, Hilfe holen. Dazu brauchen sie ein ausgeprägtes Selbstbewusstsein, das nur entsteht, wenn sie Vertrauen in die eigenen Fähigkeiten und eigene Urteilsfähigkeit entwickeln konnten.

Unsere Aufgabe als Erwachsene ist es doch, die Kinder auf das Leben vorzubereiten, sie ins Leben zu entlassen, ausgerüstet mit den nötigen Erfahrungen, wie das Leben zu meistern ist, mit Vertrauen, Zuversicht und Lebensfreude. Rauben wir ihnen nicht alles das, wenn wir sie nicht für überlebensfähig halten ohne uns? Wenn wir unsere Ängste an sie weitergeben, ihre Ängste schüren, sie verunsichern und ständig überwachen?“

Pohl, Gabriele: Das überwachte Kind in: KiTa aktuell BW 11/ 2018, S. 224
Aus didaktischen Gründen gekürzt und verändert.

Aufgabenstellung

	Aufgabe	Punkte
3.1	Definieren Sie den Begriff Erziehungsziel und arbeiten Sie zwei Erziehungsziele aus dem vorliegenden Text von Gabriele Pohl heraus.	3
3.2	Beschreiben Sie pädagogische Mündigkeit nach Heinrich Roth als Leitziel in der Erziehung. Beurteilen Sie, inwieweit das im Text beschriebene elterliche Verhalten geeignet ist, dieses Leitziel zu erreichen.	9
3.3	Erläutern Sie den Prozess der Ko-Konstruktion. Entwickeln Sie auf dieser Grundlage Vorschläge, wie Eltern ihre Kinder auf den Schulweg vorbereiten können.	6
3.4	Erziehungsziele unterliegen einem gesellschaftlichen Wandel. Beschreiben Sie fünf Bedingungen, die den Wandel von Erziehungszielen beeinflussen können.	5
3.5	*„Kontinuierlich nehmen die Gefahren ab, Jahr für Jahr. […] Aber Fakten helfen nicht – das subjektive Empfinden, geschürt durch die Medien nach dem Motto („bad news are good news“) ist ein anderes.“* (Z. 9 f.) Stellen Sie zwei Medienwirkungstheorien dar. Erklären Sie mithilfe einer der beiden Theorien, wie Medien für die angstvolle Stimmung in Deutschland mitverantwortlich gemacht werden können.	7
		30

Lösungsvorschläge

3.1 *Es sollen **zwei Erziehungsziele** aus dem Text herausgearbeitet werden. Formulieren Sie zunächst, was unter einem Erziehungsziel zu verstehen ist, bevor Sie sich im Anschluss auf den Text beziehen. Es können auch andere Ziele, als die hier dargestellten für die Beantwortung der Frage ausgewählt werden.*

Erziehungsziele zeigen an, welche Eigenschaften und Fähigkeiten vom zu Erziehenden erworben bzw. von der Erziehungsperson gefördert werden sollen. Es wird somit ein „**Soll-Zustand**" beschrieben, der ausdrückt, wie sich der zu Erziehende künftig verhalten soll. Ausgehend vom aktuellen „**Ist-Zustand**" überlegt sich der Erziehende auf der Basis seiner eigenen Wert- und Normvorstellungen, durch welche Erziehungshandlungen der „**Soll-Zustand**" erreicht werden kann.
Aus dem vorliegenden Text lassen sich zum einen Erziehungsziele aus dem Bereich Verkehrserziehung ableiten, wie etwa: Das Kind beherrscht die Regeln im Straßenverkehr z. B. Zebrastreifen benutzen (vgl. Z. 30). Zum anderen sind aber auch Erziehungsziele aus dem Bereich Sicherheit und Selbstschutz ableitbar, wie z. B. „Nein" sagen zu können (vgl. Z. 37).

3.2 *Der Operator „**beschreiben**", der dem Anforderungsbereich 1/2 entnommen ist, fordert Sie in der vorliegenden Aufgabenstellung dazu auf, „pädagogische Mündigkeit" nach Heinrich Roth strukturiert und unter Berücksichtigung von Fachbegriffen wiederzugeben.*
*Der Operator „**beurteilen**" stammt aus dem Anforderungsbereich 3. Sie sollen zum beschriebenen Verhalten im Text ein selbstständiges Urteil unter Verwendung von Fachwissen begründen.*

Pädagogische Mündigkeit meint die Fähigkeit und Bereitschaft eines Menschen, sein soziales Leben autonom und selbstverantwortlich zu bewältigen, in der Sachwelt, z. B. Schule, Beruf, Politik usw. zurechtzukommen sowie angemessen und selbstverantwortlich handeln zu können. Dabei fächert sich die pädagogische Mündigkeit durch Personal-, Sach-, und Sozialkompetenz weiter auf. **Personalkompetenz** umfasst insbesondere Fähigkeiten wie Selbstständigkeit, Kritikfähigkeit und Zuverlässigkeit. **Sozialkompetenz** meint beispielsweise Empathie, Wertschätzung und Solidarität. Unter **Fachkompetenz** werden Wissen sowie sachgerechtes methodengeleitetes Vorgehen verstanden.
Der Fachtext beschreibt ein Erziehungsverhalten, das das Erreichen des Erziehungsziels „Mündigkeit" erschwert, da durch Angst und Sicherheitsbedürfnisse der Erziehenden kindliche Lernerfahrungen eingeschränkt werden. So wird dargelegt, dass Eltern ihre Kinder nicht mehr allein zur Schule gehen lassen, da sie dies als zu unsicher erachten (vgl. Z. 14 ff.). Dadurch können sich die Kinder die korrekte Anwendung von Verkehrsregeln nicht oder nur sehr bedingt aneignen. Dies führt zur Einschränkung der **Sachkompetenz** in diesem Bereich.

Die ständige Kontrolle durch Beobachtung, teilweise sogar durch Kameras (vgl. Z. 20 ff.) kann dazu führen, dass Aushandlungsprozesse wie Konfliktlösungen, kooperative Verhaltensweisen usw. nicht ausreichend eingeübt werden können, da die Eltern umgehend eingreifen. Dies hat Auswirkungen auf Ausbilden von **Sozialkompetenz**. Zudem kann die Überwachung der Kinder durch beispielsweise GPS-Tracking-Systeme (vgl. Z. 22) das Vertrauen der Kinder in ihre eigenen Fähigkeiten beeinträchtigen. Überbehütung kann zu Unselbstständigkeit und Angst führen. **Personale Kompetenzen** wie Verantwortung und Urteilsfähigkeit werden dadurch weniger ausgebildet.

3.3 *Der Operator „**erläutern**" stammen aus dem Anforderungsbereich 2. Legen Sie zunächst dar, was unter „Ko-Konstruktion" zu verstehen ist. Es sollen dann auf der Grundlage des Ko-Konstruktivismus Vorschläge zum sicheren Verhalten auf dem Schulweg nachvollziehbar und verständlich gemacht werden.*

Ko-Konstruktion bedeutet, dass **Lernen durch Zusammenarbeit** stattfindet, also von Kindern und Erziehenden gemeinsam ko-konstruiert wird. Der Schlüssel dieses Ansatzes ist die **soziale Interaktion**. Das Kind ist ein neugieriges Wesen, das aus eigenem Antrieb heraus lernen, erkunden und sich durch aktiven Dialog mit anderen Menschen entwickeln will. Lernen wird in diesem Ansatz als kooperative und kommunikative Aktivität verstanden. Kinder erschließen sich ihr Wissen durch **Interaktion** mit anderen. Das Kind ist aktiv und kompetent, es entwickelt eigene Ideen und Theorien, die im Dialog mit dem Gegenüber geprüft, bestätigt oder verworfen werden.
Bezogen auf den Schulweg bedeutet dies, dass Kinder in einem wechselseitigen Lernprozess mit ihren Eltern reflektieren sollten, welche Verhaltensweisen hierbei angemessen sind und warum diese für die eigene Sicherheit wichtig sind. Dies könnte beispielsweise durch ein gemeinsames Rollenspiel geschehen. Dabei könnten verschiedene Situationen auf dem Schulweg durchlebt werden, die zu unterschiedlichen Konsequenzen führen. Zusammen mit dem Kind könnten Eltern z. B. daraus ableiten, warum bestimme Regeln wie „auf dem direkten Weg nach Hause zu gehen", die Straße nur am Zebrastreifen zu überqueren oder pünktlich zu Hause zu sein bedeutend sind.
Auch durch die gemeinsame Betrachtung des realen Straßenverkehrs sind **Ko-Konstruktionen** möglich. So können Kinder im Dialog mit ihren Eltern ihre Fähigkeiten, Gefahren einzuschätzen, weiterentwickeln. Dies kann sowohl durch gefährliche als auch durch risikofreie Situationen gelingen.

3.4 *Es sollen fünf Bedingungen „**beschrieben**" werden, die den Wandel von Erziehungszielen beeinflussen. Es können auch andere Bedingungen, als die hier dargestellten für die Beantwortung der Frage ausgewählt werden.*

Die Veränderung der **soziokulturellen, sozialen Gegebenheiten** einer Gesellschaft wirkt sich auf Erziehungsziele aus, wie beispielsweise das veränderte Bild der Geschlechterrollen.
Ebenso haben **ökonomische Interessen** einen erheblichen Einfluss. In einer immer stärker globalisierten Welt werden Erziehungsziele wie Mehrsprachigkeit, Flexibilität usw. wichtig.
Zudem ändern neue **wissenschaftliche Erkenntnisse**, wie in der Gehirnforschung, Einstellungen beispielsweise zum Medienkonsum. Daraus ergeben sich wiederum veränderte Erziehungsziele in der Medienpädagogik.
Ferner werden Erziehungsziele durch **politische Rahmenbedingungen** beeinflusst. In diesem Zusammenhang sind Extremformen wie der Nationalsozialismus zu nennen, der klare staatliche Erziehungsziele wie etwa „Jungen hart zu machen" und „Mädchen zur Hausfrau und Mutter zu erziehen" formulierte. Aber auch heute setzt die Politik beispielsweise durch Bildungspläne an Schulen Impulse zum Wandel. Nicht zuletzt werden Erziehungsziele modifiziert, wenn sich die **Einstellungen des Erziehenden** verändern.

3.5 *In der Aufgabenstellung wird bezüglich der Medienwirkungstheorien keine Eingrenzung vorgegeben. Da sich die speziellen Wirkungstheorien zur Auswirkung von Gewalt aber nicht eignen, den zweiten Teil der Aufgabe zu beantworten, empfiehlt es sich, in dieser Aufgabe nur auf die allgemeinen Wirkungstheorien zurückzugreifen.*

Der sogenannte **Nutzenansatz** sieht die Mediennutzung als aktives, sinnorientiertes Handeln, mit dem kognitive, affektive, interaktive und integrative Bedürfnisse befriedigt werden können. Ein **kognitives Bedürfnis** könnte beispielsweise das Verlangen nach Information sein, ein **affektives Bedürfnis** z. B. gut unterhalten zu werden. **Interaktive Bedürfnisse** lassen sich z. B. in Chatforen befriedigen; zu den integrativen Bedürfnissen zählt der Wunsch nach Stabilität, Verlässlichkeit und Glaubwürdigkeit.
Als zweite Wirkungstheorie kann der **Thematisierungsansatz** genannt werden. Bevor Medien mit Berichterstattungen beginnen, müssen die Verantwortlichen zunächst auswählen, über welche Themen und in welcher Form berichtet werden soll. Diese Auswahl ist aufgrund der Vielzahl der täglichen Geschehnisse notwendig. Durch Selektion und Gewichtung der Themen bestimmen die Medien aber auch, was vom Rezipienten als wichtig empfunden werden soll. Medien kreieren somit eine eigene Realität.
Die Mitverantwortung der Medien für die angstvolle Stimmung in Deutschland lässt sich anhand des **Thematisierungsansatzes** wie folgt erklären:
Medien besetzen das Thema Sicherheitsrisiko durch ihre fortlaufende Berichterstattung. Nachrichten über Gewalt führen zu hohen Einschaltquoten, weshalb vermehrt über Bedrohungen und fehlende Sicherheit berichtet wird. Die Branche der

Sicherheitsfirmen greift das Thema nun auf und nutzt die ängstliche Stimmung, um Gewinne zu erzielen. Die Häufigkeit der Berichterstattung erweckt beim Rezipienten den Eindruck, dass die Thematik von hoher Bedeutung und aktuell ist. Es wird daher nicht oder kaum hinterfragt, ob tatsächlich eine Bedrohungslage besteht.
In der Folge wächst das Gefühl von Unsicherheit in der Bevölkerung, obwohl es sich um eine einseitige Berichterstattung handelt, da selten thematisiert wird, dass Gewaltdelikte, Überfälle und Entführungen abnehmen (vgl. Z. 8 f.). Die Berichterstattung kann somit unser Weltbild beeinflussen. Dies wird auch im vorliegenden Artikel offensichtlich, in dem zur Sprache kommt, dass die Welt von Eltern, deren größte Angst […] die Angst vor Entführung und Vergewaltigung [ist]“ (Z. 25 f.), als gefährlicher Ort wahrgenommen wird, obwohl Deutschland heute deutlich sicherer ist als vor 30 Jahren (vgl. Z. 5 f.).

Abiturprüfung an den beruflichen Gymnasien (SGGS)
Profilfach Pädagogik/Psychologie 2020 – Aufgabe 4

Inhaltliche Schwerpunkte: Wissenschaftliche Vorgehensweise, Gruppenentwicklung, sozial-kognitive Theorie

Wer ist hier der Boss?

In jeder Klasse gibt es sehr dominante Kinder, die auf alle anderen großen Einfluss haben. […]

Wenn man Schulkinder fragt, wer in ihrer Klasse das Sagen hat, kommt die Antwort in der Regel ohne großes Zögern. Meist ist es ein einzelnes Kind, das eine Gruppe von Anhängern um sich schart, und vor dem alle anderen zumindest Respekt haben – auch wenn sie selbst den „Boss" vielleicht nicht unbedingt gern mögen. Die Psychologin Mechthild Schäfer von der Ludwig-Maximilians-Universität in München erforscht Beziehungen im Kindes- und Jugendalter und beschäftigt sich unter anderem damit, wie einzelne Schüler so einflussreich in ihrer Gruppe werden, und welche Konsequenzen ihre Dominanz für die ganze Schulklasse hat. „In einer Klasse bildet sich sehr schnell eine stabile Struktur, in der jeder seine feste Rolle hat", sagt sie. „Geht die Schule im September los, ist die Struktur der sozialen Beziehungen bis Weihnachten relativ gefestigt. Danach sind die Beziehungen weniger plastisch und Bemühungen, das Klassenklima zu verändern, werden zunehmend schwieriger." Wem es gelingt, in dieser recht kurzen Zeit die führende Rolle in der Hierarchie der Klasse zu übernehmen, dem ist sie also auf lange Zeit so gut wie sicher. Doch welchen Kindern gelingt das? […] In der Grundschule zeigen sich vor allem zwei Strategien: die kooperativen und die zwingenden Strategien. Kinder, die kooperativ auftreten, helfen und unterstützen andere […]. Jene, die zwingende Strategien einsetzen, treten dagegen aggressiv auf […]. In einer Studie, zusammen mit ihrem Kollegen Sebastian Schwanke […], hat Schäfer sich nun die Lernatmosphäre in Schulklassen vorgenommen. Die vorliegende Studie soll den Einfluss einzelner Schüler auf den gesamten Klassenverband erfassen und hierdurch Unterschiede in der Lerneinstellung zwischen Klassen erklären. Dazu werden empirisch einzelne einflussreiche Schüler identifiziert […] und untersucht, ob sich Unterschiede in den Lerneinstellungen zwischen verschiedenen Klassen möglicherweise durch eben jene einflussreichsten Schüler erklären lassen. […]

An der Untersuchung haben 1 159 bayerische Gymnasialschüler (69,8 % Jungen) aus 43 Klassen der 7.–9. Klassenstufen teilgenommen. Das Alter der Schüler variierte zwischen 12 und 16 Jahren. […] Die Untersuchung wurde in den Schulen per Fragebogen in anonymisierter Form erfasst. Unter den Probanden fanden die Forscher gut sechs Prozent, die durch kooperative Strategien versuchten, Dominanz zu erlangen, rund fünf Prozent, die zwingende Strategien verwendeten, und etwa drei Prozent, die die Wissenschaftler als Bistrategen[1] identifizierten. Die Lerneinstellung bezog sich auf Aspekte wie die Regelmäßigkeit der Erfüllung und wahrgenommene Sinnhaftigkeit von Hausaufgaben und des Schulbesuchs. Die Lerneinstellung des einflussreichsten Schülers – in der Hälfte aller Fälle ein Bistratege – sagte die Lerneinstellung aller anderen Schüler der Klasse dabei zu erstaunlichen 77 Prozent voraus. Das ist der Studie nach so zu erklären: Durch die Aufmerksamkeit, die Bistrategen erhalten, wird ihre eigene Lerneinstellung besonders gut sichtbar. Und da es in Gruppen die Tendenz gibt, die eigene Einstellung der der anderen anzunähern, pegeln sich alle Schüler nach und nach um die Lerneinstellung des Anführers ein – unabhängig davon, wie diese ausgerichtet ist.

Dass ein Schüler das Klassenklima so stark prägen kann, birgt Chancen und Risiken. Und zwar nicht nur hinsichtlich der Lerneinstellung, sondern auch bezüglich der Gruppendynamik. […]

Fanny Jiménez: Wer ist hier der Boss?, Axel Springer SE, DIE WELT 05.05.2013 und WEBLINK
Aus didaktischen Gründen gekürzt und verändert. Veränderungen sind durch eine andere Schriftart hervorgehoben.

1 Bistrategen setzen sowohl kooperative als auch zwingende Strategien ein.

Aufgabenstellung

	Punkte
4.1 Stellen Sie die Schritte der Vorgehensweise bei wissenschaftlichen Untersuchungen dar und nehmen Sie jeweils Bezug zur vorliegenden Studie von M. Schäfer und S. Schwanke (Z. 20 f.).	12
4.2 Erklären Sie am Beispiel einer Schulklasse die Phasen der Gruppenentwicklung nach S. Bernstein und L. Lowy und ordnen Sie gegebenenfalls passende Aussagen aus dem Text den Phasen zu.	10
4.3 Lerntheorien erklären die Entstehung von sozialen Einstellungen. Erläutern Sie die Übernahme der Lerneinstellung sogenannter „Bistrategen“ von Mitschülerinnen und Mitschülern mithilfe der Bedingungen des Lernens am Modell (A. Bandura). Gehen Sie darüber hinaus auch auf die Bedeutung der Bekräftigung ein.	8
	30

Lösungsvorschläge

4.1 *Aufgaben dieser Art werden zur Lehrplaneinheit 3 gerne in Abiturprüfungen gestellt. Vgl. Abitur 2014, 2015, 2017. Erarbeiten Sie sich das Theoriegerüst, sodass Sie dann den jeweiligen Studienbezug ohne großen Aufwand anpassen können. Lesen Sie dazu z. B. die Abiturprüfung Nr. 2 des Jahres 2014 durch.*

Die empirische Vorgehensweise bei wissenschaftlichen Untersuchungen wird häufig in acht Schritte unterteilt.

1. Der erste Schritt ist die **wissenschaftliche Fragestellung**, mit welcher der Untersuchungsgegenstand festgelegt wird. Diese könnte in der vorliegenden Untersuchung lauten: „Wodurch werden einzelne Schüler*innen in ihrer Gruppe einflussreich und welche Konsequenzen hat diese Dominanz für die gesamte Klasse?".
2. Im zweiten Schritt wird eine **Hypothese**, also eine Vermutung über den Ausgang der Untersuchung aufgestellt. Diese wird in der Regel in Konditionalsätzen formuliert und beinhaltet eine **unabhängige und eine abhängige Variable**. Bezogen auf die Untersuchung von Schäfer und Schwanke wäre eine mögliche Hypothese: „Je dominanter ein Schüler bzw. eine Schülerin, desto stärker nähert sich die Gesamtklasse seiner bzw. ihrer Lerneinstellung an". Die **unabhängige**, vom Forscherteam bestimmte Variable ist der dominante Schüler bzw. die dominante Schülerin und seine bzw. ihre Lerneinstellung. Von ihr hängt die **abhängige Variable**, also die Lerneinstellung der Klasse ab.
3. Im dritten Schritt müssen die **zentralen Begriffe operationalisiert**, d. h. messbar gemacht werden. Es ist zu bestimmen, was unter einem dominanten Schüler bzw. einer dominanten Schülerin (kooperative oder zwingende Strategien, vgl. Z. 17 f.) und was unter Lerneinstellungen (Hausaufgaben und Schulbesuche werden als sinnvoll wahrgenommen und durchgeführt, vgl. Z. 34 f.) verstanden werden soll.
4. Im vierten Schritt geht es darum, die **Merkmale auszuschalten, die das Ergebnis verfälschen könnten**, z. B. weitere Einflüsse auf das Ergebnis. Solche Einflüsse werden als **intervenierende Variable** bezeichnet. Im vorliegenden Fall könnte dies z. B. der Einfluss der unterrichtenden Lehrkräfte oder der familiäre Hintergrund (bildungsnahe und -ferne Schichten) sein.
5. Im fünften Schritt wird die **Stichprobe** bestimmt, die repräsentativ sein und nach Möglichkeit nach dem Zufallsprinzip gebildet werden sollte. Die Probaten waren 1 159 Gymnasiast*innen in Bayern aus 43 Klassen (7.–9. Klassenstufe), mehrheitlich Jungen (69 %) im Alter von 14–16 Jahren (vgl. Z. 27 ff.).
6. Der sechste Schritt stellt die **Durchführung der Untersuchung** selbst dar. Die Datenerhebung erfolgte mithilfe eines anonymisierten Fragebogens (vgl. Z. 29 f.). Die Befragung, deren Ergebnisse miteinander verglichen wurden, ~~er~~ fand in mehreren Klassen statt (vgl. Z. 23 ff.).
7. Im siebten Schritt werden die **gewonnenen Daten ausgewertet und interpretiert**. Die Hypothese wird im Anschluss bestätigt (**verifiziert**) oder verworfen

(**falsifiziert**). Im vorliegenden Fall wurden 14 % der Schüler*innen als dominant identifiziert, jedoch unterschieden sie sich in den Strategien. 6 Prozent erhielten Dominanz durch kooperative, 5 Prozent durch zwingende und 3 Prozent durch einen Mix aus beiden Strategien („Bistrategen") (vgl. Z. 30 ff.). Die Lerneinstellung der Klasse richtete sich mehrheitlich nach der des dominanten Schülers bzw. der dominanten Schülerin, wobei dies vor allem bei den „Bistrategen" der Fall war (vgl. Z. 35 f.). Die Hypothese kann somit verifiziert werden.

8. Im achten und letzten Schritt formuliert das Forscherteam eine **allgemeingültige Aussage**, die sich nicht nur auf die Stichprobe der Untersuchung bezieht. So lässt sich daraus ableiten, dass dominante Schüler*innen das Klassenklima maßgeblich prägen. Sie üben einen starken Einfluss aus, was sich darin zeigt, dass Klassen ihre Lerneinstellung nach ihnen ausrichten.

4.2 *Im Sinne der soziologischen Definition handelt es sich bei einer Schulkasse in der Regel um keine Gruppe, da das Klassenziel individuell erreicht werden kann. Die Klassenmitglieder werden hierzu nicht zwingend benötigt. Dennoch stellt eine Klasse ein soziales Gebilde dar, das einer Gruppe sehr ähnlich ist. Daher lassen sich die Gruppenphasen nach Bernstein/Lowy hier anwenden.*

Saul Bernstein und Louis Lowy haben ein fünfphasiges Modell der Gruppenentwicklung beschrieben, das nachfolgend erläutert wird. Dabei ist es wichtig zu erwähnen, dass eine Phase nicht zwingend auf die nächste folgen muss. Eine Rückkehr in frühere Phasen sieht das Modell genauso vor wie Phasensprünge.

Phase 1: Voranschluss/Orientierung
Die Gruppenmitglieder sind sich noch fremd und das Verhalten gegenüber den anderen ist zum einen durch Neugierde und freudige Erwartung und zum anderen aber auch durch Unsicherheit, Angst und Vorsicht geprägt. Dies führt in der Regel zu einem vorsichtigen Abtasten der Gruppenmitglieder untereinander und stereotypem Verhalten. In dieser frühen Phase ist der Einzelne meist noch nicht bereit, sich in der Gruppe darzustellen und zu öffnen. Die Gruppenmitglieder beobachten und suchen nach Orientierung.
Bezogen auf eine Schulklasse fragen sich Schüler*innen in dieser Phase oft, ob sie den Anforderungen und Erwartungen von Mitschüler*innen und Lehrkräften gerecht werden, um akzeptiert und gemocht zu werden. Je nach Persönlichkeit wird in dieser Phase häufig mit Zurückhaltung oder „Sprüche klopfen" agiert, um sich zu schützen.

Phase 2: Machtkampf und Kontrolle
Sobald sich die Gruppenmitglieder gegenseitig besser kennengelernt haben, kommt es zu einem Ringen, um eigene Standpunkte durchzusetzen. Machtkämpfe, die den zukünftigen Status der Gruppenmitglieder und deren jeweiligen Einfluss auf die Gruppe bestimmen, sind dabei keine Seltenheit. Einzelne Mitglieder, manchmal sogar die ganze Gruppe, werden infrage gestellt, was auch die Gefahr

des Absonderns in sich birgt. Durch Konkurrenzverhalten werden die Grenzen im sozialen Miteinander erprobt. Dies gilt auch gegenüber der Gruppenleitung. Durch diesen Prozess entwickeln sich Regeln und Normen, zudem kommt es zu ersten Rollenfestschreibungen.
In Schulkassen kommt es in dieser Phase oft zum Kräftemessen, wodurch der Kampf um Rollen und Hierarchien beginnt. Es stellen sich Fragen wie „Wo kann ich mich durchsetzen? Wo muss ich mich unterordnen? Welchen Gruppen schließe ich mich an?“ usw.

Phase 3: Vertrautheit/Intimität
Die persönlichen Beziehungen zwischen den Gruppenmitgliedern werden nun stärker. Man hat gelernt, miteinander umzugehen, und die Interaktionen nehmen deutlich zu. Die Gruppenmitglieder identifizieren sich mit der Gruppe und ein „Wir-Gefühl“ entsteht. Die Ziele der Gruppe sind geklärt und diese ist in der Lage, Aktivitäten zu planen und durchzuführen. Die entstandene Offenheit in der Kommunikation fördert die Vertrautheit und erhöht das Bedürfnis nach Nähe.
In Schulklassen wird diese Phase in der Regel zum Schulhalbjahr erreicht: Rollen sind fest vergeben und das Klassenklima nur schwer änderbar (vgl. Z. 10 ff.). Die Schüler*innen wissen, was sie von der Klasse zu erwarten haben und wo sie stehen.

Phase 4: Differenzierung
Die Gruppe ist stabil geworden, sodass die Unterschiede der einzelnen Gruppenmitglieder akzeptiert wird und sogar als bereichernd empfunden werden kann. Diese Phase ist durch freie Ausdrucksmöglichkeiten, dichte Kommunikation und gegenseitige Unterstützung gekennzeichnet. Es gibt kaum noch Konkurrenzverhalten innerhalb der Gruppe, die Gruppenmitglieder können sich auch in neuen Erfahrungsbereichen erproben. Gruppenaktivitäten werden konsequent umgesetzt und Ziele gebildet. Die Gruppe interessiert sich auch für andere Gruppen und grenzt sich zugleich von ihnen ab.
Dies passiert häufig in Abgrenzung zu Parallelklassen. Zudem werden im Klassenverband oft gemeinsame Projekte wie Ausflüge und Klassenfahrten geplant. Man hilft und unterstützt sich gegenseitig, etwa bei Problemen mit Lehrkräften.

Phase 5: Trennung/Ablösung
Am Ende des Gruppenprozesses steht die Auflösung der Gruppe, da z. B. das Gruppenziel erreicht wurde, oder die Mitglieder ausscheiden, z. B. wegen Wohnortwechsel. Der Auflösungsprozess stellt für einige eine schmerzliche Erfahrung dar, was zu Leugnen des Abschieds, Resignation, aber auch Innehalten, Rückschau und Auswertung führen kann. Nicht selten wird die Gruppe in dieser Phase in frühere Entwicklungsphasen zurückgeworfen und Machtkämpfe treten beispielsweise erneut auf. Die Klasse organisiert eventuell eine gemeinsame Abschlussfeier, wobei es durchaus wieder zu Machtkämpfen über die Abläufe kommen kann. Zudem werden nicht selten Klassenverteiler für baldige Klassentreffen erstellt. Einige Schüler*innen schließen emotional in dieser Phase aber bereits mit

dem Kapitel Schule ab und kümmern sich um einen Studienplatz, einen Auslandsaufenthalt, ein freiwilliges soziales Jahr oder um einen Job.

4.3 *Der Operator „**erläutern**" stammt aus dem Anforderungsbereich 2. Sie sollen auf der Grundlage der Bedingungen des Modelllernens nach Bandura und der Bedeutung der Bekräftigung die Übernahme von Lerneinstellungen nachvollziehbar und verständlich machen. Beziehen Sie sich dabei auf die im Text erwähnten „Bistrategen".*

Ob „Bistrategen" als Modell ausgewählt werden hängt, von verschiedenen Bedingungen ab. Die der Aufmerksamkeit unterteilen sich in die Persönlichkeitsmerkmale des Modells und des Beobachtenden, in die Beziehung zwischen Modell und Beobachtenden sowie in gegebene Situationsbedingungen.
Erfolgreiche **Modelle besitzen Persönlichkeitsmerkmale** wie soziale Macht, hohes Ansehen, Sympathie und Attraktivität. „Bistrategen" treten dominant auf und sie können durch den Einsatz von kooperativen Strategien einerseits und zwingenden Strategien anderseits hohe Anerkennung bei Schülern bzw. Schülerinnen und Lehrkräften haben, aber auch entsprechend Respekt erlangen. Als Gleichaltrige eignen sie sich dadurch als realitätsnahe Vorbilder.
Da auch die **Persönlichkeitsmerkmale des Beobachtenden** bei der Modellauswahl eine wichtige Rolle spielen, ist festzustellen, dass insbesondere Schüler*innen mit Persönlichkeitsmerkmalen wie ein gering ausgeprägtes Selbstvertrauen und Selbstachtung den „Bistrategen" erhöhte Aufmerksamkeit widmen. Gerade in neuen Klassen suchen viele Schüler*innen vermehrt nach Orientierung.
Auch die Beziehung zwischen **Modell und Beobachtenden** ist zu beachten. Die Beziehungen zwischen dem Modell „Bistratege" und den einzelnen Mitschülern bzw. Mitschülerinnen können durchaus unterschiedlich sein. Teile einer Kernclique werden dem Modell freundschaftlich zugewandt sein, andere entwickeln eine positive Beziehung, indem sie „Bistrategen" als hilfreich für die Klasse erleben. Die Beziehung kann aber auch durch Respekt geprägt sein und „Bistrategen" als beherrschend empfunden werden.
Zudem sind **Situationsbedingungen** zu berücksichtigen. In diesem Zusammenhang stellen sich Fragen wie: „Steht die Sinnhaftigkeit des Schulbesuchs grundsätzlich zur Disposition? Gibt es unbeliebte Unterrichtsfächer und/oder Lehrkräfte?". Diese Situationsbedingungen könnten schnell zum Gegenstand einer negativen Lerneinstellung von Anführern wie „Bistrategen" werden.
Auch die **Bekräftigung** ist bei den Bedingungen des Modelllernens von entscheidender Bedeutung. Bandura unterscheidet zwischen der **externen Bekräftigung**, bei der eine Person direkt bestärkt wird, der **stellvertretenden Bekräftigung**, bei der sie beobachtet, wie eine andere Person bestärkt wird, der **direkten Selbstbekräftigung**, bei der sich eine Person selbst belohnt und der **stellvertretenden Selbstbekräftigung**, bei der beobachtet wird, wie sich eine andere Person belohnt. Im vorliegenden Fall kommen insbesondere die externe und die stellvertretende Bekräftigung in Frage.

Eine externe Bekräftigung kann eintreten, wenn die Mitschüler*innen durch ähnliche Lerneinstellungen eine Gruppenzugehörigkeit und Wohlwollen der „Bistrategen“ erfahren. Stellvertretende Bekräftigung beobachten die Mitschüler*innen, wenn die Modelle der „Bistrategen“ hohe Anerkennung und Respekt in ihrem Umfeld erlangen.

Abiturprüfung an den beruflichen Gymnasien (SGGS)
Profilfach Pädagogik/Psychologie 2021 – Aufgabe 1

Inhaltliche Schwerpunkte: Erziehungsziele, erzieherisches Verhalten, operantes Konditionieren

Sie wollen ihre Kinder ja lieben – doch irgendwie schaffen sie es einfach nicht.

Renate Flens kommt mit einer Depression in die Praxis der Psychotherapeutin Katharina Weiß. […] Nach einer ausgiebigen Spurensuche in Flens' Vergangenheit glauben die beiden Frauen schließlich, eine Schuldige dafür gefunden zu haben: die Ärztin Johanna Haarer, die zur Zeit des Nationalsozialismus in Ratgebern erklärte, wie man Kinder für den Führer erzieht. Dabei ist Renate Flens, die in Wirklichkeit anders heißt, gerade einmal in den 1960ern – also erst nach dem Krieg – geboren worden. Doch Haarers Bücher waren Bestseller. Auch im Deutschland der Nachkriegszeit fanden sich noch in fast jedem Haushalt Exemplare ihrer Werke. Von der Therapeutin darauf angesprochen, erinnerte sich auch Flens daran, ein Buch von Haarer im Regal ihrer Eltern gesehen zu haben.

Ein besonders perfider Aspekt von Haarers Erziehungsphilosophie könnte […] von Generation zu Generation weitergegeben worden sein: Um sie zu guten Soldaten und Mitläufern zu machen, forderte das NS-Regime Mütter dazu auf, die Bedürfnisse ihrer Babys gezielt zu ignorieren. Sie sollten emotions- und bindungsarm werden. Wenn eine ganze Generation systematisch dazu erzogen worden ist, keine Bindungen zu anderen aufzubauen, wie kann sie es dann ihren Kindern oder Enkelkindern beibringen? […] „Am besten ist das Kind in einem eigenen Zimmer untergebracht, in dem es dann alleine bleibt", schrieb auch Johanna Haarer in ihrem 1934 veröffentlichten Ratgeber *Die deutsche Mutter und ihr erstes Kind*. Beginnt das Kind zu schreien oder zu weinen, solle man es ignorieren: „Fange nur ja nicht an, das Kind aus dem Bett herauszunehmen, es zu tragen, zu wiegen, zu fahren oder auf dem Schoß zu halten, es gar zu stillen. Das Kind begreift unglaublich rasch, dass es nur zu schreien braucht, um eine mitleidige Seele herbeizurufen und Gegenstand solcher Fürsorge zu werden. Nach kurzer Zeit fordert es diese Beschäftigung mit ihm als ein Recht, gibt keine Ruhe mehr, bis es wieder getragen, gewiegt oder gefahren wird – und der kleine, aber unerbittliche Haustyrann ist fertig!" […]

„Das Kind wird gefüttert, gebadet und trockengelegt, im Übrigen aber vollkommen in Ruhe gelassen", riet damals Johanna Haarer. Sie schilderte detailreich körperliche Aspekte, ignorierte aber alles Psychische – und warnte geradezu vor „äffischer" Zuneigung: „Die Überschüttung des Kindes mit Zärtlichkeiten, etwa gar von Dritten, kann verderblich sein und muss auf die Dauer verweichlichen." […]

Haarers Ratschläge hatten einen modernen und wissenschaftlichen Anstrich, aber sie waren – was größtenteils schon damals bekannt war – falsch und darüber hinaus sogar schädlich. Kinder brauchen Körperkontakt, doch Haarer empfahl, diesen sogar beim Tragen möglichst gering zu halten. Sie riet zu einer unnatürlichen Haltung, die auf Bildern illustriert ist: Die Mütter halten ihre Kinder so, dass sie sie möglichst wenig berühren, und sie sehen sie an, blicken ihnen jedoch nicht in die Augen. […] Auf der Verhaltensebene könne man nur das weitergeben, was man selbst an Erfahrungen kennt, erklärt Bindungsforscher Grossmann. Zwar können Eltern sich bewusst mit ihrer eigenen Bindungserfahrung auseinandersetzen und versuchen, ihre eigenen Kinder anders zu erziehen. „In stressigen Momenten verfällt man jedoch oft wieder in die gelernten, unbewussten Muster", meint Grossmann.

Vielleicht wollte Gertrud Haarer, die jüngste von Johanna Haarers Töchtern, deshalb nie selbst Kinder haben. Sie hat sich öffentlich kritisch mit ihrer Mutter auseinandergesetzt und nach einer schweren Depression ein Buch über deren Leben und Vorstellungen verfasst. Lange sei sie selbst unnahbar gewesen, sagt sie, und an ihre Kindheit habe sie keine Erinnerung. „Offenbar hat mich das so traumatisiert, dass ich dachte, ich könnte nie Kinder erziehen", erklärte sie in einem Interview mit dem Bayerischen Rundfunk.

Quelle: Anne Kratzer
Aus didaktischen Gründen gekürzt und verändert.

Aufgabenstellung		Punkte
1.1	Erziehungsziele sind ein wichtiges Merkmal von Erziehung.	
1.1.1	Definieren Sie den Begriff Erziehungsziel. Arbeiten Sie ein Erziehungsziel auf Grundlage von Johanna Haarers Erziehungsphilosophie aus dem Nationalsozialismus heraus.	2
1.1.2	Stellen Sie das Erziehungsziel pädagogische Mündigkeit nach Heinrich Roth dar.	4
1.1.3	Erziehungsziele unterliegen einem historischen und gesellschaftlichen Wandel. Erläutern Sie anhand von drei Bedingungen den Wandel von Haarers Erziehungsziel zum heutigen Erziehungsziel der pädagogischen Mündigkeit.	6
1.2	Stellen Sie das dimensionsorientierte Konzept nach Tausch und Tausch dar. Ordnen Sie Haarers Erziehungsempfehlungen den zwei Dimensionen zu und beurteilen Sie diese im Hinblick auf die Entwicklung von Kindern.	8
1.3	Stellen Sie das operante Konditionieren nach B. F. Skinner dar. Erklären Sie jeweils mithilfe dieser Lerntheorie, wie ein Kind laut Haarer zu einem „unerbittlichen Haustyrannen" wird und wie man das ihrer Meinung nach verhindern kann (Z. 20–31).	10
		30

Lösungsvorschläge

1.1.1 *Die Aufgabenstellung verlangt lediglich die Herausarbeitung eines Erziehungsziels aus Johanna Haarers Entwicklungsphilosophie. Daher ist das im folgenden Lösungsvorschlag aufgeführte Beispiel exemplarisch zu betrachten.*

Erziehungsziele sind bewusst gesetzte **Wert- und Normvorstellungen** über das **Ergebnis der Erziehung**. Sie geben Auskunft darüber, wie sich der bzw. die zu Erziehende (Ist-Zustand) gegenwärtig und zukünftig verhalten soll (Soll-Zustand) und wie Erzieherpersonen in der Erziehung handeln sollen.
Ein Erziehungsziel aus Johanna Haarers Entwicklungsphilosophie wird beispielsweise in Z. 12 ff. beschrieben, wenn Mütter dazu aufgefordert werden, ihre Kinder zu guten Soldaten und Mitläufern zu machen, indem sie die Bedürfnisse ihrer Babys gezielt ignorieren.

1.1.2 *Es wird in dieser Teilaufgabe lediglich eine Darstellung des Erziehungsziels verlangt. Ein Textbezug muss daher nicht erfolgen.*

Pädagogische Mündigkeit bedeutet die Fähigkeit und Bereitschaft des Menschen, das soziale Leben zu bewältigen, sein eigenes Leben autonom zu gestalten und für sich selbst verantwortlich zu sein sowie mit der Sachwelt zurechtzukommen und in dieser angemessen zu urteilen und zu handeln.
Zur Mündigkeit gehören die **Selbst-, Sach- und Sozialkompetenz** in gleichem Maße.

1.1.3 *Für den Wandel von Erziehungszielen ist eine Vielzahl von Faktoren verantwortlich. Die Auswahl der drei geforderten Bedingungen sollte sich daher daran orientieren, zu welchen sich am besten der Bezug zur pädagogischen Mündigkeit herstellen lässt.*

Heute leben wir in einer Demokratie, was bedeutet, dass sich im Vergleich zur Diktatur des Nationalsozialismus die **politischen Interessen** verändert haben. Statt Soldaten und Mitläufern werden mündige Bürger und Bürgerinnen benötigt, die gegen Missstände und Ungerechtigkeiten vorgehen und somit die Gesellschaft weiterentwickeln.
In unserer heutigen Gesellschaft herrscht unter anderem durch die voranschreitende Globalisierung im Vergleich zu vergangenen Jahrzehnten kulturelle Vielfalt. Die **kulturellen Gegebenheiten** haben sich gewandelt. Daher ist es wichtig, die Sozialkompetenz zu einem friedlichen Miteinander der Kulturen zu entwickeln.
Während im Nationalsozialismus schwächere und schutzbedürftige Menschen ausgegrenzt wurden, hat sich bis heute ein **gesellschaftlicher Wandel** hin zu Partizipation, Integration und Inklusion entwickelt. Zur aktiven Teilhabe aller an der Gesellschaft ist Mündigkeit, insbesondere die Selbst- und Sozialkompetenz, eine wichtige Fähigkeit.

1.2 *Die Aufgabe beinhaltet drei Arbeitsschritte. Die Theorie muss dargestellt werden (1), die Erziehungsempfehlungen müssen zugeordnet (2) und beurteilt (3) werden.*

Tausch und Tausch haben in ihrem Erziehungsstilmodell **Dimensionen** des Erziehungsverhaltens identifiziert. Je nach Ausprägung lässt sich das Muster der Erziehungshandlung in diesen Dimensionen beschreiben. Grundlegend sind die Dimensionen der **Wertschätzung** und der **Lenkung**, die jeweils in zwei entgegengesetzten Richtungen unterschiedlich stark ausgeprägt sein können. Erziehung spielt sich in diesem Konstrukt zwischen den Polen maximaler und minimaler Lenkung sowie maximaler und minimaler Wertschätzung ab.
Haarers Erziehungsempfehlungen basieren auf dem Prinzip minimaler Wertschätzung und maximaler Lenkung. Die Geringschätzung wird beispielweise durch Aussagen wie „Am besten ist das Kind in einem eigenen Zimmer untergebracht (…)" (Z. 17) oder „Die Überschüttung des Kindes mit Zärtlichkeiten, etwa gar von Dritten, kann verderblich sein (…)" (Z. 30 f.) deutlich. Die Notwendigkeit einer starken Lenkung begründet Haarer z. B. dadurch, dass, wenn diese unterbleibt, es „[n]ach kurzer Zeit (…) diese Beschäftigung mit ihm als ein Recht [fordert], (…) keine Ruhe mehr [gibt]" (Z. 23 f.).
Natürlich sind diese Erziehungsempfehlungen aus heutiger Sicht schädlich und daher abzulehnen. Die negativen Folgen für Kinder, deren Unterordnung erzwungen wurde, zeigen sich am Beispiel der Tochter Gertrud. Sie hat Schwierigkeiten, emotionale Bindungen zu anderen Menschen aufzubauen, und traut sich nicht, eigene Kinder zu erziehen (vgl. Z. 46 ff.). Zudem berichtet sie von schweren Depressionen.

1.3 *Zur Bearbeitung sind zwei Vorgehensweisen denkbar. Sie können die Theorie des operanten Konditionierens nach B. F. Skinner zunächst allgemein darstellen und im Anschluss Haarers Grundannahmen damit erklären, oder Sie lassen die Erklärung bereits bei der Darstellung der Theorie einfließen.*

Die Theorie des **operanten Konditionierens** nach B. F. Skinner wird auch als **Verstärkungslernen** bezeichnet. Verstärkung meint den Prozess, der dazu führt, dass ein Verhalten vermehrt auftritt. Es wird zwischen positiver und negativer Verstärkung unterschieden. Bei einer **positiven Verstärkung** wird Verhalten häufiger gezeigt, weil dadurch angenehme Konsequenzen herbeigeführt oder aufrechterhalten werden können. Dabei spielt die Beziehung zwischen dem Verhalten und der nachfolgenden Konsequenz, die als **Kontingenz** bezeichnet wird, eine wichtige Rolle. Bei einem **positiven Verstärker** ist dies die Darbietung eines angenehmen Reizes. Man spricht in diesem Zusammenhang auch von **Belohnung erster Art**. Bei **negativen Verstärkern** wird ebenfalls ein Verhalten häufiger gezeigt, nun aber, weil dadurch unangenehme Konsequenzen verringert, vermieden oder beendet werden können. Die entsprechende Kontingenz ist die Entfernung eines unangenehmen Reizes. Man spricht hier von **Belohnung zweiter Art**. Dies wäre laut Haarer dann der Fall, wenn eine **negative Verstärkung**, also die Beendigung des Alleinseins des Kindes durch das tröstende Wiegen auf dem Arm, erfolgen würde. Nach Haarers Meinung gilt es zu verhindern, dass sich das Kind zu einem unerbittlichen Haustyrannen entwickelt, denn „[d]as Kind begreift unglaublich rasch, dass es nur zu schreien braucht, um eine mitleidige Seele herbeizurufen und Gegenstand solcher Fürsorge zu werden“ (Z. 22 f.).

Weitere Kontingenzen in Skinners Theorie sind die Darbietung eines unangenehmen Reizes, auch Bestrafung erster Art genannt, und die Entfernung eines positiven Reizes, **Bestrafung zweiter Art** genannt. Beide Kontingenzen kommen im vorliegenden Text jedoch nicht zur Anwendung. Empfohlen wird die **Extinktion**, also die Abnahme der Häufigkeit eines erlernten Verhaltens aufgrund von Nichtverstärkung, bis dieses nur noch zufällig auftritt. Haarer empfiehlt dazu, dass, wenn „das Kind (…) zu weinen [beginnt], (…) man es ignorieren [sollte]“ (Z. 19 f.).

Verstärkung kann grundsätzlich **kontinuierlich, intermittierend oder differenziell** erfolgen. Bei kontinuierlicher Verstärkung wird Verhalten bei jedem Auftreten verstärkt, bei intermittierender Verstärkung nur hin und wieder. Bei der differenziellen Verstärkung wird unerwünschtes Verhalten ignoriert, erwünschtes Verhalten hingegen verstärkt.

Haarers Empfehlungen basieren jedoch wie bereits erwähnt hauptsächlich auf dem Prinzip der Extinktion, konkret der Ignorierung des Kindes. Vermeintliches Fehlverhalten des Kindes wie Weinen, Suche nach Zuwendung usw. soll durch Nichtverstärkung unterbunden werden bzw. gar nicht erst entstehen.

Abiturprüfung an den beruflichen Gymnasien (SGGS)
Profilfach Pädagogik/Psychologie 2021 – Aufgabe 2

Inhaltliche Schwerpunkte: Kognitive Entwicklung nach Piaget, Bildungsprozesse, Kommunikation

„Was hohl ist, schwimmt oben"

„Warum geht ein großes Schiff aus Eisen nicht unter?" Angela Jonen hat das Poster eines mehrstöckigen Kreuzfahrtschiffs an die Tafel gehängt. Davor sitzen 30 Mädchen und Jungen im Kreis. In der Mitte ein Aquarium mit Wasser und einige Töpfe. Kevin rutscht ungeduldig auf seinem Stuhl hin und her. „Weil die Luft es nach oben zieht", ruft er. Weil das Wasser es drückt, meint Leon. Weil der Motor es über Wasser hält, sagt Jasmin. Eifrig diskutieren die Drittklässler über Luftkammern und Wellen, Eisen und Holz, Schwimmen und Sinken. […]

Beim Forschen fühlt sich Janine „wie im Krimi, wenn einer ermordet wurde". Zuerst muss man nach Beweisen suchen. Dafür haben die Kinder acht Unterrichtsstunden Zeit. […] Die Kinder stehen in der Schulküche um Wasserbecken herum und formen Schiffe aus Knete, versenken Steine an Gummibändern und tauchen ihre Hände in Plastikhandschuhen unter Wasser. „Frau Jonen, alles, was hohl ist, schwimmt!", ruft Janine durch den Jungforscherlärm. Was ist hohl, fragt sie zurück. „Der Klassenraum ist hohl. Autos sind hohl – aber Autos gehen unter. Die Metallplatte mit dem Loch geht unter. Der Draht geht unter, obwohl er leicht ist … ich glaube, es kommt auf die Form an", sagt Janine und zeigt zwei Knetstücke, von denen das schalenförmige über Wasser bleibt. „Das ist eine gute Idee", lobt Jonen, „schreib sie in dein Forscherbuch."

Die 29-jährige Grundschullehrerin Angela Jonen promoviert am Lehrstuhl von Kornelia Möller über „konstruktivistisch orientierte Lehr-Lernumgebungen". Folgt man einer verbreiteten Theorie, könnte sie ihre Doktorarbeit allerdings gleich zum Altpapier legen. Dem Schweizer Entwicklungspsychologen Jean Piaget zufolge ist es nämlich vergebene Liebesmüh, einem Achtjährigen Konzepte wie Auftrieb und Dichte vermitteln zu wollen. Das Gehirn sei dafür noch nicht reif, befand der einflussreiche Forscher Anfang des vergangenen Jahrhunderts. Kinder im Grundschulalter, so folgerte Piaget, befänden sich auf dem vorletzten von vier Stadien der Denkentwicklung und seien eben noch nicht fähig, in abstrakten Kategorien zu denken. Dieses Vorurteil kann die Entwicklungspsychologin Elsbeth Stern nicht mehr hören. „Piaget hält sich leider hartnäckig im öffentlichen Bewusstsein – doch in der Wissenschaft ist seine 4-Stadien-Theorie seit 20 Jahren passé." Auch Piagets These, dass das Kind vom konkreten Handeln zum abstrakten Denken gelange, hält Stern für überholt. […] „Grundschulkinder werden in Bezug auf ihre Lernfähigkeit in der Tradition der Piaget'schen Theorie häufig unterschätzt", heißt es in einem Perspektivpapier, das die Gesellschaft für Didaktik des Sachunterrichts verabschiedet hat. Und Elsbeth Stern konnte im

„Labor“ des Berliner Max-Planck-Instituts nachweisen, dass Grundschulkinder abstrakte Beziehungen wie „Geschwindigkeit = Weg / Zeit“ anhand bildlicher Darstellungen verstehen können. „Bei uns waren die Kinder sehr wohl in der Lage, die Steigung einer Geraden in einem Koordinatensystem als Geschwindigkeit zu interpretieren“, sagt Stern.

Eine andere Erkenntnis von Piaget dagegen gilt auch heute noch: Die Kinder müssen selbst aktiv werden. In Berlin mixen die Schüler Säfte zusammen und zeichnen Becher mit Orangen- und Zitronensaft auf einer Balkenwaage ein, um proportionale Verhältnisse zu verstehen. An der Peter-Wust-Schule begeben sich die Jungforscher sogar für eine Doppelstunde ins Schwimmbad. Sie spüren, dass Steine an der Angel unter Wasser leichter werden, und versuchen, einen großen Behälter unterzutauchen. „Das Wasser will an seinen Platz zurück“, sagt eine Schülerin, „es ist stärker als das Gewicht vom Behälter.“ Womit das Lernziel des durchschnittlichen Sachunterrichts schon weit übertroffen wird. Dabei wissen die Experten heute besser, wie man Naturwissenschaft in der Grundschule lehrt. Kinder müssen selbst experimentieren, Ideen entwickeln, diese überprüfen und immer wieder anwenden.

Max Rauner: "Was hohl ist, schwimmt oben", DIE ZEIT 10 / 2002 (28.02.2002),
https://www.zeit.de/2002/10/200210_b-nw_in_grundsch_xml
Aus didaktischen Gründen gekürzt und verändert.

Aufgabenstellung Punkte

2.1 Die im Text beispielhaft beschriebene Regel- und Strukturbildung bei Kindern kann mit der kognitiven Entwicklungstheorie von Jean Piaget erklärt werden.
Stellen Sie die Grundannahmen und Grundbegriffe dieser Theorie dar und erklären Sie damit, wie Janine zu ihrer Überzeugung *„… ich glaube, es kommt auf die Form an“* gelangt (Z. 12–16).
(Hinweis: Eine Darstellung der Stufen der Denkentwicklung nach Piaget wird hier nicht erwartet.) 10

2.2 Elsbeth Stern zweifelt an manchen der von Piaget aufgestellten Behauptungen. Arbeiten Sie zwei im Text enthaltene Kritikpunkte der Entwicklungspsychologin an Jean Piaget heraus. Stellen Sie zwei weitere Kritikpunkte an Piagets Annahmen zur Denkentwicklung von Kindern dar. 1

2.3 Bildung wird aktuell oft als ein Prozess der Selbstbildung und Ko-Konstruktion beschrieben. Beschreiben Sie die Prozesse fachlich und erläutern Sie diese mit Beispielen aus dem Text. 8

2.4 Angela Jonen lobt Janine *„Das ist eine gute Idee“* (Z. 17). Stellen Sie das Kommunikationsmodell von Friedemann Schulz von Thun dar. Formulieren Sie unter Einbeziehung des Modells Botschaften, die die Lehrerin durch diese Aussage an Janine sendet. 8

30

Lösungsvorschläge

2.1 *Je nach Literatur wird von Adaption bzw. Adaptation gesprochen. Beide Begriffe sind daher für die Bearbeitung möglich.*

Piaget, der die kognitive Entwicklung von Kindern erforschte, ging davon aus, dass jeder Mensch mit einer ganzen Reihe von angeborenen Reflexen zur Welt kommt. Darüber hinaus sah er jeden Menschen durch die angeborene **Tendenz zur Organisation** mit dem Drang ausgestattet, aktiv nach Reizen zu suchen und auf sie aktiv zu reagieren.
Die Entwicklung bestand für ihn dann darin, dass sich durch die Reize und die antwortenden Reaktionen darauf „innere Strukturen" aufbauen, die das Antwortverhalten des Kindes ständig modifizieren und optimieren. Diese Strukturen nannte er **kognitive Schemata**. Reflexe sind die ersten angeborenen Schemata, die durch Erfahrungen immer differenzierter werden, sich ständig erweitern und eine immer komplexer werdende Art des Wissens über die Welt strukturieren.
In der Interaktion mit den Dingen und Menschen bildet das Kind seine Vorstellungen von der Welt aus. Dadurch kann es sich immer besser seiner Lebenswelt anpassen. Piaget nannte diesen Vorgang **Adap(ta)tion**. Immer dann, wenn die Erfahrungen der Welt nicht mit den bisherigen Vorstellungen übereinstimmen, entsteht laut Piaget eine Spannung, die durch Adap(ta)tion ausgeglichen werden muss. Nach Piaget wird dies durch zwei sich ergänzende Vorgänge bewirkt:
Wenn das Neue an die schon bestehenden Vorstellungen angepasst werden kann, also in die vorhandenen kognitiven Schemata passt, spricht Piaget von **Assimilation**. Es werden Ähnlichkeiten festgestellt und die eigenen Kategorien werden etwas erweitert, bis das Gleichgewicht wiederhergestellt ist.
Gelingt das nicht, weil das Neue zu unähnlich ist, müssen neue Kategorien gefunden werden, um die Vorstellungen wieder an die Welt anzupassen. Diesen Prozess bezeichnete Piaget als **Akkommodation**. Dieses Wechselspiel von Assimilation und Akkommodation wird so lange praktiziert, bis ein befriedigender Gleichgewichtszustand zwischen beiden Faktoren hergestellt ist. Dieses Streben nach Gleichgewicht nannte er **Äquilibration**.
Zur Erklärung der Regel- und Strukturbildung soll hier die Überzeugung des Kindes Janine „ich glaube, es kommt auf die Form an" (Z. 15 f.) dienen.
Durch die wiederholte Erfahrung bildet das Kind durch die Tendenz der Organisation und sich anschließende Adaptionsprozesse das kognitive Schema aus. Zunächst lautet dieses bei Janine noch:„[W]as hohl ist, schwimmt" (Z. 12). Danach macht sie jedoch zum Beispiel die Erfahrung, dass Autos untergehen, obwohl sie hohl sind (vgl. Z. 14). Ihre kognitiven Strukturen geraten dadurch in ein Ungleichgewicht. Es entsteht ein kognitiver Konflikt. Jetzt müssen Akkommodationsprozesse stattfinden, um wieder ins Gleichgewicht (Äquilibration) zu kommen. Dies geschieht bei Janine beim Experimentieren mit Knete, wobei ihr die neue Idee kommt, dass „es (…) auf die Form an[kommt]" (Z. 15 f.). Sie bildet also ein neues kognitives Schema und erweitert ihre kognitive Struktur.

2.2 *Die Aufgabenstellung verlangt lediglich die Darstellung zweier weiterer Kritikpunkte. Daher sind die hier aufgeführten Beispiele exemplarisch zu betrachten.*

Die Entwicklungspsychologin Elsbeth Stern stellt im vorliegenden Text in Z. 28 f. Piagets **4-Stadien-Theorie** und die damit zusammenhängende Stufenförmigkeit infrage. Ebenso hält sie den von Piaget beschriebenen **Übergang vom konkreten zum abstrakten Denken** für überholt. Ihrer Auffassung nach unterschätzt die Theorie die kognitiven Fähigkeiten von Grundschulkindern. In Z. 34 ff. führt sie eine Untersuchung an, in der gezeigt wurde, dass Kinder im Grundschulalter in abstrakten Kategorien denken konnten.
Auch wenn Piagets Theorie eine wichtige Basis der Entwicklungspsychologie darstellt, lassen sich aus heutiger Sicht weitere Kritikpunkte aufführen.
So entwickelt sich beispielsweise die **Objektpermanenz** deutlich früher, als von Piaget angenommen. Auch die **Fähigkeit zum Perspektivwechsel** verortet Piaget mit seinem Drei-Berge-Experiment aus heutiger Sicht deutlich zu spät. Neuere Untersuchungen haben gezeigt, dass sich Kinder schon im Alter von zwei bis drei Jahren in andere Menschen hineinversetzen können.

2.3 *Neben der fachlichen Beschreibung sollen Sie die Theorie auch mit Beispielen aus dem Text erläutern, also den Sachverhalt mit Informationen aus dem Text veranschaulichen und verständlich machen.*

Bildung als Selbstbildung meint, dass der Mensch nicht von außen gebildet werden kann. Selbstbildung ist vielmehr ein innerer Vorgang, in dem man sich selbst seine Meinungen, Wissen, Werte usw. aneignet. Er ist von außen nicht steuerbar, wie beispielsweise das Modell des Nürnberger Trichters annimmt. Jeder Mensch macht sich vielmehr sein eigenes Bild von sich und der Welt. Selbstbildung ist ein lebenslanger Prozess, in dem sich ein Mensch Schritt für Schritt die Fähigkeiten und Fertigkeiten aneignet, die er braucht, um sein Leben eigenständig bewältigen zu können. Hierbei darf Selbstbildung aber nicht als Von-selbst-Bildung missverstanden werden. Zur Selbstbildung brauchen Kinder einen positiven sozialen Dialog zur Erziehungsperson. Eltern, Erzieherinnen und Erzieher sowie Lehrkräfte spielen bei der Selbstbildung somit eine bedeutende Rolle.
Bildung als Selbstbildung wird im Text beispielsweise in Z. 39 f. deutlich. Hier wird beschrieben, dass Kinder selbst aktiv werden müssen. Diese Auseinandersetzung mit sich und der Welt zeigen auch die Beispiele der Berliner Schüler und Schülerinnen, die Orangen- und Zitronensaft mixen, um die proportionalen Verhältnisse zu verstehen (vgl. Z. 40 ff.), oder die Experimente im Schwimmbad (vgl. Z. 43 ff.).
Die Bedeutsamkeit der sozialen Interaktion für das Lernen wird im **Ko-Konstruktivismus** aufgegriffen. Ko-Konstruktivismus lässt sich als Lernen durch Zusammenarbeit beschreiben. Demnach lernen Kinder die Welt zu verstehen, indem sie sich mit anderen Menschen austauschen. Erwachsene und Kinder ko-konstruieren durch soziale Interaktion. Durch den Austausch mit anderen lernen die Kinder die Welt zu verstehen, indem sie Bedeutungen untereinander aushandeln.

Die Ko-Konstruktion wird im Text beispielsweise am Verhalten der Lehrerin deutlich, die die Impulse der Kinder aufgreift und weiterführende Fragen stellt:
„Warum geht ein großes Schiff aus Eisen nicht unter?“ (Z. 1)
„Was ist hohl, fragt sie zurück.“ (Z. 13)
Die soziale Interaktion und der Austausch mit anderen werden im Text in Z. 47 ff. erkennbar, dass Schüler und Schülerinnen ihre Erfahrungen austauschen, experimentieren und gemeinsam ihr Wissen weiterentwickeln.

2.4 *Der Operator „darstellen“ stammt aus dem Anforderungsbereich 2. Sie sollen die geforderte Theorie strukturiert wiedergeben und damit veranschaulichen und verständlich machen, welche Botschaften die Lehrerin durch ihre Aussage sendet.*

Nach dem Kommunikationsmodell nach Schulz von Thun enthält jede Äußerung **vier Botschaften:**
- eine **Sachinformation** (worüber ich informiere),
- eine **Selbstkundgabe** (was ich von mir zu erkennen gebe),
- einen **Beziehungshinweis** (was ich von dir halte und wie ich zu dir stehe),
- einen **Appell** (was ich bei dir erreichen möchte).

Diese vier Seiten einer Nachricht des Senders treffen auf die „vier Ohren“ des **Empfängers**. Dieser muss nun die vier Ebenen der Botschaft aus seiner Perspektive entschlüsseln:
- eine **Sachinformation** (worüber soll ich informiert werden?),
- eine **Selbstkundgabe** (was sagt der Sender mit der Botschaft über sich aus?),
- einen **Beziehungshinweis** (wie denkt der Sender über mich?),
- einen **Appell** (was erwartet der Sender von mir?).

Sowohl Sender als auch Empfänger sind für die **Qualität der Kommunikation** verantwortlich, wobei die unmissverständliche Kommunikation der Idealfall ist und nicht die Regel.
Die Botschaft der Lehrerin „Das ist eine gute Idee“ lässt sich auf der Ebene des Senders wie folgt interpretieren:
- **Sachinformation:** Die Lehrkraft hält Janines Aussage für eine gute Idee.
- **Selbstkundgabe:** Die Lehrkraft teilt mit, dass sie sich über Janines Leistungsfortschritt freut.
- **Beziehungshinweis:** Die Lehrkraft schätzt Janine als kluge Schülerin.
- **Appell:** Die Lehrkraft fordert Janine indirekt auf, in der Richtung weiterzudenken und ihre Ideen weiterzuverfolgen.

Abiturprüfung an den beruflichen Gymnasien (SGGS)
Profilfach Pädagogik / Psychologie 2021 – Aufgabe 4

Inhaltliche Schwerpunkte: Wissenschaftliche Untersuchung, höheres Erwachsenenalter, kognitive Dissonanztheorie

Ein einmaliges Ergebnis

Wie solide sind die Resultate von sozialpsychologischen Studien? Unter Forschern ist ein heftiger Streit entbrannt.

Der „Florida-Effekt" gilt als Klassiker der psychologischen Literatur. Er geht auf ein schlagendes Experiment des US-amerikanischen Sozialpsychologen John Bargh aus dem Jahr 1996 zurück. Dieser ließ seine Versuchspersonen zunächst Sätze aus lauter Wörtern bilden, die mit dem Alter assoziiert werden – „grau", „Falte", „vergesslich", „Glatze", „Florida" (für Amerikaner ein Rentnerparadies). Danach mussten die Probanden durch einen Korridor in einen anderen Raum gehen (wobei Bargh heimlich ihr Gehtempo mit einer Stoppuhr maß). Ergebnis: Sie liefen in der Regel deutlich langsamer als andere Studienteilnehmer, die mit „neutralen" Wörtern jongliert hatten.

Seither wird Barghs Studie als Paradebeispiel für den Effekt des „Priming" zitiert: Durch subtile Beeinflussungen (wie etwa stimmungserzeugende Wörter) kann man unbewusste Gedächtnisinhalte aktivieren, die das Verhalten beeinflussen. Eine weitere Studie von Ap Dijksterhuis (1998) bestätigte den Effekt des „Primings".

Die Frage ist nur: Stimmt Barghs Ergebnis überhaupt? Seit einiger Zeit plagen die Psychologen Zweifel. Gesät hat sie Stephane Doyen von der Freien Universität Brüssel, der Barghs Studie wiederholte – und *keinen* „Florida-Effekt" fand.[1]

Der Aufbau der Replikationsstudie war bis auf ein Detail identisch mit der Originalstudie. Die Messzeitpunkte im Korridor – durch den die Probanden gehen mussten – waren in der gleichen Entfernung wie in der ursprünglichen Studie (9,75 m). Im Unterschied zur Studie von Bargh wurde die Messung jedoch mit Infrarotsensoren vorgenommen. Die Teilnehmer lösten demnach zu Beginn und am Ende des Flures die Sensoren aus, so dass die Gehgeschwindigkeit berechnet werden konnte.

Die Ergebnisse von Stephane Doyen haben keine signifikanten Unterschiede zwischen der Prime-Gruppe und der No-Prime-Gruppe ergeben.[2]

Replikationsstudien erregen normalerweise wenig Aufmerksamkeit – wenn sie überhaupt veröffentlicht werden. Auch […] Doyen hatte Probleme, seine Ergebnisse bei einer Fachzeitschrift unterzubringen. „Schubladen-Problem" nennen das die Forscher: Negative Ergebnisse verschwinden häufig im Aktenschrank. Ist eine vermeintliche Erkenntnis erst einmal in der Welt, ist sie schwer wieder auszulöschen – in der akademischen Diskussion ebenso wie im alltäglichen Party-Talk.[3]

1 *https://www.zeit.de/2013/22/sozialpsychologische-studien*
2 *https://journals.plos.org/plosone/article?id=10.1371/journal.pone.002908*
3 *https://www.zeit.de/2013/22/sozialpsychologische-studien*
Aus didaktischen Gründen gekürzt und verändert.

Aufgabenstellung Punkte

4.1 Analysieren Sie das vorliegende Experiment von John Bargh (Z. 5–10) hinsichtlich der Merkmale Hypothese, unabhängige Variable, abhängige Variable sowie des Gütekriteriums der Validität. 8

4.2 Beurteilen Sie die Erfüllung der weiteren Gütekriterien Objektivität und Reliabilität in den Experimenten von John Bargh und Stephane Doyen und erklären Sie auf dieser Grundlage die unterschiedlichen Ergebnisse. 6

4.3 In beiden wissenschaftlichen Untersuchungen wurde der Begriff „Altern" überwiegend mit negativen Begriffen assoziiert.
Beschreiben Sie eine geeignete Theorie des Alterns, die zu dieser Annahme passt. Stellen Sie darüber hinaus eine Theorie dar, die eher einen positiven Ansatz des Alterns vertritt. 4

4.4 Stellen Sie die kognitive Dissonanztheorie nach Leon Festinger dar. Erklären Sie auf dieser Grundlage das im Text genannte „Schubladen-Problem" (Z. 28 ff.) im Zuge der akademischen Diskussion zu den Forschungen um den „Priming-Effekt". 12

30

Lösungsvorschläge

4.1 *Aufgaben ähnlichen Typs wurden bereits in den Abiturjahrgängen 2015 und 2017 gestellt.*

- Eine wissenschaftliche **Hypothese** unterstellt einen Zusammenhang zwischen zwei oder mehr Variablen und soll für eine bestimmte Population, vergleichbare Objekte oder Ereignisse gelten. Sie ist in der Regel als Konditionalsatz, z. B. „Wenn-dann-Sätze" oder „Je-desto-Sätze", formuliert oder in einen solchen überführbar. Wissenschaftliche Hypothesen müssen der **sinnlichen Erfahrung zugänglich** und prinzipiell widerlegbar, sprich **falsifizierbar** sein. Zudem müssen sie eine gewisse **Allgemeingültigkeit** für sich beanspruchen, die **theoretisch begründet** ist. Bezogen auf das vorliegende Experiment könnte die Hypothese somit lauten: „Wenn sich Personen mit Wörtern beschäftigen, die mit dem Altern assoziiert werden, dann benötigen sie länger, um eine Wegstrecke zurückzulegen, als Personen, die sich zuvor mit neutralen Wörtern beschäftigt haben."
- Die **unabhängige Variable** wird vom Forscher bzw. von der Forscherin bestimmt. Sie repräsentiert den „Wenn"- bzw. „Je"-Teil einer Hypothese, also die Ursache oder Bedingung, von der sich der Forscher bzw. die Forscherin eine bestimmte Wirkung erwartet. Im Experiment von Bargh ist die unabhängige Variable die Bildung von Sätzen mit Wörtern, die einen negativen bzw. keinen Bezug zum Altern herstellen.
- Die **abhängige Variable** repräsentiert den „Dann"- oder „Desto"-Teil einer Hypothese. Sie stellt also die vermutete Wirkung der unabhängigen Variablen dar, hier also die Dauer für eine festgelegte Wegstrecke.
- **Validität** bezieht sich auf die Gültigkeit der Messung. Validität gibt also die Genauigkeit an, mit der ein Verfahren das misst, was es zu messen vorgibt. Im vorliegenden Text geht es diesbezüglich um die Frage, inwieweit die Probandinnen und Probanden tatsächlich im Vergleich zur Kontrollgruppe durch die Auseinandersetzung mit bezüglich des Alterns negativ besetzten Begriffen ursächlich beeinflusst wurden.

4.2 *Der Operator „beurteilen" stammt aus dem Anforderungsbereich 3. Sie sollen über den Sachverhalt ein selbstständiges Urteil fällen und dieses mit Fachwissen begründen.*

Reliabilität beschreibt die Zuverlässigkeit bzw. Genauigkeit einer Messung. Während bei der Studie von Bargh die Zeit per Hand mithilfe einer Stoppuhr gemessen wurde (vgl. Z. 9), wurde bei der Replikationsstudie ein Infrarotmessgerät zur Zeitmessung eingesetzt (vgl. Z. 21 f.). Bei Bargh können daher Schwankungen in der Zeitmessung aufgrund variierender Reaktionsgeschwindigkeiten der „Messpersonen" nicht ausgeschlossen werden. Bei der Infrarotmessung ist die Messgenauigkeit hingegen bei jeder Messung technisch gleichermaßen präzise.

Die **Objektivität** beinhaltet die Unabhängigkeit der Messung vom Forscher bzw. von der Forscherin. Bei einer objektiven Messung erhalten alle Forscher und Forscherinnen unabhängig von der Person die gleichen Ergebnisse. Durch die händische Messung bei Bargh kann die Erwartungshaltung der Forscher und Forscherinnen die Reaktionszeit der Messung unbewusst beeinflusst haben. Bei Doyen ist dies durch die elektronische, automatische Zeitmessung ausgeschlossen. Dieses Verfahren ist daher objektiver.

4.3 *Die Aufgabenstellung zielt indirekt auf das Defizitmodell sowie das Kompetenzmodell ab.*

Zu der negativen Assoziation des Alterns passt das **Defizitmodell**. Es beschreibt Altern als einen unumkehrbaren Prozess des Verlustes körperlicher, kognitiver, emotionaler und sozialer Fähigkeiten. Altern ist nach diesem Modell eine pathologische Variante des nur bis zum frühen Erwachsenenalter auftretenden normalen menschlichen Verhaltens. Es orientiert sich an biologischen Alternstheorien, die von der Annahme ausgehen, dass Altern im Wesentlichen durch den Abbau wichtiger Funktionen gekennzeichnet ist.
Das **Kompetenzmodell** hingegen geht davon aus, dass Altern durch ein erhebliches Ausmaß an verbleibenden Kompetenzen gekennzeichnet ist. Unter **Kompetenz** werden dabei die Fähigkeiten und Fertigkeiten des Menschen verstanden, die zur Aufrechterhaltung oder Wiedererlangung eines selbstständigen, aufgabenbezogenen und sinnerfüllten Lebens in einer gegebenen räumlichen, sozialen und infrastrukturellen Umwelt nötig sind.
Erfolgreiches Altern lässt sich nach diesem Modell durch die Interaktion der drei Prozesse **Selektion**, **Optimierung und Kompensation** beschreiben. **Selektion** bedeutet in diesem Zusammenhang die Auswahl von Funktions- und Verhaltensbereichen. Durch die Selektion wird eine Bündelung noch vorhandener Potenziale und Ressourcen erreicht. Unter **Optimierung** wird die Wahrung oder Verbesserung der Kompetenzen in spezifischen Funktionsbereichen verstanden. **Kompensation** schließlich meint den Ausgleich verminderter Potenziale und Ressourcen.

4.4 *Der Operator „darstellen" stammt aus dem Anforderungsbereich 2. Hier wird eine strukturierte Wiedergabe der Theorie erwartet. Der Operator „erläutern" stammt ebenfalls aus dem Anforderungsbereich 2. Sie sollen den Sachverhalt durch zusätzliche Informationen nachvollziehbar und verständlich machen.*

Festinger geht in seiner Theorie davon aus, dass Einstellungen ein System bilden. Die Grundlage jeder **Einstellung** sind dabei **kognitive Elemente**. Diese können zueinander in einer **relevanten oder auch irrelevanten Beziehung** zueinander stehen. Von relevanten Einstellungselementen spricht man, wenn zwischen ihnen ein Zusammenhang besteht, von irrelevanten, wenn kein Zusammenhang besteht. Stehen zwei Elemente in relevanter Beziehung zueinander, kann ihr Verhältnis **dissonant** oder **konsonant** sein. Folgt ein Element auf das andere, spricht man von konsonant, stehen die beiden Elemente im Widerspruch zueinander, spricht man von dissonant. Verändert sich nun ein Einstellungselement, hat dies eine Veränderung der gesamten Einstellung zur Folge, da Einstellungssysteme nach Gleichgewicht streben und versuchen, es zu halten. Dies nennt man das Prinzip der **Homöostase**.

Konsonante Systeme sind stabil und relativ resistent gegenüber Veränderungen, da sie als angenehm erlebt werden. Daher bedeutet dies, dass ein Einstellungssystem erst ins Ungleichgewicht, also in eine Dissonanz, gebracht werden muss, damit Einstellungsänderungen passieren können. Je stärker die Dissonanz, desto größer ist die Motivation, diesen Spannungszustand zu beseitigen, da er als unangenehm, disharmonisch und konfliktreich erlebt wird. Zunächst wird das System versuchen, sein Gleichgewicht durch Ignorieren, Vergessen, Verdrängen usw. des dissonanten Einstellungselements wiederzuerlangen. Dies ist insbesondere dann der Fall, wenn das betroffene Einstellungselement mit zu vielen relevanten Einstellungselementen in einer Dissonanz steht, man also viele Einstellungen ändern müsste. Wird der psychische Aufwand hierfür jedoch zu groß, kommt es zur Einstellungsänderung.

Das **kognitive Element** im vorliegenden Fall ist die Studie von Bargh. Sie stellt eine etablierte wissenschaftliche Überzeugung dar (Schubladendenken), die schwer abzuändern ist. Durch die widersprüchlichen Ergebnisse der Replikationsstudie von Doyen und anderen entsteht eine kognitive Dissonanz. Es kommt zu einer psychischen Spannung, die es zu reduzieren bzw. aufzulösen gilt. Je **mehr konsonante und relevante Elemente** den Priming-Effekt bestätigen, desto größer wird der psychische Aufwand, diese wissenschaftliche Auffassung wieder zu ändern. Folglich wird am Priming-Effekt festgehalten. Widersprüchliche Studienergebnisse werden abgewehrt oder ignoriert. Somit kann die kognitive Dissonanz aufgelöst und **Homöostase** wiederhergestellt werden.

Abiturprüfung an den beruflichen Gymnasien (SGGS)
Profilfach Pädagogik/Psychologie 2022

Um Ihnen die Prüfung 2022 schnellstmöglich zur Verfügung stellen zu können, bringen wir sie in digitaler Form heraus.

Sobald die Original-Prüfungsaufgaben 2022 freigegeben sind, können sie als PDF auf der Plattform **MyStark** heruntergeladen werden (Zugangscode vgl. Umschlaginnenseite).

Prüfung 2022

www.stark-verlag.de/mystark

PRÜFUNGS-ANGST

STOPP DIE PANIK

Mit der Fußsohlen-Methode

Prüfungen können Angst- und Fluchtsituationen sein. Dein Körper schüttet Adrenalin aus und dämpft das Gefühl in den Füßen. Z. B. beim Weglaufen ist es gut, wenn man die Füße nicht spürt. Eine Prüfung ist aber **keine Gefahrensituation**. Signalisiere deinem Körper, dass du nicht weglaufen musst, und bring das Gefühl in deine Füße zurück:

Dein Körper **fühlt** die Füße wieder und denkt, er sei in keiner Panik-Situation, sondern in **Sicherheit**.